John Spencer ist Managementberater und freier Autor. Adrian Pruss arbeitet als Verkaufsleiter und Berater für Firmen in aller Welt. Zusammen haben sie Kurse zum Thema Teamarbeit für spezielle Industriezweige entwickelt.

Dieses Buch wurde auf chlor- und säurefreiem Papier gedruckt.

Deutsche Erstausgabe Januar 1995

Titel der Originalausgabe »Managing Your Team«
Originalverlag Piatkus LTD, London
Umschlaggestaltung: AGENTUR ZERO, München
Satz: Alinea, München
Druck und Bindung: Elsnerdruck, Berlin
Printed in Germany
ISBN 3-426-83020-5

5 4 3 2 1

John Spencer / Adrian Pruss

Top-Teams

Der Königsweg zu mehr Flexibilität, Effizienz und Erfolg im Betrieb

Aus dem Englischen
von Renate Dornberg

Knaur®

Inhalt

Vorwort

Ein Unternehmen von heute läßt sich nicht mit einem Unternehmen von gestern vergleichen. Die Einstellungen der Manager und Unternehmer vom Anfang dieses Jahrhunderts haben kaum etwas gemein mit denen am Ende des 20. Jahrhunderts. Die Bedürfnisse des einzelnen und, wichtiger noch, die Erkenntnis, daß engagierte, motivierte Menschen Enormes für ihre Betriebe leisten, gehören zu einem Konzept, das sich erst vor fünfzig Jahren entwickelt hat. Der Betrieb, in dem jeder seinen Platz kannte, wo einzig und allein die Arbeit zählte und persönliche Entfaltung auf den Feierabend beschränkt war, gehört der Vergangenheit an; heutzutage weiß ein Betrieb, daß er ein Umfeld bieten muß, in dem die Menschen sich entfalten können. Eine solche Haltung zahlt sich aus, im wahrsten Sinne des Wortes. Unternehmen sind produktiver und profitabler, wenn die Beschäftigten ein gutes Team bilden. Wenn ein Problem einfach zu lösen ist, wird gewöhnlich kein Team benötigt; jede Gruppe, die ein gemeinsames Ziel verfolgt, kann die Erfordernisse erfüllen. Erst wenn Unsicherheiten auftreten, werden hochspezialisierte Gebilde nötig, mit einem Wort: Teams. Tatsächlich ist der Grad an Unsicherheit in allen Aspekten des Geschäftslebens mittlerweile so angestiegen, daß viele Analytiker glauben, wir befänden uns in ständigem Chaos, in einer Welt des ewigen Wechsels. Teams stellen keinen Luxus dar, sondern sind der einzige Weg aus diesem Chaos.

Bei den Beschäftigten, die in Teams arbeiten, wird allmählich der Rang durch die Fähigkeiten ersetzt. Befördert wird nicht, wer »als nächster dran ist«, sondern wer bewiesen hat, daß er für diese Stellung der Geeignete ist. Die Meritokratie hat sich noch nicht völlig durchgesetzt, aber wir befinden uns auf dem Weg dorthin. Vor fünfundzwanzig Jahren hätte die Entscheidung, jemanden »über den Kopf eines anderen hinweg« zu befördern, der eigentlich an der Reihe war, einiger Erklärungen und Rechtfertigungen bedurft. So etwas geschah selten und endete meistens mit dem Rücktritt der Person, die übergangen worden war. Heute wird sich über eine solche Entscheidung vielleicht noch manch einer wundern, aber mehr auch nicht. Wenn Betriebe jedoch die Fertigkeiten, das Können ausfindig machen wollen, das eine Beförderung verdient, müssen sie zuvor eine größere Offenheit zeigen, damit die Talente sich entfalten können. Und vielleicht noch wichtiger ist es, die richtige Umgebung zu schaffen, in der sich jemand, der »übergangen« wurde, immer noch bis an seine Grenzen entwickeln kann, ohne sich ausgeschlossen zu fühlen. Wir haben bisher noch kein Patentrezept dafür gefunden, aber es weht ein frischer Wind, der die Veränderungen bringen wird. Nahezu jede Maßnahme, die heute von den großen Unternehmen der Welt veranlaßt wird, ist auf eine Entwicklung der einzelnen Mitarbeiter angelegt, entweder zu deren eigenem Nutzen oder zum Wohl des Unternehmens oder hoffentlich zu beidem.

Und es gibt keinen aussagekräftigeren Beweis für diesen Umschwung als die Anerkennung des Stellenwertes von Teams. Teams sind heutzutage komplexe Strukturen. Sie sind gut konstruiert, werden auf einem hohen Standard gehalten und sind, wenn sie reibungslos funktionieren, äußerst produktiv. In diesem Umfeld können Energien ein

Maximum erreichen und die Bedürfnisse des Betriebes erfüllen, wodurch auch der einzelne seine Bedürfnisse bei der Arbeit statt nach Feierabend befriedigen kann.
Häufig überraschten anscheinend lustlose, phantasielose und unkreative Beschäftigte ihr Unternehmen, wenn sie zeigten, wieviel Energie sie abseits vom Arbeitsplatz entwickeln konnten. Es waren die Verhältnisse im Unternehmen, die sie unterdrückten; wenn sie sich frei entfalten konnten, wurde von den Betrieben der reiche Schatz an Talenten erkannt. Das nennt man Ermächtigung.
Teambildung ist nichts für ungelernte Arbeiter; es erfordert genaues Planen und Entwerfen. Teams zusammenbringen, ihre Energien bündeln, ihnen eine Zielrichtung geben, sie motivieren und mobilisieren – all dies ist keine leichte Arbeit. Die Autoren des vorliegenden Buches greifen hier auf ihr erschöpfendes Wissen zur Teambildung in Unternehmen zurück. Sie haben ihre Prinzipien in der Praxis erprobt und die Richtigkeit bewiesen.
Am interessantesten ist vielleicht die Erkenntnis, daß Teambildung nicht das Ziel, sondern der Weg ist.
Die Übungen, Checklisten und Anmerkungen des gesamten Buches geben praktische Anleitungen; die Autoren empfehlen, sie nicht nur zu studieren, sondern auch anzuwenden. Dieser Empfehlung kann ich mich nur anschließen. Ein Unternehmen mit gut motivierten, ausgewogenen Teams ist ein effektives Unternehmen. In unserer modernen Welt kann ein uneffektives Unternehmen auf lange Sicht nicht mehr bestehen.

Rod Margree, Direktor
der Effektenliquidationsabteilung
an der Londoner Börse

Einführung

»Das Wichtigste bei den Olympischen Spielen ist nicht das Gewinnen, sondern das Dabeisein ... das Wesentliche im Leben ist nicht zu siegen, sondern sein Bestes zu geben.«

Pierre de Coubertin
in einer Ansprache bei den Olympischen Spielen von 1908

Es werden gewöhnlich viele Gründe angeführt, warum sich in der Geschäftswelt Teams entwickeln, aber Tatsache ist doch, daß die meisten Menschen im Grunde lieber in Teams arbeiten, zumindest einen großen Teil der Zeit. Die Arbeit in einer Gruppe oder einer Abteilung scheint Sicherheit zu geben, was ja bis zu einem gewissen Grad auch stimmt, und kann sowohl auf persönlicher wie auf geschäftlicher Ebene von Vorteil sein. Ein kurzer geschichtlicher Überblick zeigt schnell, wo die Wurzeln der Teamstruktur liegen.

In vorgeschichtlicher Zeit schlossen sich unsere Vorfahren, die Jäger und Sammler, zu Gruppen zusammen, um sich gegenseitig zu schützen und zu stärken; der Einzelkämpfer von heute in der Ellbogengesellschaft von London hätte in der rauhen Welt von ehedem, da man noch mit Zähnen und Klauen kämpfte, nicht lange überlebt. Er wäre einer Reihe von Gefahren zum Opfer gefallen, gegen die eine Gruppe, ein Team, sich schützen kann.

Die Menschen verließen ihre Höhlen und bauten sich feste Unterkünfte, lebten aber zum Schutz immer noch in Gemeinschaftsbehausungen – inzwischen meist zum Schutz voreinander!
Die Gesellschaft entwickelte sich weiter, und viele dieser Gefahrenquellen entfielen; die Menschen konnten nun allein arbeiten und Einzelbehausungen errichten. Und dennoch fanden sie sich sofort wieder zu »Teams« zusammen. Desmond Morris würde dies vielleicht einen Rückfall in die Zeit unserer Vorfahren nennen; wie dem auch sei, jedenfalls entwickelte sich die Teamarbeit schon bei den kirchlichen und anderen Aktivitäten einer Gemeinde.
Bisweilen waren Teams aus rein praktischen Gründen nötig: zum Beispiel läßt sich ein selbständiger Baumeister als alleiniger Erbauer der Pyramiden kaum vorstellen.
Machen wir einen zeitlichen Sprung zu Camelot und der Tafelrunde von König Artus. Artus stellte ein effektives Team zusammen, ein Team, das wußte, wofür es kämpfte, mit geeinten Kräften und das gemeinsame Ziel vor Augen, nämlich das Königreich gegen die Sachsen zu verteidigen. Erst als das Königreich gesichert war und Artus' Ritter sich einer neuen Aufgabe zuwandten – der Suche nach dem Heiligen Gral -, zerfiel das Team. Jeder Ritter hatte seine eigenen Überzeugungen und Bedürfnisse, und das gemeinsame Ziel ging dabei verloren. Aus der Geschichte um Camelot kann der moderne Geschäftsmensch viel lernen; wir werden diese Erkenntnisse an passender Stelle darstellen.
Im Mittelalter entstanden die ersten Teams des Geschäftslebens, die Zünfte, die zum Selbstschutz der verschiedenen Handwerke gebildet wurden. Diese Zünfte legen den Grundstock für unsere modernen Geschäftsstrukturen; die

Entwicklung des Geschäftslebens brachte auch die Spezialistenteams hervor.
Damit ist die Geschichtslektion beendet, und das Fazit lautet: Die moderne Geschäftswelt ist keineswegs etwas Neues, sondern nur ein neues Make-up auf einem alten Gesicht. Nachdem wir uns mit dem Entstehen von Teams befaßt haben, müssen wir uns nun ihren Vorzügen zuwenden, ohne die sie sich nicht so erfolgreich entwickelt hätten. Erstens, und das versteht sich eigentlich von selbst, sind manche Aufgaben für einzelne einfach nicht durchführbar: offensichtliche Beispiele wären der Bau des Turms von Pisa, des Taj Mahal oder des Empire State Buildings. Das liegt nicht nur an dem dazu nötigen Aufwand an Arbeitskräften; für solche gewaltigen Aufgaben sind außerdem eine Vielzahl von Fähigkeiten und Fertigkeiten erforderlich, die ein einzelner sich nicht einmal im Laufe eines ganzen Lebens aneignen könnte. Für diese Aufgaben müssen sich diejenigen zusammentun, die unterschiedliche, sich gegenseitig ausschließende Wege eingeschlagen haben. Das typische Team im Sport (z. B. im Fußball) ist ein Resultat des Zusammenwirkens von spezialisierten Fähigkeiten (Stürmer, Verteidiger, Torwart und weiteren Unterteilungen in enger definierten Rollen wie Vorstopper und so fort).
Zu den weiteren Vorteilen gehören die Synergie und das sogenannte Zehn-Prozent-Huckepack-Verfahren. Synergie läßt sich vereinfacht als 2 + 2 = 5 darstellen. Mit anderen Worten, wenn zwei oder mehr Personen mit besonderen Begabungen zusammenkommen, kann die Gesamtmenge ihrer Energie und Kreativität oft die Summe der Teilmengen überschreiten. 1907 saßen die Schiffbauer W. J. Pirrie und J. Bruce Ismay beim Essen zusammen und besprachen ein damals unglaubliches und futuristisches Projekt, das

zweifellos noch an Größe zunahm, während die beiden Männer ihre Gedanken weiterspannen. Es ging darum, drei Schiffsriesen für die Transatlantik-Überquerung zu bauen, die alles Bisherige in den Schatten stellen sollten. Die drei wurden gebaut, und auf den Meeren kam ihnen nichts gleich. (Es gibt jedoch nicht immer ein Happy-End, denn eines der drei Schiffe war die Titanic!)

Zehn-Prozent-Huckepack gehört zur Synergie; es ist die Grundlage einer weitverbreiteten Methode, des sogenannten Brainstorming (das später genauer behandelt werden wird), bei der jeder dem Team einen Vorschlag zur Lösung eines Problems, zur Ausarbeitung einer Idee usw. unterbreiten kann. Keine Idee wird kritisiert oder abgelehnt, denn oft kann jemand anders zehn Prozent eines dummen Vorschlags aufgreifen (oder »huckepack« nehmen) und daraus einen besseren machen.

Die Methode von Zehn-Prozent-Huckepack läßt sich am besten mit Hilfe der Tätigkeit erklären, die zu ihrem Namen geführt hat: Eine Person greift eine Idee auf, trägt sie, soweit sie kann, legt sie dann ab, damit der nächste sie aufgreifen kann, und so geht es weiter ... Vielleicht kann nur ein Bruchteil (»zehn Prozent«) der Arbeit des einen vom nächsten aufgegriffen werden, aber allmählich wachsen dann die Ideen. Die klügsten Gedanken basieren zuweilen auf Unsinnigem.

Ein Team kann bei der Umsetzung von Entscheidungen mehr Vollmachten verlangen als ein einzelner. Ein Unternehmen wird natürlich einem Team mehr Vollmachten übertragen, wohl wissend, daß die Kontrollmechanismen des Systems, d. h. innerhalb des Teams, jegliche undurchführbaren Ideen eines einzelnen im Keim ersticken werden. (Es wird z. B. gemunkelt, daß der Plan eines Architekten für eine Brücke über den St.-Lawrence-Strom gerade noch rechtzeitig gestoppt wurde – er hatte die Höhe der geplanten Brücke auf der Grundlage der *durchschnittlichen* Höhe der auf dem Wasserweg verkehrenden Schiffe berechnet!)

Da ein Großteil der Vollmachten delegiert wird, delegieren diejenigen, die etwas zu sagen haben, sie lieber an Teams als an einzelne, damit nicht eine erfolgreiche Einzelperson zuviel an Macht gewinnt und ihre eigenen Vorgesetzten überflügelt. Einflußreiche Teams kann man zumindest auflösen und ihre bedrohliche Macht damit zersplittern.

Teams neigen mehr zum Risiko als einzelne. Sie sind ja auf natürliche Weise geschützt – einen einzelnen kann man entlassen (als Sündenbock oder ähnliches), aber man kann (normalerweise!) kein ganzes Team feuern. Risikos einzugehen gehört zum normalen Geschäftsleben. Die Struktur des Teams verleiht die Vollmachten, Risiken einzugehen, und den dazu nötigen Mut sowie ein Gleichgewicht von Stärken und Fähigkeiten, die ein kluges Abwägen zwischen vertretbaren und nicht mehr vertretbaren Risiken ermöglicht. Das Unternehmen, das den Ärmelkanaltunnel baute, besteht aus einem Konsortium, das viele Geldmittel und Material vereinigt, da eine einzelne Firma (und erst recht eine Einzelperson) schlecht beraten wäre, das Risiko allein zu tragen, auch wenn ihr die nötigen Mittel zur Verfügung stünden. Die Kontrollmechanismen innerhalb des Systems haben sicherlich zu dem andauernden Erfolg dieses außergewöhnlichen Projekts ganz wesentlich beigetragen.

Teams können selbstmotivierend sein. Wenn ein Team ausgewogen zusammengesetzt ist, entwickelt es eine eigene Dynamik und einen inneren Schwung. Ein einzelner kann aus verschiedenen Gründen an mangelnder Motivation leiden; ein Team befreit sich davon leichter. Wie man

Ausgewogenheit und gute Führungsarbeit erreicht, ist eine wichtige Frage bei der Teambildung und wird in den Anfangskapiteln dieses Buches behandelt werden.
Ein Team setzt sich aus einer Vielzahl von Einzelpersonen zusammen, die alle ihren eigenen Einflußbereich innerhalb des Betriebes haben. Daher ist einem Team als Ganzem ein weitaus größerer Bereich der Unternehmensstrukturen zugänglich als einem einzelnen. Der Beamtenapparat ist ein gutes Beispiel dafür; man sagt, wenn der Rest der Menschheit längst bei den Dinosauriern weilt, werden die Beamten noch immer das Zepter schwingen!
Teams verfügen über ein dichteres Kommunikationsnetz als Einzelpersonen. Der Informationsfluß von und nach außen ist normalerweise strukturierter, was wiederum die Umsetzung von Teamentscheidungen effektiver macht.
Teams haben gegenüber Einzelpersonen eine progressivere Lernkurve. Mit anderen Worten: Teams lernen schneller. Es gibt mehr Fortbildungsmöglichkeiten, Spezialgebiete bilden sich schneller heraus. Wie eine grundlegende Untersuchung der Entwicklung des amerikanischen Weltraumprogramms – nebst seiner Ableger – zeigt, verfügen Spezialistenteams über ein großes Potential, sich in neue Gebiete einzuarbeiten.
Teams vermitteln ein Wir-Gefühl und gemeinsame Erfolgserlebnisse. Dies wirkt sich allgemein vorteilhaft auf die Stimmung im Unternehmen aus, gibt vielen ein Gefühl der Zugehörigkeit und verstärkt ihre berufliche Zufriedenheit. Wenn auf Bewerbungsformularen danach gefragt wird, ob der Bewerber Fußball oder Handball spielt, liegt der Firma nicht unbedingt daran, diese besonderen Aktivitäten zu fördern, sondern sie möchte erfahren, ob der Bewerber ein »Teamspieler« ist oder nicht. Mit Antworten wie »Nein – ich ziehe Computerspiele vor, weil ich mir

damit andere Leute vom Leib halte« werden Sie – heute mehr denn je – eine solche Stellung wohl kaum erhalten.
Es muß betont werden, daß die oben genannten Vorteile nur da vorhanden sind, wo das Team gut angeleitet wird und richtig strukturiert ist. Schlecht angeleitete und unausgewogene Teams ohne klare Zielvorgabe können selbst einen leichten Sieg in eine Niederlage verwandeln. Teams können jedoch, auch wenn alles gut läuft, ihre Nachteile haben, von denen einige im folgenden aufgezählt werden.
Teamentscheidungen können nicht ohne Kompromisse getroffen werden, und möglicherweise werden dabei Einfälle und Talente des einzelnen nicht berücksichtigt. Dies ist unvermeidlich und kann innerhalb der Teamstruktur nicht vermieden werden. Ein gutgeleitetes Unternehmen weist jedoch auch Strukturen auf, die Einfälle und Talente auf andere Weise fördern – und denjenigen Unternehmen, die diese Einzelpersonen unterdrücken, werden die besten Kräfte durch die Konkurrenz abgeworben.
Unglücklicherweise können sich Teams zu Oligarchien entwickeln, die sich selbst wählen und oft Mitarbeiter aus Gründen der Sympathie und nicht der Notwendigkeit aussuchen. Diesem Problem wird in modernen Teams gewöhnlich dadurch begegnet, daß man externe Berater bestellt, die als *»agents provocateurs«* fungieren; da sie sich der Firma in keiner Weise verbunden fühlen, können sie Dinge in Frage stellen, die ein Firmenangehöriger vielleicht nicht angesprochen hätte.
Manchmal kann dies enorme Auswirkungen haben, wie im Falle einer Firma, für die wir als Berater tätig waren. Die Firma wurde von zwei Direktoren, die sich dem Ruhestand näherten, geleitet; ihre Söhne saßen im Vorstand, warteten aber praktisch in den Kulissen. Die Firma war festgefahren, kein Fortschritt mehr und keine unternehmerische Kreati-

vität. Der Vorstand konnte sich nicht auf eine Vorgehensweise einigen; es waren die externen Berater, die die Notwendigkeit darlegten, sich von der ersten Direktoren-Generation zu trennen und die Leitung mit »frischem Blut« zu besetzen. Eigentlich hatten alle Vorstandsmitglieder – auch die älteren – das Problem erkannt, sahen sich aber außerstande, etwas dagegen zu tun.

Auch wenn Teams selbstmotivierend sein können, wie oben beschrieben, kann es doch Schwierigkeiten geben, sie von außen zu motivieren, wenn sie ihren inneren Antrieb verloren haben. Normalerweise wird es in diesem Fall externen Beratern überlassen, für neuen Antrieb zu sorgen, und oft geschieht dies, indem man, wie es so schön heißt, Arbeitskräfte freisetzt. Eine bevorstehende Exekution aktiviere auf wundersame Weise den Verstand, sagt man.

Manche Leute neigen dazu, das Team zu benutzen, um sich selbst in den Vordergrund zu spielen, um mehr Punkte zu sammeln als andere Teammitglieder und so den Weg zur Beförderung abzukürzen. In einer gerechten Welt würde man mit einer solch ungerechten Vorgehensweise nicht davonkommen; in der Wirklichkeit funktioniert sie aber nur zu gut. Dieses Buch gibt Teammitgliedern wenigstens Anleitungen dazu, wie man diesem Problem begegnen kann.

Die Nachteile sind nicht von der Hand zu weisen und müssen angesprochen werden. Unser Buch ist zum Teil ein Leitfaden für Teammitglieder und Teamführer, wie man den Schaden, den diese Probleme verursachen, verringern kann.

Zur Erklärung von Gruppendynamik stützt sich das vorliegende Buch auf unsere Erfahrungen der unterschiedlichsten Arten von Teams in der Geschäftswelt wie Vorstandsgremien, Wirtschaftsprüferteams, Managementteams, beratenden Projektteams und so weiter, aber auch Spezialistenteams, zu denen unter anderem die folgenden gehören.

Die Vernetzungsteams

Das sind eher inoffizielle Vereinigungen von Managern usw., normalerweise mit vergleichbaren Stellungen bzw. Vollmachten innerhalb eines Unternehmens, die miteinander über Abteilungs- und sogar Firmengrenzen hinweg (zwischen verschiedenen Firmen) kommunizieren (»vernetzt sind«). Man findet solche Vereinigungen immer häufiger in großen Unternehmen, vor allem in multinationalen Konzernen. Diese »Teams« sind oft entstanden, indem Leute, die früher in offizielleren Teams (oder in derselben Firma) arbeiteten, nach ihrem Weggang »ihre Kontakte aufrechterhalten haben«.

Die Blitzaktionsteams

Diese werden aus einem bestimmten Anlaß gebildet und bestehen gewöhnlich nur für kurze Zeit. Sie sind höchst mobil und reisen dahin, wo sie gebraucht werden. Dort bilden sie gewöhnlich den Kern eines größeren »einheimischen« Teams und dienen oft dazu, alte und müde Teams in Schwung zu bringen. Sie sind so etwas wie die GSG 9 der Geschäftswelt.

Die Strategenteams

Sie bestehen aus Spezialisten und erfahrenen Leuten, an die

fortlaufend langfristigere und strategische Angelegenheiten weitergeleitet werden. Früher hätte man sie »think tanks« (Expertenkommission) genannt; mit dem Rüstzeug der Unternehmensplanung gehen sie strategisch an die Entwicklung neuer Ideen heran. Oft geben sie taktische Pläne an die Vernetzungsteams oder Korrektivteams (siehe unten) weiter.
Wir haben beobachtet, daß der Prozeß der Entscheidungsfindung oft von oben autorisiert werden muß; Strategenteams verfügen zuweilen über keine eigenen Vollmachten, sondern können sich nur für bestimmte Alternativen aussprechen.

Die Korrektivteams

Sie sind eines der Werkzeuge, die im *total quality management* (TQM) Anwendung finden. Sie sind Problemlösungsteams mit der Vollmacht, sofortiges Handeln bei Problemen in Gang zu setzen, die von Arbeitsgruppen an sie weitergeleitet wurden. Sie bilden normalerweise einen Querschnitt von Experten und leitenden Angestellten. Sie bestehen nur so lange wie das zu bearbeitende Problem, und Einzelpersonen werden sich oft in mehr als einem Korrektivteam gleichzeitig befinden.

Wir beziehen auch die Dynamik von anderen Teams – außerhalb der Geschäftswelt – mit ein, wie Orchestern, Schauspieltruppen usw.
Was die darstellenden Künste betrifft, so hat die Geschäftswelt nicht erkannt, daß dieser Berufszweig seit vielen Jahrzehnten eines der Probleme der heutigen Geschäftswelt löst – wie man ein effektives Team schnell zusammenstellt,

das sofortige Resultate erzielen kann, fähig ist zu harmonischer Zusammenarbeit und trotzdem in der Lage, sich aufzulösen und für neue Aufgaben wieder zu neuen Teams zusammenzufügen. Besondere Techniken und besondere Energien sind dazu gefragt, und man kann sie erlernen und für sich nutzbar machen, indem man den in diesem Buch ausgeführten praktischen Schritten folgt.

Die Autoren dieses Buches gehören zu den Vorreitern einer Unternehmensberatung, die Geschäftsleute und darstellende Künstler in Schulungsteams zusammenbringt, die genau diese Energien in den Unternehmen zum Tragen bringen sollen – mit bemerkenswertem Ergebnis.

Wir befassen uns auch mit dem Einfluß, den andere kulturelle Verhältnisse auf das Team haben; die Entscheidungsfindung eines Teams in Japan unterscheidet sich z. B. sehr von derjenigen in der westlichen Welt. Beide Autoren können auf Erfahrungen im Umgang mit diesen unterschiedlichen Techniken zurückgreifen; man kann viel daraus lernen, so daß die Teams moderner Unternehmen von den Vorteilen beider Welten profitieren können.

Das vorliegende Buch ist ein praktischer Leitfaden für alle, die Teil eines Teams sind, ob als Anführer oder als Spieler. Es enthält praktische Ratschläge, aber auch Spielanweisungen, Fragebögen und Checklisten, die eine kontinuierliche Entwicklung über Jahre hinweg ermöglichen.

Die Bildung von Teams unterliegt nicht der Logik, sondern der Psychologie. Wir haben es mit den Bedürfnissen von Einzelpersonen zu tun, mit ihren Stärken und Schwächen, ihren Wünschen, ihren Ängsten usw. Ein Unternehmen, das glaubt, ein achtköpfiges Team bestehe eben aus acht Leuten, bereitet seinen eigenen Untergang vor. Ein solches Team setzt sich aus acht Einzelpersonen zusammen; wer heutzutage ein Team bildet, muß dies beachten und die

Einzelpersonen so zusammenfügen, daß die für die Bedürfnisse des Unternehmens ungeheuer wichtige Synergie entsteht – bei der einmal acht mehr als zehn ergibt und wo das Unternehmen vom Team das erhält, was es braucht, und zwar nicht auf Kosten der Einzelpersonen.

Die moderne Geschäftswelt befindet sich in ständigem Fluß, das Management in ständigem Wechsel. Zeitlich unbefristete Teams (die in den meisten Büchern zur Teambildung oft genug als Ideal hingestellt werden) können mit den raschen Veränderungen der modernen Geschäftswelt nicht mehr Schritt halten. Blitzaktions-, Korrektiv- und Vernetzungsteams werden als Antwort in der Welt von heute benötigt. Dieses Buch zeigt Techniken auf, mit denen man derartige Teams aufstellen kann und wie und woher man die nötigen Energien bezieht. Es ist etwas völlig Neues: Mit seiner Kombination von verschiedenen Arten der Teambildung innerhalb und außerhalb der Geschäftswelt ist das vorliegende Buch auf das moderne Team und auf die Erfordernisse der heutigen Zeit zugeschnitten.

1. Der Teamvertrag

»Mein Volk und ich haben ein für uns alle befriedigendes Übereinkommen getroffen. Sie können sagen, was ihnen gefällt, und ich kann tun, was mir gefällt.«

Friedrich der Große

Jedes Team sollte die genauen Gründe für seine Existenz wissen – und hat ein Recht darauf. Ebenso muß es erfahren, wann und warum es aufgelöst werden wird. Diese Gründe sind Teil dessen, was als »Teamvertrag« bezeichnet wird. Dies ist kein offizielles Dokument; tatsächlich ist es gewöhnlich nicht einmal ein Dokument, sondern eine Übereinkunft zwischen dem Team und denjenigen, auf deren Veranlassung hin es gebildet wurde, und diese gibt dem Team seine Handlungsvollmachten. Nur in einer oft historisch bedingten Kultur des Mißtrauens finden wir Teams, die darauf bestehen, daß alle Richtlinien zu ihrem Handlungsfreiraum, ihren Vollmachten und Zielvorgaben schriftlich fixiert werden. Wir werden später sehen, daß es unter einer bevollmächtigten Organisation, in der klar gesetzte Aufgaben und Ziele dem Team durch den Teamleiter mitgeteilt werden, nicht erforderlich ist, Verträge schriftlich festzulegen und damit den Prozeß der Vollmachtgebung zu betonen und zu verstärken.
Es gibt eine Reihe von unterschiedlichen Verträgen zwischen dem Team und den internen und externen Geschäfts-

systemen, in denen das Team operieren muß, aber zunächst genügt es, drei Hauptgruppen zu unterscheiden.

1. Der Vertrag zwischen dem Teamleiter und den Mitgliedern des Teams; auch zwischen den Teammitgliedern. Beide sollten aufeinander abgestimmt sein, denn die Aufgabe des Teamleiters bzw. der Teamleiterin* ist es, sich mit dem Team und nur mit diesem zu identifizieren.
2. Der Vertrag mit der Unternehmensleitung. Der Teamvertrag mit der Unternehmensleitung besagt – nachdem schon festgestellt wurde, daß der Teamleiter sich von der Unternehmensleitung lossagt und sich für einen besseren Ablauf mit dem Team identifiziert –, daß der Teamleiter zusammen mit dem Team jetzt eine Einheit bilden.
3. Der Vertrag mit der Außenwelt. Das Team muß erkennen, daß es nicht nur für sich selbst oder die Unternehmensleitung agiert, sondern auch der Außenwelt verantwortlich ist, die in diesem Fall Klienten, Zulieferer, andere Teams, die Umwelt und alle umfaßt, die direkt oder indirekt von den Entscheidungen und dem Tun dieses Teams betroffen sein werden (oft bezeichnet als indirekt Beteiligte).

Damit das Team effektiv sein kann, müssen die vertraglichen Beziehungen von Anfang an geklärt sein. Vertragliche Beziehungen können sich mit der Zeit ändern, aber wenn

* Das englische Wort »team leader« (wie andere Bezeichnungen auch) ist geschlechtsunspezifisch, d. h., es kann sich auf einen Mann oder eine Frau beziehen. Da es im Deutschen umständlich und unübersichtlich wird, wenn man jedesmal beide Formen anführt, hat die Übersetzerin im weiteren Text zugunsten der besseren Lesbarkeit darauf verzichtet.

nicht gleich zu Beginn eine gewisse Struktur besteht, dann macht dies offensichtlich, daß die Gründung des Teams schlecht durchdacht war und diesem höchstwahrscheinlich ein klares Ziel fehlen wird. Tatsächlich sind Verträge ja nicht in Stein gemeißelt, und sie *sollten* sich mit der Zeit, mit dem Lernprozeß, den das Team durchläuft, ändern, aber dies muß auf einer soliden Grundlage geschehen; Grundlage sind die Ziele des Teams, die es nie aus den Augen verlieren sollte.

Wir wollen nun die drei Hauptgruppen detaillierter betrachten.

Vertrag zwischen Teamleiter und Mitgliedern; auch zwischen Mitgliedern

Wir können diese Verträge als feststehende Grundregeln beschreiben, die sich folgendermaßen zusammenfassen lassen.

Offenheit

Es ist äußerst wichtig, daß der Teamleiter und die Teammitglieder so offen und ehrlich wie möglich ihre Gedanken und Gefühle zu den anstehenden Aufgaben aussprechen. Weiter unten werden wir auf dieses Konzept der Offenheit zurückkommen und auf die Methoden, diese zu fördern, denn es ist eine wesentliche Voraussetzung für die Bildung eines Teams und einer Einheit. Ja, für die Teambildung sind Ehrlichkeit und Offenheit unerläßlich, und ebenso muß es Teammitgliedern möglich gemacht werden, Politik, Konkurrenzkampf und alles, was der Teamarbeit abträglich ist, beiseite zu lassen.

Keine Hypothesen aufstellen

Es ist unerläßlich, daß Hypothesen, wie wir später sehen werden, auf konstruktives Brainstorming beschränkt bleiben. Bei der Teamarbeit muß Hypothetisches dadurch ausgeschaltet werden, daß man feststehende Tatsachen diskutiert und nicht Vermutungen anstellt (und diese wie Tatsachen behandelt), da diese – zu dem Zeitpunkt – von den anderen Teammitgliedern nicht nachgeprüft werden können. Das ist besonders in solchen Fällen wichtig, wo stärkere Teammitglieder den Advocatus Diaboli spielen, indem sie Hypothesen als Tatsachen hinstellen, dann aber versäumen, schwächere oder weniger versierte Teammitglieder, die ihre Behauptungen nicht in Frage stellen können, auf den Unterschied hinzuweisen.

Die Meinung der anderen respektieren

Damit Teammitglieder die Meinung der anderen respektieren, ist es erforderlich, daß sie sich über ihre eigenen Werte und Vorurteile im klaren sind. Wir werden später auf die Verfahren eingehen, durch die wir als Teammitglieder die unterschiedlichen Ansichten, Meinungen und Verhaltensweisen der anderen verstehen und akzeptieren lernen. An vorrangiger Stelle muß die Maxime stehen: »Vielleicht gefällt uns nicht, was andere fühlen oder sagen, aber wir respektieren ihr Recht, sich mitzuteilen.«

Leben im »Hier und Jetzt«

Henry Ford hat einmal gesagt: »Geschichte ist ziemlicher Käse.« Vielleicht stimmt das, aber wir können aus der Geschichte einiges lernen, denn sie erinnert uns an das, was andere, bei ihrem Wissensstand, in bestimmten Situationen getan haben. Teamverträge müssen jedoch auf die Zukunft ausgerichtet sein. Zu den Teamtechniken gehört es, die Vergangenheit nicht nur anzuerkennen, sondern dieses Wissen in der Gegenwart und in möglichen zukünftigen Situationen anzuwenden. Daher gilt als eine der

Grundregeln, daß das Team zusammen mit dem Teamleiter immer in der Gegenwart und auf die Zukunft gerichtet leben muß.

Konstruktiv auf Vorschläge reagieren

Es ist bei der Arbeit im Team nur zu einfach, die Ideen von Teammitgliedern entweder einzeln oder insgesamt »runterzumachen«; dies hilft in keinem Fall beim Aufbau einer Gruppe. Konstruktive Kritik ist umschreibend; sie vermittelt dem einzelnen Ihre genaue Interpretation dessen, was er gesagt hat, und deutet auf mögliche Folgen hin, die sich ergeben könnten. Wenn z. B. jemand etwas vorschlägt, dann verweisen Sie zunächst auf drei positive Auswirkungen, ehe Sie eine negative beschreiben, und besprechen Sie mit ihm seine Ansicht der positiven Elemente, bevor Sie auf die negativen Möglichkeiten kommen. Damit wird der Wille gezeigt, einen Konsens zu erreichen, ohne auf prinzipielle oder relevante Punkte zu verzichten.

Mut zum Risiko

In späteren Kapiteln werden wir sehen, daß man kaum etwas aus Erfolgen lernt (außer wie man sie wiederholt); weitaus mehr lernt man aus sogenannten Mißerfolgen. Teams werden gebildet, um Probleme zu lösen, Tatsachen zu erkennen, Pläne auszuarbeiten und so weiter. Aus diesem Grund können wir nicht immer Erfolg oder Mißerfolg voraussagen, aber jedes Team muß die Gelegenheit erhalten, auf Erfolge hinzuarbeiten, ohne für *Teilerfolge* gegeißelt zu werden, die in unserer Geschäftswelt leider als Mißerfolge bezeichnet werden.

Aktive Teilnahme

Teammitglieder sind keine Zuschauer; sie nehmen am Spiel teil. Daher gehört es zu den Aufgaben des Teamleiters, die aktive Teilnahme aller Teammitglieder zu verlangen; sie können nicht einfach von der Seitenlinie aus zuschauen. Passives Zuschauen mag interessant sein, aber durch die Anleitung zu aktiver Teilnahme erhalten Sie Teammitglieder, die aktiv um Ergebnisse bemüht sind.

Fakten und Meinungen mitteilen

Vergewissern Sie sich, daß Sie beide auseinanderhalten können und daß die Personen, mit denen Sie zu tun haben, den Unterschied auch erkannt haben. Diese können ihre eigene Meinung zu den Fakten äußern und Ihren Standpunkt anhand Ihrer Meinungen verstehen. Wenn Sie Meinungen als Fakten hinstellen, wird man die falschen Beschlüsse fassen, weil man annimmt, die Entscheidung sei gefallen, während sie es in Wirklichkeit noch nicht ist – eigentlich ist sie nur in Ihrem Kopf schon gefallen.

Den Zielen gegenüber Verantwortung zeigen

Es ist die Pflicht des Teamleiters, gemeinsam mit den Teammitgliedern die völlige Verantwortung für die gestellten und vereinbarten Aufgaben und Zielvorgaben zu tragen. Das umfaßt nicht nur die Verteilung von Sachkenntnis, Professionalismus und Energie auf die einzelnen Aufgaben, sondern auch die aktive Teilnahme auf dienstlicher Ebene. Wenn Sie z. B. Verantwortung in einem Schulbeirat übernehmen, dann ist es unbedingt erforderlich, daß Sie an allen Sitzungen teilnehmen. Sollten Sie das Interesse daran verloren haben, machen Sie Ihren Platz für andere frei, die mit ganzem Herzen dabei sind.

Aufnahmebereit sein

Aufnahmebereitschaft zeigt sich nicht nur in der Fähigkeit zuzuhören, sondern auch darin, Kritik und Widerspruch zu akzeptieren. Es ist wichtiger, aktiv zuzuhören und das, was andere sagen, zur Kenntnis zu nehmen, als sich passiv der Ansicht des Teams anzuschließen. Nur weil uns der Vorschlag eines anderen nicht gefällt, bedeutet dies noch nicht, daß es nicht eine interessante Idee und eventuell eine fruchtbare Erfahrung ist.

Der Vertrag mit der Unternehmensleitung

Der Teamvertrag mit der Unternehmensleitung bezieht sich auf den Aufgabenbereich. Damit ein Team richtig motiviert ist, muß es von Anfang an wissen, daß es ermächtigt ist, seine Entscheidungen auch umzusetzen. Der Unternehmensleitung obliegt es, ihm diesbezüglich ausreichende – aber nicht zu viele – Vollmachten zu geben. Bei der Aushandlung eines effektiven Teamvertrages müssen viele Aspekte berücksichtigt werden.

Erstens: Die Zuständigkeitsrichtlinien seitens der Unternehmensleitung und der Teammitglieder müssen offen dargelegt werden.

Die Definition der Zuständigkeitsrichtlinien enthält folgendes:

- was die Unternehmensleitung von ihnen erwartet und warum sie es erwartet;
- was das Team wirklich glaubt, erreichen zu können; Bereiche, bei denen das Team eventuell ein ungutes Gefühl hat;
- Bereiche, bei denen die Unternehmensleitung dem Team keinen Einblick gewähren möchte; mit anderen Worten: die Bereiche, bei denen die Unternehmensleitung ein ungutes Gefühl hat;
- Bereiche, die sowohl von Unternehmensleitung als auch vom Team akzeptiert würden, die aber in bestehende Arbeitspraktiken oder Vereinbarungen eingreifen würden, vielleicht die Gewerkschaft oder den Arbeitsschutz betreffend.

Zweitens: An die Stelle von beiderseitigen Vermutungen muß sicheres Wissen treten, d. h., sowohl das Team als auch die Unternehmensleitung müssen im Einvernehmen sein über festumrissene, klare Zielsetzungen, die sich nach den Erfordernissen richten, aufgrund derer das Team überhaupt erst entstanden ist. Gar nicht so selten arbeiten Teams einige Zeit nach unbestimmten Vermutungen weiter, bis ihnen klar wird, daß sie die Erfordernisse der Unternehmensleitung nicht erfüllen, und die Unternehmensleitung, wenn auch mit Verspätung, entdeckt, daß das Team nicht den Auftrag erfüllt, den es zu haben glaubte.

Drittens: Die Unternehmensleitung muß sich dem Beitrag des Teams verpflichtet fühlen und ihn unterstützen. Dies muß eine wirkliche und nicht nur eine dahingesagte Verpflichtung sein; nur zu oft erleben wir eine Unterstützung im Wort, nicht jedoch in der Tat. Das Team muß sicherstellen, daß seine Arbeit umgesetzt wird, oder genau wissen, warum dies nicht der Fall ist.

Viertens: Freie Kommunikation innerhalb des Betriebes in horizontaler und vertikaler Richtung. Mit anderen Worten: Das Team muß Zugang zum hierarchischen (vertikalen) Informationsfluß haben, d. h. vom Vorstand bis hinunter zur Belegschaft und umgekehrt und zum horizontalen zwischen vergleichbaren Ebenen der Unternehmensleitung und auch zwischen vergleichbaren Teams im Betrieb. Diese Kommunikation muß für den Informationsfluß von und nach außen garantiert sein.

Fünftens: Das Team muß ermächtigt sein, Informationen in allen Bereichen der bestehenden Unternehmensstrukturen zu suchen und zu finden. Diese Ermächtigung in bezug auf die Kommunikation bedeutet, daß dem Team genau gezeigt wird, wo seine Arbeit den Betrieb vorwärtsbringt, wo seine Anstrengungen Erfolge erzielen und wo seine Arbeit den Zielsetzungen des Betriebes dient.

Schließlich und endlich muß die Unternehmensleitung die Grundwerte des Unternehmens offen darlegen. Diese können wie folgt zusammengefaßt werden:

- Die Erfordernisse und ihre Gründe müssen klar dargelegt werden. Mit anderen Worten: Das Zukunftsbild, die Vision des Betriebes muß von allen Teammitgliedern verstanden werden, damit sie ihre Arbeit innerhalb der Vorstellungen des Betriebes richtig einordnen können. Wenn der Betrieb einen Wahlspruch hat – ein einzeiliges Motto, das die für alle geltenden Zukunftsvisionen umschreibt -, dann muß das Team Sorge tragen, daß seine Arbeit gemäß diesem Wahlspruch und mit Blick auf die Zielsetzung des Betriebes verrichtet wird.

- Ehrlichkeit, Integrität, Vertrauen und Respekt. Das Team muß zum Zwecke wahrer Ziele ins Leben gerufen werden und nicht aus zynischen oder manipulatorischen Gründen. Wenn das Team z. B. nur aufgestellt wurde, um das Risiko seiner Unternehmensleitung mitzutragen, wird es nur als stummer Unterschriftengeber für deren Entscheidungen angesehen werden und seine Handlungsfreiheit im Betrieb wie auch den Respekt anderer Teams im Unternehmen verlieren.

- Mitwirkung anerkennen und belohnen. Das Team muß wissen, welche Rolle Leistung in dem Unternehmen spielt und wie durchschnittliche oder überdurchschnittliche Leistung belohnt werden wird. Diese Anerkennung für das Team muß zuvor festgelegt werden, um übermäßige Erwartungen und eine Demotivation zu vermeiden, die aus unerfüllten Erwartungen entstehen würde. Auf unkomplizierte Art erhalten Fußballteams

z. B. nach einem wichtigen Sieg eine Prämie. Firmenteams können ganz praktisch in pekuniärer Form belohnt werden oder, was vielleicht häufiger vorkommt, dadurch Anerkennung erfahren, daß Teammitglieder befördert werden. Es kann sogar etwas so Elementares sein wie bei dem Team, das mit sämtlichen Mitgliedern nach Holland verschifft wurde, um dort ein Wochenende lang fröhlich zu feiern!

- Lassen Sie den Worten Taten folgen. Es muß klar sein, daß die Unternehmensleitung so handelt, wie sie angekündigt hat. Wenn sie bestimmte Ankündigungen macht, mündlich oder sogar schriftlich, aber nie in die Tat umsetzt, z. B. Teamentscheidungen nicht ausführt, dann wird dem Team klar, daß es sich für nichts und wieder nichts anstrengt. Dies ist vielleicht der häufigste Grund für das Scheitern eines Teamvertrages; es äußert sich bei Teammitgliedern mit Bemerkungen wie: »Wir haben viele Sitzungen, wir diskutieren bestimmte Probleme aus, wir geben Empfehlungen an die Unternehmensleitung weiter, aber es wird ja doch nie etwas getan ...« Das Team sollte nichts diskutieren oder umzusetzen versuchen, von dem die Unternehmensleitung weiß, daß die nötigen Handlungsvollmachten fehlen; und man könnte sagen, daß ein Teamvertrag von Anfang an mangelhaft ist, bei dem das Team genau dies tut.

- Professionalität. Der Betrieb und daher auch das Team müssen gegenüber ihren Aktionären einer Sorgfaltspflicht nachkommen; einer Sorgfaltspflicht bei dem, was zu erledigen ist. Interessenkonflikte müssen erkannt und gelöst werden. Ein Beispiel für eine Regelung, wie man Professionalitätsstandards wahrt, ist im *Institute of Char-*

tered Accountants in England and Wales (staatlich geprüfte Bilanzbuchhalter) zu finden, das den Kanzleien untersagt, von einem Klienten allein mehr als einen feststehenden Prozentsatz ihrer Gebühren zu erhalten. Mit anderen Worten: Kein Klient kann die Buchprüfungsfirma mit Erfolg dazu erpressen, sich nach den Interessen der Firma zu richten, oder damit drohen, seine Buchprüfung den Buchprüfern zu entziehen, für die dies möglicherweise ein großer finanzieller Verlust wäre. Die Pflicht zur Sorgfalt hat ihren guten Grund; ein Arzt, der Ihnen rät abzunehmen oder das Rauchen und Trinken aufzugeben, tut dies in beiderseitigem Interesse – für Ihre Gesundheit und für die ihm zur Verfügung stehende begrenzte Zeit; wenn Sie keine Zeit im Sprechzimmer in Anspruch nehmen, können die Ärzte sich um andere, vielleicht dringendere Fälle kümmern.

- Zuverlässigkeit der Informationssysteme. Teams benötigen Informationen und müssen sicher sein, daß der innerbetriebliche Informationsfluß funktioniert. Darüber hinaus muß es dem Team, was vielleicht am wichtigsten ist, möglich sein, fehlerhafte Systeme, die es entdeckt hat, zu umgehen oder zu verbessern, oder es wird gegen Mauern rennen und nichts erreichen.

- Nichtdiskriminierende Haltung. In der Einstellung eines Betriebes gibt es bestimmte Aspekte, die ein Prüfstein für seine Integrität sind, so z. B. seine Behandlung von Behinderten oder ethnischen Minderheiten. Da diese Aspekte im Mittelpunkt des öffentlichen Interesses stehen, verrät die diesbezügliche Einstellung eines Betriebes manches über seine Einstellung zu seiner Belegschaft. Eine nichtdiskriminierende Haltung kann sich auch auf das Verhalten in hierarchischer Hinsicht beziehen; so können Angestellte sich zu Recht herabgesetzt fühlen, wenn sie immer auf Zug oder U-Bahn angewiesen sind, während die Unternehmensleitung befugt ist, Mietwagen oder Taxis zu nehmen. Wenn es für den Betrieb gute Gründe für diese Diskriminierung gibt, sollte sie dies von Anfang an und im Einvernehmen mit allen Beteiligten klarstellen. Da als einziges realistisches Argument wohl Rentabilität angeführt werden könnte und dies nicht den Effekt haben wird, daß alle mit Freude zur Bushaltestelle strömen, ist es kein haltbares Argument.

- Loyalität und Engagement. Der Betrieb muß sich für das Team einsetzen und es unterstützen, wenn er von diesem in gleichem Maße Loyalität und Engagement erwartet.

- Offenheit. Es sollte keine heimliche Tagesordnung geben, sondern eine Politik der Offenheit. Das Team muß ausreichenden Zugang zur höheren Unternehmensebene haben, damit es seine Aufgabe erledigen kann, und muß selbst Zugang von untergeordneter Ebene und anderen Interessierten, wie Zulieferern, Kunden usw., gestatten.

Der Vertrag mit der Außenwelt

Natürlich kann das Team nicht mit jedem in der Außenwelt einen Vertrag abschließen, da die meisten dieser Verträge in den Normen des Zusammenlebens enthalten sind. Trotzdem muß es von Anfang an erkennen, daß es viele »Verträge« hat, die über die Grenzen seines eigenen Betriebes hinausgehen. So hat z. B. eine große, in der Nähe einer wichtigen Stadt liegende petrochemische Raffinerie mit den Bewohnern dieser Stadt einen ungeschriebenen Vertrag zur Sorgfaltspflicht. Wenn die bisher üblichen Arbeitsprozesse der Raffinerie eine »Fallout-Zone« von, sagen wir, einer halben Meile um die Raffinerie nötig machen, die auch vorhanden ist und in die die Stadt nicht vorstößt, dann kommt der Raffinerie auch die Pflicht zu, ihre Arbeitsprozesse nicht so weit zu ändern, daß z. B. eine Fallout-Zone von mehreren Meilen erforderlich wäre, die natürlich das Leben der dort wohnenden Menschen gefährden würde. Umgekehrt ist die Gemeinde verpflichtet, keine Häuser bis an den Fabrikzaun zu bauen.
In der heutigen Situation kommt allen Betrieben eine Sorgfaltspflicht gegenüber der Umwelt zu, und tatsächlich stehen sie ja unter enormem öffentlichen und staatlichen Druck, was den Umweltschutz betrifft; dies geht so weit, daß es demnächst vielleicht finanzielle Vorteile für die umweltfreundlichen und Geldstrafen für die nicht umweltfreundlichen Betriebe geben wird. Das Scheitern eines Vertrages zwischen Betrieb und Außenwelt liegt z. B. dann vor, wenn unzumutbarer Abfall in die Flüsse der Gegend geleitet wird und diese verseucht oder der dortigen Industrie, Landwirtschaft usw. schadet. Die Reaktion der Bevöl-

kerung und der Druck durch die Medien folgen als Strafe auf die Vertragsverletzung. Dieser Vertrag besteht eindeutig zwischen dem Betrieb und der Außenwelt und nicht speziell mit einem einzelnen Team innerhalb des Betriebes, aber das Team ist verpflichtet, in Einklang mit diesem weitgefaßten Vertrag zu handeln.

Effektivitäts-Checklisten

Teams können mit Hilfe der drei folgenden Checklisten die Effektivität ihrer bestehenden Verträge prüfen. Jede ist darauf abgestimmt, die drei oben besprochenen Vertragskategorien zu analysieren.

Vertrag zwischen Teamleiter und Teammitgliedern; auch zwischen Mitgliedern

Dies kann von jedem Teammitglied ausgefüllt werden, auch vom Leiter, und soll die Frage beantworten: »Ist der teaminterne Vertrag effektiv?«
Erklärung: Streichen Sie die Zahl zwischen eins und vier an, die Sie für die zutreffende Antwort halten. Dabei heißt:

1 = Nein
2 = Trifft weniger zu
3 = Trifft eher zu
4 = Ja

1. Kann ich meinen Teamkameraden offen und und ehrlich begegnen? 1 2 3 4

2. Respektiere ich die Meinung der anderen Teammitglieder? 1 2 3 4

3. Bin ich bereit, meine Gedanken und Meinungen den anderen im Team mitzuteilen? 1 2 3 4

4. Ermutige ich mein Team zum Risiko?	1	2	3	4
5. Bin ich gegenwarts- und nicht vergangenheitsorientiert?	1	2	3	4
6. Reagiere ich konstruktiv auf Vorschläge?	1	2	3	4
7. Glaube ich, daß meine Teamkameraden mir gegenüber offen und ehrlich sind?	1	2	3	4
8. Behandle ich meine Teamkameraden auf erwachsene und reife Art und Weise?	1	2	3	4
9. Beteilige ich mich aktiv an der Arbeit im Team?	1	2	3	4

Ergebnisanalyse:

Eine niedrige Punktzahl, zwischen 9 und 17, deutet darauf hin, daß Sie nicht genau wissen, wie man als Mitglied eines Teams arbeitet. Es kann auch auf ein neugebildetes Team hinweisen, dessen Mitglieder noch nicht die Gelegenheit hatten, ihre Beziehungen aufzubauen. Eine Überwachung der Ergebnisse über einen gewissen Zeitraum hinweg wird daher entweder Ihren Fortschritt als Teammitglied oder den des Teams als einer Einheit zeigen. Fragen Sie sich doch einmal ernsthaft: a) »Was möchte ich als meinen Anteil zum Team beitragen?« und b) »Was trage ich im Moment bei?«

Eine mittlere Punktzahl, zwischen 18 und 27, deutet gewöhnlich darauf hin, daß Sie schon ein verhältnismäßig guter Teamspieler sind, aber in einem Team spielen, das noch nicht völlig zusammengewachsen ist. Gelegentlich wird dieses Resultat anzeigen, daß ein neues Mitglied zu einem bestehenden Team gestoßen ist und »den Bogen noch nicht raushat«. Sie selbst sollten in der Lage sein, das für Ihre Situation Zutreffende zu erkennen. Was zu tun ist, hängt von dieser Antwort ab, aber da ein Fundament der Stärke beim Team oder bei Ihnen vorhanden ist, wird sich bestimmt eine Verbesserung einstellen, vorausgesetzt, daß Sie sich mit voller Kraft dafür einsetzen.

Eine hohe Punktzahl, zwischen 27 und 36, zeigt sowohl Engagement Ihrerseits als auch ein offenes und eingespieltes Team, mit dem Sie arbeiten. In der Selbstgefälligkeit liegt hier die größte Gefahr; wiederholen Sie regelmäßig diese Tests, und wenn die Resultate deutlich schlechter werden, dann finden Sie die dafür verantwortlichen Fragen heraus, und befassen Sie sich näher mit ihnen. Wenn es eine allgemeine Verschlechterung ist, dann setzt das Team sich nicht mehr voll ein, und ein ehrliches Überdenken der Situation durch das gesamte Team ist nötig.

Der Vertrag mit der Unternehmensleitung

Dies kann von jedem Teammitglied ausgefüllt werden und soll die Frage nach der Effektivität des bestehenden Vertrages zwischen Team und Unternehmensleitung klären. Die Einteilung von 1 bis 4 ist dieselbe wie in der vorigen Checkliste.

1. Kenne ich wirklich den wahren Zweck meines Teams? 1 2 3 4

2. Bin ich mir sicher, daß die Unternehmensleitung voll hinter uns steht? 1 2 3 4

3. Stehen uns genügend Mittel für unsere Arbeit zur Verfügung? 1 2 3 4

4. Sind unsere Kommunikationswege effektiv? 1 2 3 4

5. Wird die Unternehmensleitung Erfolg anerkennen und belohnen? 1 2 3 4

6. Wissen wir, warum uns die Unternehmensleitung diese Aufgabe übertragen hat? 1 2 3 4

7. Sind wir für die Erledigung dieser Aufgabe bevollmächtigt? 1 2 3 4

8. Wird die Unternehmensleitung uns bei den anstehenden Aufgaben unterstützen und an der Arbeit auf funktioneller Ebene teilhaben? 1 2 3 4

9. Wird die Unternehmensleitung den Vertrag einhalten, komme, was da wolle? 1 2 3 4

10. Erhalten wir ohne die geringsten Schwierigkeiten Genehmigungen betreffs Mitteln und Budget? 1 2 3 4

11. Weiß die Geschäftsleitung überhaupt von unserer Existenz? 1 2 3 4

Ergebnisanalyse:

Eine niedrige Punktzahl, zwischen 11 und 21, deutet darauf hin, daß Sie sich der Unterstützung des Teams und seiner Ziele durch die Geschäftsleitung nicht sicher sind. Dies behindert das Team, wenn es darum geht, eine Vorgehensweise zu empfehlen, die auf den ersten Blick nicht mit der Meinung der Unternehmensleitung einherzugehen scheint. Eine niedrige Punktzahl kann auch darauf hinweisen, daß die Unternehmensleitung es versäumt hat, dem Team ihre durchaus vorhandene Unterstützung zu vermitteln. In jedem Fall ist ein direktes Gespräch mit der Unternehmensleitung angesagt, bei dem der ursprüngliche Vertrag des Teams unter Umständen neu ausgehandelt oder zumindest überprüft werden sollte.

Eine mittlere Punktzahl, zwischen 22 und 32, deutet möglicherweise darauf hin, daß sowohl das Team als auch die Unternehmensleitung das Gefühl haben, den ursprünglichen Vertrag zu erfüllen; jedoch weist die Tatsache, daß Sie keine höhere Punktzahl erreicht haben, auf ein Schranke hin, die das Team davon abhält, Grenzen zu überschreiten – das Team ist sich nicht sicher, was die Unternehmensleitung dazu sagen würde, wenn es sein jetziges Reagieren durch Agieren ersetzen würde. Diese Kompromißphase wirkt sich insofern nachträglich aus, als sie Kreativität unterdrückt, und es wird einiger Anstrengung und Risikobereitschaft von seiten des Teams bedürfen, wenn es sich weiterentwickeln will. Wahrscheinlich begrüßt die Unternehmensleitung den zusätzlichen Elan; im entgegengesetzten Fall ist es höchste Zeit, die Bedingungen des ursprünglichen Vertrages zu überdenken, damit Unternehmensleitung und Team sich wieder klarwerden, was genau sie voneinander erwarten.

Eine hohe Punktzahl zwischen 33 und 44. Herzlichen Glückwunsch! Zwischen Ihnen und der Unternehmensleitung scheint alles zu stimmen, und das ist sehr wichtig für wirklichen Fortschritt. Dieser Zustand sollte unter allen Umständen erhalten werden; seien Sie wachsam, damit später auftretende Probleme, die eine Gefahr darstellen könnten, sofort angegangen werden können. Ein Wort der Warnung: Können andere Betriebsangehörige – bei dem guten Verhältnis zwischen Ihnen und der Unternehmensleitung – Sie beide noch auseinanderhalten?

Der Vertrag zwischen unserem Betrieb und der Außenwelt

Dies kann von jedem Teammitglied ausgefüllt werden und soll das Umfeld, in dem das Team arbeitet, z. B. den Betrieb und seine Beziehung zur Umwelt insgesamt, mit einbeziehen.
Die Einteilung in 1 bis 4 ist dieselbe wie in den beiden vorhergehenden Checklisten.

1. Laden wir Außenstehende zu den Teamsitzungen mit ein (z. B. Kunden, Zulieferer, die Presse usw.)? 1 2 3 4

2. Statten wir unseren Kunden Besuche ab, um zu sehen, wie unsere Waren oder unsere Beratertätigkeit in ihrem Unternehmen eingesetzt werden? 1 2 3 4

3. Statten wir unseren Zulieferern Besuche ab, um zu sehen, ob sich das, was sie uns liefern, in unsere Arbeitsprozesse einfügt (z. B. Überprüfungen bei Lebensmittelzulieferern) 1 2 3 4

4. Identifizieren wir uns als Team problemlos mit dem von unserem Unternehmen präsentierten Image? 1 2 3 4

5. Erhalten wir die nötigen Genehmigungen und Vollmachten ohne viel Aufhebens (z. B. eine Baugenehmigung) 1 2 3 4

6. Geben wir Fehler zu und machen sie bekannt? 1 2 3 4

Ergebnisanalyse:

Eine niedrige Punktzahl, zwischen 6 und 11, deutet auf eine Abneigung gegen die Einbeziehung der Außenwelt oder gegen die Kommunikation mit ihr. Dies würde darauf hinweisen, daß Sie nicht an das glauben, was Sie tun (z. B. Produktion oder Dienstleistungen), und vielleicht den Nutzen für die Bevölkerung insgesamt nicht überdacht haben. Haben Sie etwas zu verbergen? Diese Einstellung wird auf lange Sicht das Team demotivieren und mit Sicherheit seine Fähigkeit einschränken, Veränderungen in die Wege zu leiten.

Eine mittlere Punktzahl, zwischen 12 und 17, deutet an, daß sowohl das Unternehmen als auch die betroffene Bevölkerung unsicher sind und wahrscheinlich beide den anderen als *Bedrohung* und nicht als *Chance* ansehen. Man sollte hier daran denken, daß nicht diese mittlere Punktzahl das Wichtige ist, sondern vielmehr die über einen längeren Zeitraum verteilte Ergebnisserie. Wenn die Punktzahl stetig gegenüber früheren Ergebnissen steigt, dann ist der gute Wille vorhanden, selbst wenn es noch ein langer Weg bis zu einer guten Beziehung mit der Bevölkerung ist. Eine fallende Punktzahl weist dagegen auf eine Verschlechterung der einstigen guten Beziehungen hin. In letzterem Fall könnte das Team sich die Frage stellen, ob irgendwelche Aktionen seitens des Unternehmens neuerdings für das Nachlassen des Vertrauens verantwortlich sind.

Eine hohe Punktzahl, zwischen 18 und 24. Ganz zweifellos haben Sie die richtige Einstellung zu den Ihnen wichtigen partnerschaftlichen Beziehungen zu Ihren Kunden und Zulieferern, und Sie zeigen Verantwortung gegenüber der Welt jenseits der Fabriktore. Und was genauso wichtig ist: das wird erkannt und weitervermittelt.

Eine kleine Warnung

Bedenken Sie, daß diese Fragebögen zur Selbstbeobachtung ausgefüllt wurden. Würden bei der Beantwortung der Fragen die übrigen Teammitglieder, Ihre Unternehmensleitung und überhaupt jeder andere die gleichen Ergebnisse erzielen?

Wenn Teamverträge scheitern

»She knows there's no success like failure and that failure's no success at all.«
(»Sie weiß, erfolgreich ist nur der Mißerfolg, und Mißerfolg ist überhaupt kein Erfolg.«)

Bob Dylan

Oft lernen wir nur sehr wenig aus Erfolgen, aber um so mehr aus Mißerfolgen. Warum loben wir Teams dann für Erfolge und bestrafen sie für Mißerfolge? Werden Teams dadurch nicht dazu ermutigt, ihre Energien nur auf Dinge zu richten, bei denen ihnen ein Sieg sicher ist? Wahrscheinlich sind die Gründe für diese Einstellung in unserer Gesellschaft begründet, wo Siegen ein Synonym für Überleben geworden ist. Wir lernen, daß nur der Sieg zählt; und daß ein erster Platz ein erster Platz ist und ein zweiter gar nichts. In der Schule und im Sport ermutigen wir zum Sieg oder verlangen ihn gar. Unternehmen versuchen, in ihrer Organisation Vollmachten zu verteilen, indem sie z. B. Leuten mehr Verantwortung geben und sie auffordern, bis an die betrieblichen Zuständigkeitsgrenzen zu stoßen. Gleichzeitig fordern wir die Firmenangehörigen auf, Unternehmergeist und Mut zum Risiko zu zeigen, aber in unseren Gesprächen mit Beschäftigten erfahren wir, daß sie bei eigenmächtigem Handeln als Unruhestifter bezeichnet werden und als Versager gelten, wenn sie unternehmerische Risiken eingehen und scheitern oder teilweise scheitern.

> Feldmarschall Montgomery, zweifellos einer der größten militärischen Befehlshaber Großbritanniens, sagte nach der Schlacht von Arnheim zu seinen Soldaten: »Wir sind nur etwas zu weit vorgestoßen.« Er bestrafte nicht das Scheitern, sondern sah es von einem möglichst positiven Standpunkt aus.

Gleichermaßen ist es in unseren Unternehmen an der Zeit, die Einstellung zu sogenanntem Mißerfolg zu ändern, denn andernfalls werden unsere Firmenangehörigen immer weniger risikobereit sein, nur noch routinemäßig und unbeweglich ihre Arbeit abspulen und sich allen, außer den leichtesten Entscheidungen entziehen oder diese einfach nach oben delegieren, was zur Zeit eine weitverbreitete Methode zu sein scheint.

Es gibt keine eindeutige Antwort darauf, warum manche Teams Erfolg haben und andere nicht. Auch nach unzähligen Untersuchungen von Sieger- und Verliererteams konnte man keine Kriterien aufstellen, die übertragbar wären. Betriebe können noch so viele nachträgliche Analysen vornehmen – wir werden nie etwas Praktisches daraus lernen außer »Machen wir es genauso wie letztes Mal!« oder »Einmal und nie wieder!«. Auf dieser Basis kann es für einen Betrieb sogar zu einem Stagnieren des Erfolges, einem Stagnieren des Wachstums kommen, weil gefordert wird, den Erfolg zu wiederholen, anstatt etwas Neues zu versuchen, was vielleicht zu noch größeren Erfolgen und weiterer Entwicklung führen würde.

Nach unseren Erfahrungen scheitern Teams vor allem, weil sie keine effektiven Verträge ausgehandelt haben. Die meisten Teams, wenn auch nicht alle, machen sich mit Energie und Enthusiasmus an die Arbeit, merken dann jedoch sehr schnell, daß ihnen die für die Erledigung der Aufgabe und damit zum Erfolg nötigen Utensilien fehlen. Dies liegt oft an externen Faktoren, die sich auf das Team auswirken. Diese externen Faktoren – Unternehmensleitung, Gewerkschaften, Umwelt, Wirtschaft, Mode usw. – können sehr schnell Auswirkungen auf einen rein äußerlich sehr gut aussehenden Teamvertrag haben oder ihn gar zerstören.

Wir haben schon besprochen, wie man einen effektiven Teamvertrag aushandelt. Was läuft also schief? Warum scheitert das Team, und was können wir aus dem Scheitern lernen?

Beim Aushandeln eines Teamvertrages, beispielsweise zwischen dem Team und der Unternehmensleitung, sieht der Vertrag am Anfang rosig aus, was man als blinden Optimismus beschreiben kann. Bis zu diesem Zeitpunkt hat das Team seine Energien auf das Abkommen mit der Unternehmensleitung konzentriert, und es will endlich loslegen. (Oft wird diese Haltung so umschrieben: »Wen kümmert der Ball, Hauptsache, das Spiel geht los!«) Mit der Zeit aber macht sich Pessimismus breit. Das Team entdeckt langsam die im Unternehmen vorhandenen Blockiermechanismen, die es an der Erledigung seiner Arbeit hindern. Das Team sieht sich Machtblöcken gegenüber, die nicht wollen, daß es in seiner bestehenden Form weiterexistiert. Das Management bekommt, wenn es erst mehr über die Vorgänge erfährt, kalte Füße bei dem Gedanken an die möglichen Folgen, die die Arbeit des Teams verursacht, und beginnt, Zäune um das Team zu ziehen. Das Team befindet sich damit in einer Welt des Chaos, wo Ausflüchte in Form von zentralen Begriffen gegen sie verwandt werden. Solche zentralen Betriffe können ökonomischer Art sein, Umweltschutz oder Amortisation betreffen usw. Sie sind alle relevant und korrekt, aber gerade deswegen hät-

ten sie schon während der Ausarbeitung des Teamvertrages aufgelistet und besprochen werden sollen.
Wenn die Fangarme des Unternehmens sich erst einmal um das Team geschlungen haben, erstirbt die Energie des Teams langsam, und es beginnen die kleinen Mißerfolge, die schließlich zum Untergang führen.
Wie können Teams also die Teamverträge mit der Unternehmensleitung und anderen beteiligten Parteien verbessern?
Die Antwort ist, daß Teamleiter zusammen mit ihren Teams die Unternehmenskultur genau kennen müssen. In einer offenen und ehrlichen Diskussion mit der Unternehmensleitung oder Leuten außerhalb des Betriebes müssen sie deren Grundwerte feststellen, die die Teamverträge untermauern. Die Grundwerte des Unternehmens lassen sich wie die der Gesellschaft nur schwer herausfiltern. Wie bei einem Eisberg sieht man nur die Spitze. Daher werden unseren Belegschaften oft nur sehr vordergründige Grundwerte vermittelt, und die Wertsysteme richten sich wiederum nach den verschiedenen Ländern, Regionen und Gebieten. Wie kann z. B. ein Team in London sich auf ein Wertsystem verständigen, mit dem eine Fabrik in Zentralafrika gebaut werden soll? Warum sollte der Teamvertrag in einer Region mit einem vollkommen anderen Wertsystem funktionieren, wo z. B. Arbeit als Weg zum Reichtum von größerer Wichtigkeit ist als Fragen des Umweltschutzes?
Kurz und gut, das Team muß feststellen, ob die Unternehmensleitung den Mut hat, das von ihr Zugesagte auch in die Tat umzusetzen, oder ob sie es sich einfach anders überlegen wird, sobald Schwierigkeiten auftauchen?
Anfang der achtziger Jahre arbeitete einer von uns für ein amerikanisches Krankenhauskonsortium als Produktivitätsberater in einem Team. Die Bettbelegungsrate war ge-

sunken, und das Konsortium mußte Einsparungen vornehmen. Mit Hilfe ganz einfacher Methoden war es uns möglich, überzählige Angestellte im Verwaltungsapparat, darunter einige auf höchster Ebene, ausfindig zu machen. Unser Team legte dem Krankenhausvorstand regelmäßig unsere geplanten Einsparmaßnahmen vor. Auf unseren Rat hin wurden Stellen im oberen und mittleren Management entsprechend gestrichen, und wir machten diese als Personaleinsparungen geltend. In Wirklichkeit sparte das Konsortium nicht einmal viel Geld ein, da den Angestellten, die von uns als überzählig erkannt worden waren, andere Arbeit als Gärtner oder Pförtner bei geringfügig weniger Gehalt angeboten wurde. Warum? Die Antwort war einfach: Das Krankenhauskonsortium wurde von einer religiösen Organisation gegründet und geleitet, und es war gegen ihre Überzeugung (d. h. ihre Grundwerte), jemanden zu entlassen. Die Lehre aus dieser Geschichte war schnell gezogen: Man kann keinen effektiven Teamvertrag aushandeln, wenn man zu einem späteren Zeitpunkt mit den Grundwerten einer Organisation konfrontiert ist, die am Anfang übersehen wurden. Hätte man diesen bestimmten Grundwert sofort richtig erkannt, wäre das Beraterteam seine Arbeit ganz anders angegangen.

Um also das Scheitern von Teamverträgen zu verhindern, müssen wir Teamverträge unter Berücksichtigung der Grundwerte und der Unternehmenskultur aufsetzen. Diese müssen auch vollständig bekanntgemacht werden.

Nehmen wir uns nun das vor, was wir als Scheitern, als Mißerfolge, ansehen. In der Geschäftswelt können unterschiedliche Interessengruppen ganz unterschiedliche Auffassungen davon haben, was Erfolg und Mißerfolg darstellt. In den achtziger Jahren, einer Periode mit niedrigen Zinsraten, des Wirtschaftsoptimismus und einer ständigen

Haussestimmung, sahen wir eine zahlen- und umfangmäßige Zunahme von Firmenübernahmen. Was in diesen Jahren als großer Erfolg galt, scheint in den frühen neunziger Jahren keineswegs mehr so angesehen zu werden. Polly Peck, Coloroll, British and Commonwealth und Brent Walker sind nur einige Namen, die genannt werden könnten. Zu gegebener Zeit werden wir, nachdem die Administratoren und Konkursverwalter ihre Ergebnisse veröffentlicht haben, bestimmte Ereignisse und Vorfälle innerhalb oder jenseits der Machtkontrolle der Betriebe für das Scheitern verantwortlich machen können. In der Zwischenzeit können wir schon einmal das Scheitern der Teamverträge mit den Zulieferern, Banken, Gläubigern usw. feststellen, deren verschiedene Auffassungen von Erfolg und Mißerfolg offensichtlich nicht beim Aufsetzen des Vertrages ausgehandelt worden waren.

Wie das obige Beispiel zeigt, können Teamverträge also scheitern, weil die Unternehmensleitung die Geduld oder das Vertrauen in das Team verliert. Dies verweist nicht immer auf ein Scheitern, sondern oft auf ein In-den-Rücken-Fallen; die Unternehmensleitung hat beschlossen, ihre Verluste angesichts einer veränderten Sachlage auf ein Minimum zu beschränken. Das Team trifft keine Schuld, wenn es das getan hat, was vereinbart wurde. Liegt denn die Schuld beim Team, wenn es dazu ermutigt wurde, Geld bei niedrigen Raten zu leihen, und sich nun in Schwierigkeiten befindet, weil die Regierung beschlossen hat, die Spielregeln zu verändern? Wir hören täglich von Geschäftsleuten, die sich aus einer schwierigen Lage befreien müssen, weil der Teamvertrag zwischen der Regierung und der Geschäftswelt gescheitert ist. Ist es da verwunderlich, daß die Geschäftswelt nach dem Wechselkursmechanismus verlangte und nach anderen vergleichbaren Hilfsmitteln, die die Wechselkursschwankungen einer ständig neuen Regierungspolitik ausgleichen?

Teams in der Geschäftswelt und in anderen Organisationen müssen sich klarmachen, daß sogenannter Mißerfolg eines Teams oft verursacht wurde, weil jemand die Regeln geändert hat. Daher dürfen Teams nicht mit einem »M« für Mißerfolg gebrandmarkt werden; vielmehr muß die Arbeit anerkannt werden, die sie bis zur Änderung der Umstände geleistet haben, die für den sogenannten Mißerfolg verantwortlich waren, und es muß den Teams ermöglicht werden, die neuen Informationen beim Aufsetzen von neuen Teamverträgen zu verwenden.

Jeglicher Mißerfolg kann als Chance benutzt werden, die neuen Regeln zu lernen, um beim nächsten Mal gewappnet zu sein. Tom Peters weist in seinem Buch *Kreatives Chaos* darauf hin, daß eine Zunahme von Erfolgen immer mit einer Zunahme von Mißerfolgen einhergeht. Ja, der Grund dafür, daß Ihnen noch der richtige geschäftliche Erfolg fehlt, wird oft sogar darin gesehen, daß Ihnen bisher der richtige Mißerfolg »fehlt«.

Wir hören von vielen Beispielen, wo Teams wissentlich fehlerhafte Verträge aushandeln. In einem der Betriebe, mit denen wir gearbeitet haben, wollte das Team ein neues Betriebsprojekt in Angriff nehmen; nachdem sie es durchgerechnet hatten, kamen sie auf einen dafür erforderlichen Betrag von £ 286 000. Das Team wußte, daß der vom Geschäftsführer genehmigte Höchstbetrag nur £ 250 000 betrug. Anstatt korrekterweise £ 286 000 auszuhandeln, was ein kleines Mehr an Einsatz und das Einholen einer Genehmigung bei der Zentrale erfordert hätte, gaben sie einen fingierten Betrag von £ 247 000 an, obwohl sie wußten, daß dies nicht genug war. Wie der Teamführer es ausdrückte: »Wenn wir bei £ 247 000 angelangt sind und der Bau zu neunzig Prozent fertig ist, wird doch keiner nein sagen.« Tatsächlich kostete der Bau der Fabrikanlage £ 380 000. Aber wenn £ 380 000 keine brauchbare Zahl für die erforderliche Amortisation ist – und wenn alle Teams im Unternehmen genauso vorgingen -, müßte der Betrieb früher oder später zumachen. In dem obigen Beispiel schien das Team nach außen hin einen effektiven Teamvertrag auszuhandeln; in Wirklichkeit scheiterte der Teamvertrag, weil das Team die Fabrikanlage nicht innerhalb seines vorgegebenen Budgets baute.

Betriebsinterne Teams planen unserer Ansicht nach nicht absichtlich, Teamverträge auszuhandeln, die scheitern. Aber oft verhandeln sie in einer Kultur , die einen Nährboden für Mißerfolge darstellt, weil die Teams – um überhaupt einen sinnvollen Vertrag auszuhandeln – die Regeln frei auslegen müssen. Der einzige Ausweg aus diesem Problem wäre eine Umverteilung der Vollmachten im Unternehmen, das statt Regeln dann nur noch Orientierungshilfen gibt. Das unternehmerische Management kann dann gelegentliche Ausflüge über die Grenzbedingungen hinaus machen und akzeptieren.

Teamleiter und ihre Teams müssen ihrerseits ein größeres Maß an Ehrlichkeit und Integrität walten lassen und gemeinsam mit dem Unternehmen anerkennen, daß Mißerfolg ein Produkt von Erfolg ist. Wir müssen uns klarmachen, daß nur zu oft das ehrgeizige Streben nach dem Sieg um jeden Preis zum Mißerfolg führt, wohingegen Mißerfolge bei einer richtigen Verteilung der Vollmachten der Weg zum Erfolg sein können.

2. Die Rollen im Team

»Wenn man über großes Talent verfügt, wird Fleiß dieses noch verbessern; wenn man nur über mäßiges Können verfügt, wird Fleiß diesen Mangel ausgleichen.«

Joshua Reynolds

Der französische Ausdruck *raison d'être*, d. h. die Daseinsberechtigung, wird im Englischen in Ermangelung eines eigenen Wortes herangezogen, wenn man etwas beschreiben möchte, was mit dem geläufigeren Ausdruck »team mission« nur unzureichend abgedeckt wird: nicht nur einfach die Ziele des Teams sind gemeint, sondern die Gründe für seine Existenz, seine Rolle innerhalb einer Organisation und der Blickwinkel, unter dem das Team das weitere Umfeld und unter dem das Umfeld das Team betrachtet. In der Industrie werden Teams eher »entwickelt« als »ausgewählt«. Bei einem Sportteam (Fußball, Kricket usw.) wird das Team z. B. oft durch den Anführer ausgesucht; so kann Andi Brehme bei diesem Spiel und gegen diesen Gegner im Team sein, aber nicht im nächsten Spiel gegen einen anderen Gegner. Dabei ist man darauf angewiesen, daß ein Bestand von praktisch unbeschäftigten Reservespielern vorhanden ist. In der Industrie gibt es und sollte es einen solchen Bestand von brachliegenden Reserven nicht geben. Im allgemeinen hat jeder schon eine Funktion. Gewöhnlich »existieren« daher Teams in irgendeiner

Form, und es liegt am Teamführer, das bestehende Team zusammenzufügen und die Eigenschaften seiner Mitglieder zum Nutzen des Teams als Ganzes herauszubilden. Gelegentlich betritt man Neuland, wie bei der neuen Niederlassung einer großen Firma, die ihre Teams aus den weltweit schon bestehenden Niederlassungen dieser Firma zusammenstellen kann; aber auch dann müssen viele Faktoren berücksichtigt werden – individuelle Vorlieben, Beförderungs- und Versetzungsvorrechte und so fort –, und auf jeden Fall werden die Auswahlmöglichkeiten auch hier begrenzt sein.

Teambildung bedeutet daher mehr die Entwicklung und weniger das Auswählen von Einzelpersonen. Dies wurde erst vor kurzem erkannt, und wir müssen einen kurzen Blick auf die Geschichte der Teambildung während der letzten Jahrzehnte werfen, um die heutige Situation zu verstehen.

In sämtlichen Büchern zur Teambildung seit dem Zweiten Weltkrieg – also in einer Zeit der intensiven Psychoanalyse von Betriebsstrukturen, vielleicht beginnend mit der Analyse von Kenneth D. Benne und Paul Sheats aus dem Jahr 1948 – wurde versucht, die Rollen der Teammitglieder zu definieren. Diese Analysen waren nützliche Bausteine für Teams und Teambildung; ja, wir selbst haben diese Untersuchungen in unserer eigenen Arbeit angewendet und wollen gerne zugeben, daß sie den Grundstein für unsere eigenen Untersuchungen bilden. Diese frühen, ausgezeichneten Untersuchungen haben immer noch Bestand, aber sie gehen von *psychologischen* Eigenschaften aus, während sich unsere eigenen Kategorien auf Fähigkeiten in den Bereichen Kommunikation und Einflußnahme konzentrieren. Sie wurden in der Praxis aufgestellt, bildeten sich bei unserer Arbeit mit Teams in großen Firmen heraus, und nicht

zuletzt sind diese Bezeichnungen, wie wir finden, klarer und anschaulicher als viele der bisherigen. Uns sind jedoch über die Jahre hinweg bestimmte Veränderungen in den Grundmustern aufgefallen, die wir in unserer Arbeit übernommen haben; am deutlichsten sind wahrscheinlich die Veränderungen in der Personalabteilung, die so etwas wie einen »Entmenschlichungseffekt« hatten und zum Entstehen einer Rolle führten, die wir als die Vertrauensperson bezeichnen. Tatsächlich haben sich viele der in der Vergangenheit beschriebenen Rollen zu einem gewissen Grad verändert, und wir zählen unten die Namen auf, die wir bei unserer Fortbildung verwenden.
Es muß gesagt werden, daß unserer Meinung nach eine unnötige und wenig hilfreiche »Verwischung« zwischen den Definitionen der Teamrollen und der individuellen Persönlichkeitstypen stattgefunden hat, indem bestimmte Persönlichkeitstypen bestimmten Funktionen zugewiesen wurden. Die Komplexität der Teamdynamik erfordert eine klare Trennung dieser Definitionen, und wir selbst haben in der Praxis bei der Teambildung in modernen Unternehmen die *Funktionen* von den *typischen Persönlichkeitstypen* abgetrennt. Seit vielen Jahren ist es üblich, bei der Teambildung davon auszugehen, daß bestimmte Rollen am besten von bestimmten Einzelpersonen übernommen werden. Später entschuldigt man sich dann dafür, daß diese in der Praxis die erforderliche oder erwartete Leistung nicht bringen, in anderen Fällen jedoch zufriedenstellend arbeiten, was von einer Fülle von äußeren Faktoren abhängt. Diese Entschuldigung spiegelt die Tatsache wider, daß die ursprünglichen Voraussetzungen weniger zutreffend waren als angenommen. Es ist nun einmal so, daß bestimmte Funktionen erfüllt werden müssen, damit das Team effektiv arbeitet, und es wird immer jemand anders die Rolle

übernehmen, je nach Team, Situation, Wissensstand, Position in der Hierarchie usw. Es ist nun Aufgabe der Gruppe, mit Unterstützung des Leiters die richtigen Persönlichkeitstypen mit den richtigen Funktionen zu verbinden. Als erstes muß man vermeiden, die Persönlichkeitseigenschaften auf einzelne Menschen anzuwenden, d. h., man kann nicht sagen, daß Brian Green z. B. ein geborener »Harmoniestifter«, Maria White die geborene »Ermutigerin« oder Charles Brown immer ein »Angreifer« ist. Mr. Green kann nämlich in einer bestimmten Gruppensituation der Harmoniestifter sein, aber in einer anderen durchaus zum Angreifer werden. Tatsächlich ist auch das noch eine grobe Vereinfachung der Wirklichkeit; jeder Mensch weist bis zu einem gewissen Grad die meisten der Haupteigenschaften auf, und wenn wir uns einen Graph mit verschiedenen Persönlichkeitseigenschaften auf der x-Achse vorstellen und einer Einteilung von eins und zehn auf der y-Achse, dann würde die exakte Position, die jede Einzeleigenschaft zwischen eins bis zehn einnimmt, bei jedem Menschen die vielseitigen äußeren Einflußfaktoren widerspiegeln, die auf das Team in dieser einen Situation einwirken.

Nach unseren Erfahrungen ist es deswegen äußerst wichtig, die Funktionen, die ein Team zur Vollständigkeit braucht, und die Persönlichkeitstypen streng voneinander zu trennen und sie möglichst genau zu beschreiben. Die Rolle des Teamleiters liegt darin zu erkennen, welche Personen in welchen Situationen die besondere Zusammensetzung von Eigenschaften aufweisen, die für die fragliche Rolle erforderlich sind. Es kommt jeweils auf die Situation an, auf den Teamauftrag, darauf, ob das Team zeitlich unbefristet oder als Blitzaktionsteam gebildet wurde, und es kommt darauf an, inwieweit die einzelnen Teammitglieder das Projekt als ihr eigenes erkennen (das kann immer

bis zu einem gewissen Grad variieren), was sich wiederum auf die Energie der einzelnen Betroffenen auswirkt.
Wenden wir uns nun den Funktionen zu, die erfüllt werden müssen, wobei wir versuchen, in den Definitionen nicht von menschlichen Charaktereigenschaften auszugehen. Dann werden die typischen Eigenschaften aufgeführt, die bei Vertretern dieser Rolle oft zu finden sind, aber nicht die maßgeblichen Kriterien darstellen.
Wir haben die zehn erforderlichen Rollen wie folgt unterteilt.

Visionär

In jedem Team sollte es ein oder mehr Mitglieder geben, die über die Bedürfnisse des Teams hinausblicken können. Sie müssen den Teamauftrag in seiner Gesamtheit überblicken und diesen in die Zielsetzung des Unternehmens einordnen können. Zwangsläufig wird der Visionär, wie schon sein Name andeutet, nicht immer mit beiden Beinen fest auf dem Boden stehen. Zu seiner Funktion gehört ja, »über den Wolken zu schweben« und »nach den Sternen zu greifen«. Es gibt andere, deren Funktion darin liegt, die Visionäre zurück auf den Boden der Wirklichkeit zu bringen; das Gleichgewicht zwischen beiden bildet die praktische und kreative Kraft im Team.
Zu den typischen Eigenschaften der Visionäre gehören die folgenden:

- Sie üben ihren Einfluß durch »Überzeugen« aus, d. h., sie arbeiten lieber mit Zustimmung als mit Druckausübung.

- Sie sind echte Optimisten (was ein Zeichen für einen »Überzeugungsstil« bei der Ausübung von Einfluß ist.)
- Sie sind auf selbstbewußte Art offen und ehrlich, womit sie die Rechte und Bedürfnisse aller Beteiligten anerkennen.
- Sie interessieren sich in dieser Rolle nicht für die Details, sehen den großen Zusammenhang (der Himmel blau – keine Wolke weit und breit!) und nicht die Einzelteile.
- Sie neigen zu Ungeduld, was auch auf das Bedürfnis hinweist, mit dem Ganzen voranzukommen und sich nicht in unnötigen Details zu verlieren, wie sie es ausdrücken würden.
- Sie sind oft Anführer, die aber nicht zum Zuge gekommen sind. Wenn es einen Teamführer gibt, dann muß der »geborene« Anführer eine andere Rolle finden, und diese Rolle wird oft die des Teamvisionärs sein.
- Sie erledigen nicht viel, andererseits brauchen sie das auch nicht, da andere die ganze Arbeit tun, während sie die Visionen, den großen Plan ausdeuten.
- Sie haben oft künstlerische Neigungen.

Pragmatiker

Der Pragmatiker ist derjenige, der das Gegengewicht zum Visionär und seinen Anhängern bildet. Auf der einen Ebene wird der Pragmatiker die Wolken am klaren blauen Himmel des Visionärs entdecken; wenn dieser z. B. eine bestimmte Lösung für ein Problem vorgeschlagen hat, ist es normalerweise der Pragmatiker, der das Team an

Budgetbeschränkungen oder andere praktische Punkte erinnert.

Auf einer anderen Ebene kommt Pragmatikern eine etwas andere Funktion zu. Pragmatiker zeigen dem Team, wie man das Unmögliche möglich machen kann. Während ihre Rolle im obigen Beispiel darin besteht, den Visionär an die Budgetbeschränkungen zu erinnern, gehört es auch zu ihrer Rolle, eine Alternative vorzuschlagen, auf den Ideen des Visionärs aufzubauen, ohne das Budget zu überschreiten, oder zu anderen Beiträgen anzuregen, aus denen man Schritt für Schritt zu einer praktikablen Lösung kommen kann.

Hier ist ein wunderbares Beispiel für die Zusammenarbeit von Visionär und Pragmatiker: Der Fernsehastronom Patrick Moore erzählt davon, wie er während des Zweiten Weltkrieges für eine Expertenkommission (d. h. eine Brainstorminggruppe) arbeitete. Er hatte die unzweifelhaft visionäre Idee, ein lebensgroßes Floß des Vereinigten Königreichs zu konstruieren und es auf der Nordsee treiben zu lassen, um dadurch die nächtlichen Bombenangriffe der Deutschen abzulenken. Es kann nur ein Pragmatiker gewesen sein, der darauf aufmerksam machte, daß dies nur mit der Entlaubung von Skandinavien zu erreichen wäre, daß es sowieso von der praktischen Ausführung her wahrscheinlich nicht zu machen sei und der mögliche Erfolg, zumindest auf lange Sicht, mehr als fraglich wäre. Es scheint jedoch andere, pragmatische Lösungsvorschläge gegeben zu haben, die auf der Vision des Visionärs aufbauten; anscheinend ließ man Schiffe in einer gewissen Anordnung auf der Nordsee schwimmen, die eine bestimmte Anordnung von Signalen sendeten, die den Signalen vom Festland ähnelten, so daß möglicherweise das gewünschte Ergebnis wenigstens teilweise erzielt

werden konnte. Das Unmögliche war möglich gemacht worden.
In der Geschäftswelt ist das beste Beispiel vielleicht der Gegensatz zwischen Sir Clive Sinclair und Alan Sugar von Amstrad. Sir Clive Sinclair ist eindeutig ein Visionär, ein Mann, der mit seinem unbestrittenen Genie viele der mikroelektronischen Wunderdinge geschaffen hat, die man jetzt für selbstverständlich hält. Aber Sir Clive Sinclair hatte kein Talent für das Produzieren, Vermarkten und Verkaufen seiner Produkte, und es war Alan Sugar von Amstrad, der das Unmögliche möglich machte, auf Sir Clive Sinclairs Visionen aufbaute, sein Genie auf der praktischen Ebene einsetzte und Heimcomputer für den Massenmarkt herstellte, vermarktete und verkaufte, wodurch er den PC einem großen Publikum zugänglich machte. Es gibt vielleicht keinen pragmatischeren Satz als Alan Sugars »We make money«; direkter und einfacher kann man Unternehmensziele wohl nicht ausdrücken.
Zu den typischen Eigenschaften der Pragmatiker gehören folgende:

- Sie sind Realisten.
- Sie beeinflussen eher durch Druckausübung, was auf kurze Sicht zu vertreten ist, aber auf lange Sicht keinen Erfolg verspricht, da den Teammitgliedern eine Erklärung vorenthalten wird.
- Pragmatiker sind Teamspieler, denen das Team wichtiger ist als der einzelne.
- Sie sind desillusionierte Visionäre; typisch für sie ist der Satz: »Das habe ich alles schon mal gehört.«
- Sie neigen zu Zynismus und Skepsis.
- Sie haben oft einen naturwissenschaftlichen oder mathematischen Hintergrund.

Entdecker

Es kommt oft vor, daß das Team Dinge braucht, die es nicht automatisch zur Verfügung hat. Es gehört zur Rolle des Entdeckers, Informationen, Materialien, Unterstützung und so weiter von außerhalb einzuholen. Die Entdecker werden zwischen ihrem Team und anderen Teams oder der Geschäftswelt Brücken schlagen. Mehr als jeder andere werden sie Beziehungen aufbauen, die über die persönlichen Beziehungen innerhalb des Teams hinausgehen. Entdecker sind sie im Hinblick auf die Bedürfnisse des Teams; darüber hinaus sind sie Botschafter des Teams, wenn es sich nach außen hin darstellen muß. Diese Rolle ist nicht völlig neu, hat aber im Vergleich zu früher an Verbreitung deutlich zugenommen, was mit der starken Zunahme von Teams in den modernen Unternehmensstrukturen zu erklären ist. Insbesondere die Zunahme von zeitlich befristeten Blitzaktionsteams bedeutet, daß Entdecker gut ausgebildet sein müssen, damit sie Mittel und Informationen schnell ausfindig machen können.

Zu den typischen Eigenschaften der Entdecker gehören folgende:

- Sie sind gesellig, gern mit Menschen zusammen und finden schnell Freunde. Das brauchen sie natürlich, wenn sie Beziehungen zur Welt außerhalb des Teams aufbauen.
- Abenteuerlust und Neugier. Entdeckern genügt die Welt innerhalb des Teams nicht; sie müssen einen Blick in die Welt außerhalb des Teams werfen.
- Ehrgeiz.
- Entdecker brauchen kaum durch andere motiviert zu

werden und können sich selbst besser antreiben, als jeder andere das könnte.

- Sie haben sich aus eigener Kraft hochgearbeitet; wahrscheinlich kein akademischer Hintergrund.
- Sie sind fähig zu Kommunikation, was den Informationsfluß auf der fachlichen Ebene und Freundschaften und Verbindungen auf der persönlichen Ebene ermöglicht.

Herausforderer

Es wird immer jemanden geben, der das Bestehende in Frage stellt. Das kann sich um etwas Geringfügiges, wie vereinbarte Definitionen, handeln; der Herausforderer kann gelegentlich das Team dazu auffordern, seine eigenen Definitionen von Zielsetzungen, Fortschritt usw. neu zu prüfen. Es kann sich aber auch um etwas Großes handeln, wie den gesamten Teamauftrag in Frage zu stellen; er kann Teammitglieder dazu anregen, sich erneut vor Augen zu führen, worin der Auftrag des Teams besteht, ob er nach einer gewissen Zeit überhaupt noch relevant ist und ähnliches.

Ebenso wird der Herausforderer Vorschläge und Anregungen der Teammitglieder in Frage stellen und ein weiteres Gegengewicht zu der Interaktion zwischen Visionär und Pragmatiker bilden. Im schlimmsten Fall könnten zum Herausforderer so negative Rollen gehören wie der Blockierer und der Pedant, aber im allgemeinen ist der Herausforderer eine positive Rolle, so wie es alle Teamrollen sein sollten. Der Herausforderer soll dafür sorgen, daß

die Teamziele weiterverfolgt werden und der Teamauftrag erfüllt und nicht verzögert oder verschleppt wird.
Zu den typischen Eigenschaften der Herausforderer gehören folgende:
- Oft sind sie gescheiterte Visionäre; desillusionierte Anführer, deren Ideale zerplatzt sind.
- Sie können sehr zynisch werden, dabei aber eine optimistische Grundhaltung bewahren (im Gegensatz zum Pragmatiker, der zu einer skeptischen Haltung neigt).
- Sie sind eher Generalisten als Spezialisten, können aber andere Teammitglieder auf allen Ebenen herausfordern.
- Sie sind überaus neugierig.
- Sie sind entweder Einzelgänger oder Rebellen.
- Sie haben wahrscheinlich geschäftliche oder andere Mißerfolge hinter sich, aber etwas daraus gelernt.

Unparteiischer

Der Unparteiische ist jemand, der von einer möglichst unabhängigen Warte aus Fortschritt, Entscheidungen des Teams usw. beurteilt. Natürlich kann seine Position, da er immerhin ein Teammitglied ist, niemals völlig unabhängig sein, und in manchen Teams verwischen sich die Unterschiede zwischen Unparteiischem und Herausforderer am Rand etwas, zumindest im praktischen Ansatz. Das bedeutet, daß die unabhängige Sichtweise gewöhnlich dazu führen wird, daß etwas in Frage gestellt wird, damit das Team sich von Zeit zu Zeit neu einschätzt und beurteilt.
Dennoch glauben wir, daß die Rollen für bestimmte Teamsituationen anhand eines sehr wichtigen Kriteriums aus-

einandergehalten werden können. Herausforderer sind immer Teammitglieder und Firmenangehörige, d. h., sie kommen aus der Firma und sind durch die Firmenkultur geprägt. Unparteiische können dagegen Außenseiter sein, gewöhnlich Berater, die als *agents provocateurs* hinzugezogen wurden, um das Team zu vitalisieren, wenn es vielleicht den genauen Auftrag aus den Augen verloren hat. Eine der vorrangigsten Aufgaben von Unternehmensberatern ist es, als Außenseiter etwas in Frage zu stellen, als jemand, der nicht aus der Firmenkultur kommt, sondern diese aus einem größeren Blickwinkel betrachtet, d. h. von der gesamten Geschäftswelt, der ganzen Welt aus. Diese Unabhängigkeit von der Firmenkultur legte die Bezeichnung »Unparteiische« nahe, denn sie sind genaugenommen keine »Teamspieler«, wenn sie auch – um die Fußballanalogie noch weiterzuführen – mit den Mannschaften zusammen auf dem Spielfeld sind und ein persönliches, wenn auch nicht parteiisches Interesse am Ausgang des Spiels haben.

Zu den typischen Eigenschaften der Unparteiischen gehören normalerweise die folgenden:

- Flexibilität (sie müssen fähig zu Rollenspielen sein).
- Neutral, ergreifen nicht Partei und können bei einer Diskussion oder Auseinandersetzung gewöhnlich beide Seiten nachvollziehen.
- Optimistisch und enthusiastisch.
- Entschlußfreudig.
- Mutig bis wagemutig.
- Zeigen ihr Engagement für die Menschen und die vorliegende Aufgabe.
- Haben oft Sinn für Humor.
- Sie verstehen ihr Handwerk, sind glaubwürdig.

Friedensstifter

Gelegentlich wird es Reibungen zwischen einzelnen Teammitgliedern geben, und der Friedensstifter achtet dann darauf, daß es fair zugeht, Ungerechtigkeiten möglichst beseitigt, Meinungsverschiedenheiten beigelegt werden und so fort. Frühere Analysen von Gruppenrollen haben solche Begriffe hervorgebracht wie »Harmonisierer« (d. h. Benne und Sheats), aber wir fanden immer, daß dies etwas Negatives implizierte, eine Reparierfunktion, die einen Schaden behob, der die Energien des Teams beeinträchtigte. Wir haben den Namen »Friedensstifter« gewählt, um auf das Positive dieser Rolle zu verweisen. Ein Teil der Aufgabe besteht darin, Konfliktbereiche vorauszusehen und sie abzuwenden, bevor sie entstehen. Damit ist der Friedensstifter auch Störungssucher.

Zu den typischen Eigenschaften der Friedensstifter gehören folgende:

- Sie sind fähig zu Kommunikation, können sich mitteilen.
- Sie sind »personenorientiert« und nicht »aufgabenorientiert«.
- Sie sind oft selbstbewußt, wissen, was sie wollen.
- Sie können fast immer Objektivität bewahren.
- Sie denken logisch.
- Sie erlauben sich nicht, Engagement offen zu zeigen.
- Ihre Charakterfestigkeit gründet auf dem Glauben an sich selbst.

Arbeitstier

Zum Arbeitstier läßt sich nicht viel sagen, außer daß es eine Person bezeichnet, die, wie der Name schon sagt, die ganze Arbeit macht! Das Arbeitstier ist fleißige Biene, emsige Ameise oder Herr/Frau »Wird's Schon Richten« usw.

Zu den typischen Eigenschaften der Arbeitstiere gehören folgende:

- Eher »aufgabenorientiert« als »personenorientiert«.
- Brauchen Anerkennung, gewöhnlich dadurch, daß sie die anstehenden Aufgaben erledigen.
- Grundgestein, Salz der Erde, ohne Kreativität in ihrem Arbeitsumfeld, grundanständige Menschen.
- Tendieren dazu, Effizienz mit Effektivität zu verwechseln (konzentrieren sich darauf, irgend etwas zu erledigen, statt das Richtige zu erledigen).
- Sind von Regeln und Vorschriften besessen (wenn Leonardo da Vinci ein Visionär war, dann malt diese Person nach Schema F).
- Können bedrückend negativ eingestellt sein.
- Sind oft kreativ außerhalb, aber nicht innerhalb ihres Arbeitsumfeldes.
- Nicht ehrgeizig.
- Müssen in Gruppen und Teams arbeiten, um überhaupt ein Erfolgserlebnis zu haben.

Trainer

Die Gruppenmoral eines Teams wird nicht immer himmelhoch jauchzend sein, selbst unter einer guten Teamführung, und es passiert durchaus, daß das Team seine Orientierung verliert oder den Auftrag nicht mehr klar sieht. Der Trainer ist dazu da, die Moral zu stärken, mit »Auf geht's!« für neuen Antrieb zu sorgen, alle an ihre Aufgabe zu erinnern und wie der Spielplan lautet, daher die Analogie zum Sporttrainer. Er ist eine der treibenden Kräfte im Team, je nach Bedarf mit einem »Kommt schon, Jungs!« oder einem »Gut gemacht!« als Ansporn.

Zu den typischen Eigenschaften der Trainer gehören folgende:

- Taktiker und Interpreten der Unternehmens- oder Teamvision.
- Visionäre im Ruhestand (d. h. waren einmal erfolgreiche Champions – im Golf würde diese Titelrolle auf Arnold Palmer zutreffen, früher Weltmeister und jetzt großer alter Mann des Golfs).
- Glaubwürdig.
- Wahrscheinlich eine reife Persönlichkeit und oft eine ältere Person.
- Jemand mit viel Erfahrung, weit gereist, hatte wahrscheinlich einige Jobs.
- In die Rolle des Trainers wächst man nicht hinein, sondern man übernimmt sie; man braucht Flexibilität, um einen oft wenig beneidenswerten Posten zu übernehmen.
- Ihnen ist es oft egal, ob sie populär sind oder nicht. In der Armee übernehmen Oberfeldwebel meist die Rolle des Trainers und geben als Begründung an, daß sie ihre

Stärke im direkten Verhältnis zu der Anzahl von Leuten sehen, denen sie zuwider sind.
- Die Vision der Trainer ist ganz einfach die, daß das Team um jeden Preis gewinnen muß. Schon einmal waren sie die Sieger, und jetzt glauben sie, daß sie in dieser Rolle wieder zu den Siegern gehören werden.
- Sind meistens Lehrer.

Bibliothekar

Es ist äußerst wichtig, daß jemand die Aktivitäten des Teams für die Nachwelt aufzeichnet. Das kann Überlegungen, Entscheidungen, Unternehmungen, Beurteilungen usw. umfassen. Der Bibliothekar ist die Quelle, bei der Teammitglieder Informationen darüber einholen können, was das Team bisher gemacht hat. Er ist auch dafür verantwortlich, dem Team zugängliche Informationen zu speichern, wie z. B. Informationen, die der Entdecker gesammelt hat. Bei dem Bibliothekar befindet sich der Informationspool, aus dem sich die anderen bedienen können. Um eine Analogie aus der Science-fiction zu nehmen: Er ist der »Mr. Spock« des Teams, wenn es auch nicht erforderlich ist, daß er spitze Ohren und eine grüne Haut hat!
Zu den typischen Eigenschaften der Bibliothekare gehören gewöhnlich die folgenden:
- Sie sind normalerweise zurückhaltend, an Small talk nicht interessiert.
- Sie befassen sich wahrscheinlich übermäßig mit Details; sie sind Strukturalisten, alles muß geregelt sein, nichts wird dem Zufall überlassen.

- Fleißig und gewissenhaft.
- Stehen voll hinter den Teamidealen.
- Intolerant und leicht erregbar.
- Sie haben Kämpferinstinkte, die allein durch Forschungsarbeit entwickelt wurden, nicht durch Zukunftsvisionen.
- Sie sind gut im Darlegen von Fakten.
- Oft sind sie Anachronismen, sogar im eigenen Freundeskreis.

Vertrauensperson

Wenn ein Team richtig funktionieren soll, muß es unbedingt jemanden geben, mit dem die Mitglieder über ihre Sorgen sprechen können, eine Schulter zum Ausweinen, einen Beichtvater. Dies ist wahrscheinlich die am wenigsten anerkannte Rolle, und dennoch hat die praktische Teambildung gezeigt, daß es eine hochgeschätzte Rolle ist. Wichtigstes Gebot für die Vertrauensperson ist selbstverständlich, daß sie das Gehörte, d. h. die Beichten, vertraulich behandelt.

Wenn eine solche Rolle erfolgreich im Team eingeführt ist, können sehr viele Schwierigkeiten abgewendet werden; sollte die Person, die die Rolle übernommen hat, jedoch nur ein Klatschmaul sein, eine Clearingstelle für das Sammeln und Verbreiten von Gerüchten, dann ist die Funktion völlig verfehlt, ja, es kann zu Unstimmigkeiten im Team kommen. Die Besetzung dieser Rolle wird in Teams leicht vernachlässigt, weil es eine Rolle ist, die auf einer funktionellen Basis oft automatisch dem Teamleiter zufällt; der Teamleiter kann aber jemand sein, mit dem die anderen nichts Vertrauliches besprechen möchten. Wenn der Teamleiter das Team darin bestärken kann, diese Rolle mit einem anderen Mitglied der Gruppe zu besetzen, ist das eine große Erleichterung für ihn und verhindert eine weitere Belastung der Energien des Teams.

Wir halten dies für eine neue Rolle, da ihr bisher keine Bedeutung zugemessen wurde. Mit der Entwicklung von Personalabteilungen zu »human resources strategists«, die sich jetzt vorrangig mit Arbeitnehmergesetzen, Einstufungssystemen und bevorstehenden neuen Gesetzen wie der Sozialcharta von 1992 befassen, ist die alte Personalabteilungsmentalität – »jemand, bei dem man sich ausweinen kann« – verschwunden. Das Team erkennt langsam, wie sein eigener engagierter Personalchef sich der Dinge annimmt, die traditionellerweise von bezahlten Fachleuten übernommen worden wären. Nach unseren Erfahrungen mit Teams scheint sich diese neue Rolle der »Vertrauensperson«, wie wir sie genannt haben, herauszubilden. Vertrauenspersonen sind keine Experten auf dem Gebiet der Gesetzgebung oder von Personalfunktionen, sondern werden Ansprechpartner der Teammitglieder, die mit ihren Ängsten und Bestrebungen niemanden haben, dem sie sich anvertrauen können.

Zu den typischen Eigenschaften von Vertrauenspersonen gehören folgende:

- Gesellig und ehrlich.
- Oberflächlich; können sich nicht engagieren und sind daher weder aufgaben- noch personenorientiert.
- Können Geheimnisse usw. für sich behalten; Teammitglieder ziehen sie gerne ins Vertrauen, weil sie ziemlich sicher sein können, daß die Informationen vertraulich behandelt werden.

- Sie haben normalerweise einen guten Universitätsabschluß.
- Sie sind meistens »auf der Durchfahrt«; ein Teil der Stärken ihrer Position liegt darin begründet, daß sie mobil sind, nicht für lange Zeit bleiben und die erhaltenen Informationen nicht benutzen oder manipulieren können.

Wir haben diese Funktion an den Schluß gesetzt, vor allem hinter die des Bibliothekars, weil dies die einzige Informationsquelle ist, die nicht für die Nachwelt erhalten werden sollte, im Gegensatz zu dem Tun und Handeln sämtlicher anderen Funktionen.
Es muß hier betont werden, nachdem dies in ähnlichen Büchern zu Teammerkmalen noch nicht erfolgreich geschehen ist, daß diese Eigenschaften nicht endgültig fixiert und nur das Ergebnis von langer Beobachtung und Erfahrung sind. Sie lassen sich besonders gut aus Personalakten, Bewerbungen, Lebensläufen usw. herausfiltern. Sehr oft erfüllen aber überraschende Fehlbesetzungen – nach unseren Kategorien – die unpassendsten Rollen durchaus erfolgreich. Wie wir zu Beginn dieses Kapitels schon gesagt haben, liegt es daran, daß den Rollen auf unterschiedlichste Art nachgekommen werden kann und sie nicht auf Persönlichkeitstypen fixiert sind.
Wie so oft im Leben bringt die Krise den Menschen hervor, und der Mensch reagiert auf die Krise.

Der Fragebogen zu den Teamrollen

Fragebögen in Teamuntersuchungen, die bestimmte Persönlichkeitstypen aufzeigen sollen, sind komplex und nur bedingt aussagekräftig, wenn man bedenkt, welche kleinen Faktoren beim Denken und Handeln von Menschen ausschlaggebend sein können. Der folgende Fragebogen ist darauf angelegt herauszufinden, zu welchen der oben beschriebenen Klassifikationen jemand tendiert; er wird den Teamleitern und anderen Teammitgliedern einen Hinweis auf ihre Stärken und Schwächen geben, dazu einen gewissen Eindruck des Teamgleichgewichts innerhalb ihrer jeweiligen Gruppierungen vermitteln.
Jeder Fragebogen ist auf eine Person abgestimmt, die die Fragen beantworten sollte, indem sie entweder eins, zwei oder drei ankreuzt, je nachdem was am ehesten auf sie zutrifft. Wenn man drei ankreuzt, heißt dies »Da stimme ich voll zu« oder »Das trifft genau auf mich zu«; zwei bedeutet weder völlige Zustimmung noch völlige Ablehnung, und eins heißt »Das trifft auf mich eigentlich nicht zu« oder »Damit stimme ich überhaupt nicht überein«. Es ist zu empfehlen, daß alle jetzigen und potentiellen Teammitglieder den Fragebogen ausfüllen. Wo dies regelmäßig geschieht, wird eine Veränderung der Einstellungen offensichtlich werden.
Es wird nachdrücklich empfohlen, erst die Fragen zu beantworten und dann in der Tabelle am Ende des Fragebogens die Beschreibungen der Rollen nachzuschauen. Ebenso sollten, wenn dieser Fragebogen für Teambildungsübungen verwendet wird, die Rollenbeschreibungen ausgelassen werden, bis die Fragen beantwortet sind. Damit wird vermieden, daß die Fragen ungewollt mit

einer bevorzugten Rolle im Hinterkopf beantwortet werden.

Hier sind die Fragen:

1. Ich komme gut mit anderen Leuten aus.	1	2	3
2. Wenn Details übersehen werden, ist dies unwirtschaftlich und gefährlich.	1	2	3
3. Wenn man andere ausbildet, investiert man in die Zukunft.	1	2	3
4. Menschen können ersetzt werden; sie sind keine Mangelware.	1	2	3
5. Alle Probleme lassen sich so unterteilen, daß sie zu bewältigen sind.	1	2	3
6. Ich glaube, daß man manchmal etwas allein in die Hand nehmen muß.	1	2	3
7. Ich glaube, daß man Details gut beachten muß; sie dürfen nicht ignoriert werden.	1	2	3
8. Ich brauche niemanden, der mich motiviert.	1	2	3
9. Viele Leute machen Vorschläge, die undurchführbar oder wertlos sind.	1	2	3

10. Ich sehe den Gesamtzusammenhang; die Details interessieren mich nicht.	1	2	3
11. Unternehmen sind sehr unpersönlich geworden.	1	2	3
12. Wenn ich alles aufzeichne, können andere aus meinen Fehlern lernen.	1	2	3
13. Früher habe ich ein hektisches Leben geführt; jetzt will ich es ruhiger angehen.	1	2	3
14. Ich bin auch außerhalb der Arbeit aktiv (z. B. Gärtnern, Sport usw.)	1	2	3
15. Ich kann mit Leuten zusammenarbeiten, die unterschiedlich viele Erfahrungen und Befugnisse haben.	1	2	3
16. Menschen sind wichtiger als Dinge.	1	2	3
17. Ich habe normalerweise ein gutes Urteilsvermögen.	1	2	3
18. Das meiste Nützliche, das ich gelernt habe, habe ich in der Schule des Lebens gelernt.	1	2	3
19. Ich übernehme die Führung, wenn es sein muß.	1	2	3

20. Ich sehe die Notwendigkeit, Beziehungen zu knüpfen, die von anderen unterschätzt wird.	1	2	3
21. Meistens langweilen mich lange Gespräche mit anderen.	1	2	3
22. Je mehr Informationen man hat, desto besser ist man gerüstet.	1	2	3
23. Ich glaube nicht, daß die Leute mich sympathisch finden müssen, um das zu tun, was ich sage.	1	2	3
24. Ich erwarte, für gute Arbeit gelobt zu werden.	1	2	3
25. Ich glaube, daß Klatsch und Tratsch Unruhe stiften.	1	2	3
26. Ich mache die Dinge auf meine Art.	1	2	3
27. Ich habe schon mehr als einmal Mißerfolg gehabt, aber viel daraus gelernt.	1	2	3
28. Ich mache alles gern, was im Freien stattfindet.	1	2	3
29. Ich lehne Ideen, die undurchführbar scheinen, nicht gleich ab, sondern schaue sie mir genau an.	1	2	3

30. Ich bin eigentlich ein Optimist.	1	2	3
31. Man muß seine Arbeit gern machen, wenn man sie gut machen will.	1	2	3
32. Den Leuten fällt es schwer, mit mir über persönliche Dinge zu sprechen.	1	2	3
33. Auslandsreisen erweitern den Horizont.	1	2	3
34. Wenn ich mir ein Ziel gesetzt habe, strenge ich mich an, es auch zu erreichen.	1	2	3
35. Die Menschen sind das wichtigste Kapital einer Firma.	1	2	3
36. Ich versuche, im Team Einigkeit zu erreichen.	1	2	3
37. Ich möchte viele Alternativen haben, bevor ich eine Entscheidung treffe.	1	2	3
38. Ich glaube nicht, daß es darauf ankommt, was man weiß, sondern wen man kennt.	1	2	3
39. Ich bin vorsichtig.	1	2	3

40. Ich bin ungeduldig.	1	2	3
41. Wer sich über etwas Sorgen macht, kann keine gute Arbeit leisten.	1	2	3
42. Ich bin in Gesellschaft anderer eher ruhig und höre lieber zu.	1	2	3
43. Ich fühle mich gut als Teil eines Teams.	1	2	3
44. Neue Ideen sind oft unbrauchbar.	1	2	3
45. Ich glaube, daß das Team für meine Arbeit wichtig ist.	1	2	3
46. Mir ist Fröhlichkeit lieber als zu großer Ernst.	1	2	3
47. Ich glaube, daß ein breites Wissen wichtiger ist als ein tiefes Wissen.	1	2	3
48. Ich halte mich bei Innovationen auf dem laufenden.	1	2	3
49. Das Team ist wichtiger als die einzelnen Mitglieder.	1	2	3
50. Ich beschäftige mich gern mit komplizierten Rätseln.	1	2	3
51. Ich glaube, daß man mit Aufrichtigkeit am weitesten kommt.	1	2	3

52. Es dauert oft ein bißchen, bis ich eine Entscheidung treffe, aber dann ist es normalerweise die richtige.	1	2	3
53. Ehrgeiz und Wettbewerbsdenken sind allein von dem Wunsch geprägt, Sieger zu sein.	1	2	3
54. Wenn mir der Auftrag als Ganzes dargelegt wird, kann ich die Vorgehensweise Schritt für Schritt vorausplanen.	1	2	3
55. Ich streite mich selten mit anderen.	1	2	3
56. Ich glaube, daß jedes Problem einzeln angepackt werden muß.	1	2	3
57. Ich stelle meine eigenen Regeln auf.	1	2	3
58. Ich begeistere andere mit meinen Ideen.	1	2	3
59. Ich glaube, daß die Leute am besten arbeiten, wenn man ihnen klare Anweisungen und Befehle gibt.	1	2	3
60. Andere finden, daß ich manchmal geistesabwesend bin.	1	2	3
61. Ich genieße es, einen ruhigen Abend zu Hause oder mit Freunden zu verbringen.	1	2	3

62. Die Zukunftsvision des Teams ist für den Betrieb wichtig.	1	2	3
63. Die allgemeine Zukunftsvision des Teams ist äußerst wichtig.	1	2	3
64. Ich überlasse unausgegorenes Daherdenken anderen.	1	2	3
65. An allen Ideen ist etwas dran, nur müssen sie vielleicht noch überarbeitet werden.	1	2	3
66. Manchmal muß man einfach eine Entscheidung treffen, auch wenn noch nicht alle Fakten bekannt sind.	1	2	3
67. Ich glaube, daß man, wenn man eine Veränderung der Situation will, zuerst selbst etwas anders machen muß.	1	2	3
68. Ich habe Kontakt zu vielen Fachleuten, an die ich mich wenden kann.	1	2	3
69. Ich erkenne die Komplexität von Problemen.	1	2	3
70. Manchmal tragen meine Ideen zur Lösung von lange bestehenden oder scheinbar unlösbaren Problemen bei.	1	2	3

71. Schulabschlüsse und Ausbildung sind wichtig. 1 2 3

72. Es macht mir nichts aus, wenn man mich für ein bißchen »altmodisch« hält. 1 2 3

73. Ich untersuche die einzelnen Bestandteile von Problemen. 1 2 3

74. Regeln und Vorschriften sind zum Nutzen aller da; man sollte sich an sie halten. 1 2 3

75. Ich habe festgestellt, daß andere sich mir gern anvertrauen. 1 2 3

76. Wenn ich eine Aufgabe zu erledigen habe, widme ich mich ihr voll und ganz. 1 2 3

77. Ich bin sehr neugierig und wißbegierig. 1 2 3

78. Mich begeistern neue Ideen. 1 2 3

79. Ich lasse mir Zeit, um eine Entscheidung zu treffen. 1 2 3

80. Ich kann aus anderen nicht das Beste herausholen, wenn sie nicht an das glauben, um das ich sie bitte. 1 2 3

81. Ich arbeite, um zu leben, und lebe nicht, um zu arbeiten.	1	2	3
82. Mit Logik an etwas heranzugehen ist der richtige Weg.	1	2	3
83. Ich glaube, daß man anderen gegenüber offen und ehrlich sein soll.	1	2	3
84. Ich arbeite gern mit anderen zusammen.	1	2	3
85. Ich lerne andere Leute gern näher kennen.	1	2	3
86. Ich finde es nicht gut, jemanden an der Nase herumzuführen.	1	2	3
87. Aufrichtigkeit und Ehrlichkeit im Umgang mit anderen sind wichtig.	1	2	3
88. Ich glaube, daß ein dichtes Netz von Beziehungen außerhalb des Teams unentbehrlich für meinen Informationsfluß ist.	1	2	3
89. Ich sehe Fallschlingen schon von weitem.	1	2	3
90. Ich habe oft originelle oder grundlegende Ideen.	1	2	3

91. Für mich ist meine jetzige Stellung keine Lebensstellung. 1 2 3

92. Dummheit ist mir ein Greuel; ich werde schnell ungeduldig mit anderen. 1 2 3

93. Das ganze Team muß sich über seine Zielsetzungen einig sein. 1 2 3

94. Ich finde, daß ordentliche Arbeit auch eine ordentliche Bezahlung verdient. 1 2 3

95. Ich fühle mich nicht oft im Streß. 1 2 3

96. Ich finde, daß man die Leute zwingen muß, sich den Problemen zu stellen. 1 2 3

97. Ich glaube, daß es gut ist, wenn das Team seine Arbeit und Position von Zeit zu Zeit neu überdenkt. 1 2 3

98. Ich untersuche Ideen, die später vielleicht einmal von Nutzen sein werden, auch wenn sie es im Moment nicht zu sein scheinen. 1 2 3

99. Ich bringe das Team wieder auf den richtigen Weg zurück, wenn es davon abgewichen ist. 1 2 3

100. Mir gefallen Übungen zu »spielerischem Denken«, zu unorthodoxen Denkmethoden.	1	2	3
101. Eine freundliche Atmosphäre ist wichtig für das reibungslose Funktionieren eines Teams.	1	2	3
102. Ich nehme am liebsten den geraden Weg.	1	2	3
103. Ich habe gerne Arbeit, die mich fordert.	1	2	3
104. Ich mag keine Spannungen und Auseinandersetzungen.	1	2	3
105. Diejenigen, die am lautesten brüllen, haben nicht unbedingt die richtigen Antworten.	1	2	3
106. Ich stimme bei Entscheidungen nicht immer mit dem Team überein.	1	2	3
107. Ich glaube, daß das Team regelmäßig seine Ziele neu formulieren muß.	1	2	3
108. Ich habe das Gefühl, daß ich noch nicht all das erreicht habe, was ich im Lauf meiner Karriere einmal erreichen kann.	1	2	3

109. Ich mag es, bei Gruppenentscheidungen der Ausschlaggebende zu sein. 1 2 3

110. Ich glaube, daß man seine geistige Unabhängigkeit bewahren muß. 1 2 3

111. Ich enttäusche das Vertrauen anderer nicht. 1 2 3

112. Die Sekretärin spielt bei Teamsitzungen eine wichtige Rolle. 1 2 3

113. Ich entdecke Fehler, die anderen entgangen sind. 1 2 3

114. Ich glaube, daß man immer systematisch vorgehen sollte. 1 2 3

115. Man lernt am meisten, indem man zuhört. 1 2 3

116. Nichts ist »in Stein gemeißelt«. 1 2 3

117. Ich bin von Natur aus kritisch. 1 2 3

118. Ich habe einen großen Freundeskreis. 1 2 3

119. Ich halte mit meiner Meinung bei Teamsitzungen nicht hinter dem Berg. 1 2 3

120. Ich finde, daß man offen miteinander sein sollte.	1	2	3
121. Wer laut redet, hat normalerweise Angst vor etwas.	1	2	3
122. Es fällt mir nicht leicht, mit anderen gut auszukommen.	1	2	3
123. Manchmal verlieren Leute ihren Enthusiasmus; wenn man diesen reaktivieren kann, gewinnen sie ihre Tatkraft zurück.	1	2	3
124. Wenn ich keine eindeutige Aufgabenstellung erhalte, weiß ich nicht, wie ich die Aufgabe erledigen soll.	1	2	3
125. Ich finde, was gesagt werden muß, muß gesagt werden; man muß den Tatsachen ins Auge sehen.	1	2	3
126. Ich kann mich begeistern.	1	2	3
127. Ich finde Argumente, die jeden Vorschlag vernichten.	1	2	3
128. Ich spiele gern mit neuen Technologien herum.	1	2	3
129. Mir fallen oft gute Alternativen ein.	1	2	3

130. Meine Ideen sind nicht immer anwendbar. 1 2 3

131. Die meisten Menschen meinen es gut. 1 2 3

132. Ich lasse nicht zu, daß meine Gefühle meine Arbeit beeinflussen. 1 2 3

133. Es ist gut, in vielen Jobs Erfahrungen gesammelt zu haben; man verfügt dadurch über ein breitgefächertes Wissen. 1 2 3

134. Ich lege Wert darauf, jede Arbeit ordnungsgemäß abzuschließen. 1 2 3

135. Ich bleibe bei meiner Meinung, wenn ich glaube, daß ich recht habe. 1 2 3

136. An jedem Standpunkt ist etwas Bedenkenswertes. 1 2 3

137. Ich lasse nicht zu, daß meine Emotionen meine Entscheidungen beeinflussen. 1 2 3

138. Ich habe ein dichtes Netz von Kontakten. 1 2 3

139. Ich habe eine starke Persönlichkeit. 1 2 3

140.	Sehr oft stelle ich fest, daß eine Gruppe mich in meinem Handeln hemmt; sie kann meine Ideen nicht immer in die Tat umsetzen.	1	2	3
141.	Ich nehme nie Arbeit mit nach Hause.	1	2	3
142.	Ohne Regeln läuft nichts.	1	2	3
143.	Ich hasse Langeweile.	1	2	3
144.	Schwierigkeiten sind Herausforderungen, denen man sich stellen muß.	1	2	3
145.	Ich finde, daß jeder ein Recht auf seine Meinung hat.	1	2	3
146.	Für jedes Problem gibt es eine Lösung.	1	2	3
147.	Ich untersuche Ideen in ihren Einzelheiten.	1	2	3
148.	Mir gefallen Wettkampfsportarten.	1	2	3
149.	Es ist mir egal, ob ich in der Gruppe beliebt bin oder nicht.	1	2	3
150.	Ich sehe Probleme, bevor sie anderen auffallen.	1	2	3

Viele der Fragen überschneiden sich, da sie darauf angelegt sind, sich bestimmten Haltungen von verschiedenen Seiten aus zu nähern. Allgemein kann man sagen, daß die systematische Analyse der Ergebnisse dieser Fragebögen verhältnismäßig genaue Hinweise auf die Rollentypen, die in den Teams auftreten, ergeben hat. Für den Teamleiter gilt es nun, nicht nur die Rolle, sondern die ausgeprägtesten Eigenschaften zu erkennen und sie zum Besten des Gleichgewichts im Team und der Bedürfnisse der einzelnen zu entwickeln. Die Analyse ist im folgenden in einer Tabelle dargestellt.
Die höchste Punktzahl deutet auf eine Neigung zu dieser einen Rolle hin, aber relevanter ist die höchste Dichte um bestimmte Typenbereiche. So würde man z. B. erwarten, daß jemand mit einem hohen Ergebnis im Bereich Friedensstifter wahrscheinlich auch relativ hohe Ergebnisse im Bereich Unparteiischer, Herausforderer und vielleicht Trainer hat.
Es kann jedoch nur wieder betont werden, daß Menschen keine Maschinen sind, die man auf diese oder jene Funktion einstellen kann; viel eher passiert es in der Praxis, daß Leute verfügbare Rollen einnehmen, obwohl sie nicht direkt auf sie zutreffen. Wenn also z. B. niemand die Rolle der Vertrauensperson erfüllt, übernimmt jemand anders diese Rolle. Die Fragebögen ermöglichen es dem Teamleiter herauszufinden, ob die Person, die die Rolle übernimmt, am besten dafür geeignet ist und wieweit sie durch Fortbildung oder Weiterentwicklung in dieser Rolle unterstützt werden kann.
Für Einzelpersonen ist es oft schwierig, die Ergebnisse in ihrer Bedeutung einzuschätzen. Aus Erfahrung haben wir gelernt, daß man mit jeder Wiederholung dieser Übung die Ergebnisse besser versteht und einordnen kann. Daher

empfehlen wir sehr, die Ergebnisse nach dem Ausfüllen des Fragebogens mit den anderen Teammitgliedern durchzusprechen.
Wo einzelne Rollen nicht besetzt sind, besteht die Gefahr, daß der Teamleiter sie übernimmt; je mehr Rollen nicht vom Team besetzt werden, desto schwieriger wird für den Teamleiter die Arbeit mit dem Team. Es liegt daher im Interesse des Teamleiters, falls möglich, neue Leute in das Team aufzunehmen, die bestimmte Rollen übernehmen oder zumindest eine gewisse Neigung zeigen, das erforderliche Gleichgewicht im Team herzustellen.

Beicht-vater	Biblio-thekar	Trainer	Arbeitstier	Friedens-stifter
1	2	3	4	5
11	12	13	14	15
21	22	23	24	25
31	32	33	34	35
41	42	43	44	45
51	52	53	54	55
61	62	63	64	65
71	72	73	74	75
81	82	83	84	85
91	92	93	94	95
101	102	103	104	105
111	112	113	114	115
121	122	123	124	125
131	132	133	134	135
141	142	143	144	145
141	142	143	144	145

Unpartei-ischer	Heraus-forderer	Entdecker	Pragma-tiker	Visionär
6	7	8	9	10
16	17	18	19	20
26	27	28	29	30
36	37	38	39	40
46	47	48	49	50
56	57	58	59	60
66	67	68	69	70
76	77	78	79	80
86	87	88	89	90
96	97	98	99	100
106	107	108	109	110
116	117	118	119	120
126	127	128	129	130
136	137	138	139	140
146	147	148	149	150

3. Der Teamführer

»Ich muß dem Volke dienen. Bin ich nicht sein Anführer?«

Benjamin Disraeli

Den vielleicht größten Einfluß auf das Team haben die Teamführer und die von ihnen gespielte Rolle. Aus diesem Grund sucht man seit Menschengedenken nach den Grundeigenschaften, die einen Anführer ausmachen, und im Laufe der Geschichte hat es immer wieder Versuche gegeben, eine Situation oder Welt zu schaffen, in der zukünftige Anführer wachsen und gedeihen. Von der griechischen Akademie bis zu den englischen Privatschulen, von West Point bis zur Ausbildung in unseren Wirtschaftsschulen – wir versuchen immer noch, eine Elite hervorzubringen, die später die Leitung unserer Institutionen und Betriebe übernehmen wird.

Was hat also ein Hannibal an sich, daß ihm Tausende von Männern über die Alpen folgen, welche Führungsqualitäten hatte Napoleon, daß erwachsene Männer bei seiner Rückkehr aus dem Exil Tränen vergossen, und welche Eigenschaften können wir bei Mahatma Gandhi feststellen? Der Leser wird die Komplexität dieses Problems sofort erkennen, wenn er einmal versucht, die für einen Anführer erforderlichen Eigenschaften zu analysieren. Nur zu oft endet eine Diskussion über dieses Thema mit den üblichen Gemeinplätzen: Ehrlichkeit, Integrität, Offenheit, Aufrich-

tigkeit, Energie, Elan usw.; dies sind jedoch Eigenschaften von guten und vielbeschäftigten Leuten, und nicht unbedingt von guten oder weniger guten Anführern.
Wenn wir dann gute Eigenschaften mit einer Fachausbildung oder Universitätsausbildung verbinden, haben wir eben gute Facharbeiter und gute Fachleute.

> Als Henry Ford gefragt wurde, wer der Boß sein solle, antwortete er: »Da können Sie genausogut fragen, wer soll in einem Quartett den Tenorpart übernehmen? Natürlich derjenige, der Tenor singen kann.« Dies ist eine sehr kluge Aussage über Funktionalität, hilft aber bei der Suche nach den Führungseigenschaften nicht weiter.

Wir wollen uns zunächst mit den Wegen befassen, die zu einer leitenden Position führen. Der einfachste Weg an die Spitze geht wohl über das Geburtsrecht. In Großbritannien, wo noch ein halbfeudales System besteht, kommen immer noch viele Menschen durch Macht und Einfluß der Familie in führende Positionen. In einigen unserer heiligsten Institutionen und Unternehmen wird noch auf diese Weise verfahren, auch wenn, um das Überleben dieser dynastischen Institutionen zu sichern, als Anführer vielleicht nahe Verwandte und nicht die Erstgeborenen ausgewählt werden müssen. Selbst die Regierung ist nicht gegen Dynastien gefeit; im Oberhaus, dem House of Lords, gilt die direkte Abstammung der männlichen Linie immer noch als ausreichender Grund, die Regierungsgeschäfte des Landes zu beeinflussen.
Die reinste Form der Führung muß sich auf Wahlen, auf Auswahl stützen; bei der Wahl unserer Anführer haben wir die Möglichkeit zu entscheiden, welche Eigenschaften un-

ter diesen besonderen Umständen gebraucht werden. Wenn wir uns allerdings die verschiedenen Typen von Premierministern anschauen, die wir seit dem Zweiten Weltkrieg gehabt haben, gestaltet sich die Suche nach gemeinsamen Eigenschaften noch schwieriger. Wenn wir Beförderung in diese Kategorie mit aufnehmen, d. h. die Wahl von wenigen durch wenige, dann befördern wir in der Geschäftswelt natürlich diejenigen, deren Eigenschaften nach dem Eindruck der Unternehmensleitung am ehesten geeignet sind, das System weiterzuführen.

Der dritte Weg zur Führung wird durch Machtausübung erreicht, gewöhnlich militärische oder finanzielle. Jemand mit Geld oder einer Armee kann Nationen anführen. Die Geschichte ist übersät mit opportunistischen Möchtegernführern, die nach der Machtübernahme ihr Land und ihr Volk ins Verderben geführt haben. Wir müssen akzeptieren, daß Hitler oder Mussolini über beachtliche Führungsqualitäten verfügten, aber vielleicht nicht über die Qualitäten, die wir in der Geschäftswelt wollen bzw. brauchen.

Was zeichnet also gute Führungsarbeit aus, und können wir Grundmerkmale finden? Prof. John Hunt schreibt in seinem Buch *Managing People at Work*, seine Untersuchungen zeigten, daß Personen an der Spitze, wo gute Führungsarbeit unverzichtbar ist, folgende Gemeinsamkeiten haben:

- überdurchschnittliche Intelligenz;
- aus der Mittel- oder Oberschicht;
- Gesundheit;
- einen großen Drang nach Macht;
- oft Erstgeborene oder ältester Sohn.

Prof. Hunt weist auch darauf hin, daß viele, die an die Spitze gelangen, keine guten Führer sind, und schließt daraus, daß es nicht eine einzige Kombination von Eigenschaften gibt, die uns erlaubt, erfolgreiche Anführer oder umgekehrt Nichtanführer vorauszusagen.

Nach unseren empirischen Beobachtungen gibt es einige grundlegende Faktoren, die für Führungsarbeit von Bedeutung sind. Zunächst das Charisma. Einige Menschen haben ein natürliches Charisma, mit dem sie auf andere eine anziehende Wirkung ausüben. Es finden sich charismatische Anführer in sehr hohen Machtpositionen. John F. Kennedy war mit Sicherheit ein charismatischer Führer, aber genauso war Hitler einer, wie der außerordentliche Einfluß bestätigt, den er über Massenversammlungen ausübte; einmal stand er sogar schweigend fast fünf Minuten lang da, damit die Leute seine Gegenwart in sich aufnehmen konnten, bevor er zu sprechen anfing, und verlor auch nicht für eine Sekunde ihre völlige Aufmerksamkeit. Moderne Biographen beider Führer haben jedoch angedeutet, daß diese ihr Charisma beliebig ein- und abschalten konnten und es daher eine neutrale Eigenschaft sei. Auf jeden Fall können wir nicht sagen, ob ein charismatischer Führer sich als gut oder schlecht herausstellen wird.

Nehmen wir als zweiten Punkt die *gravitas* bzw. die Vorstellung der Römer, daß der Stuhl, d. h. das Amt, wichtiger ist als die Person, die es innehält, und daß das Amt dem Amtsinhaber unabhängig von seinen persönlichen Qualitäten, Macht »verleiht«. Man braucht kein extremes Beispiel wie das von Kaiser Caligula zu nehmen (der damit drohte, sein Pferd Incitatus zum Magistrat zu ernennen), um zu erkennen, daß für bestimmte Machtpositionen nicht immer Führungsqualitäten erforderlich sind. Daher kommt die Vorstellung: Jobs machen Leute – ob das nun stimmt oder nicht. In der Geschäftswelt finden sich unendlich viele *gravitas*-Positionen. Der neue Betriebsleiter oder der neue Abteilungsleiter mag viele oder wenige der anerkannten Führungseigenschaften aufweisen; mit dem Antreten der Stelle wird er automatisch auf einen Machtsockel gestellt.

Als Richard Nixon das Amt des Präsidenten der Vereinigten Staaten, das wohl mächtigste Amt der Welt, niederlegte, erklärte er dies damit, daß er der Integrität und dem Stellenwert des Präsidentenamtes, d. h. seiner *gravitas*, keinen Schaden zufügen wolle. In gewissem Sinn war für seinen Rücktritt eine seiner Führungsqualitäten verantwortlich, indem er sich nämlich hinter seine Berater stellte, von denen er wußte, daß sie falsch gehandelt hatten.

Die meisten Anführer haben Charisma oder *gravitas*, und wo beide Eigenschaften zusammenkommen bzw. wo ein charismatischer Führer gewählt wird oder eine hohe *gravitas*-Position übernimmt, erhalten wir eine unschlagbare Verbindung. In einer solchen Situation kann man, wie unsere Erfahrungen zeigen, nur hoffen, daß der Anführer über gute Eigenschaften verfügt oder die guten gegenüber den schlechten wenigstens überwiegen.

In seinem Buch *Richtig führen – leichtgemacht* weist John Adair darauf hin, daß sich ein Führer um die aufgabenbezogenen Bedürfnisse des Teams, die Bedürfnisse zur Erhaltung des Teams und die individuellen Bedürfnisse der Teammitglieder kümmern muß. Daher müsse der Teamführer drei Dingen die gleiche Aufmerksamkeit widmen: sich vergewissern, daß die Aufgabe lösbar ist und innerhalb der Frist beendet werden kann; das Team zusammen- und bei der Stange halten mit Hilfe von Fortbildung und Teambildung, Motivierung usw.; und sich um den einzelnen kümmern, Anerkennung und Lob verteilen, dem einzelnen die Möglichkeit geben, zu wachsen und sich weiterzuentwickeln. Dies gehört jedoch nicht zu den Führungsqualitäten, sondern ist ein normaler Teil des Jobs; es ist die Funktion der Rolle eines Teamführers, dafür zu sorgen, daß das Team im Sinne des Unternehmens wächst und sich weiterentwickelt.

Die moderne Geschäftswelt ist heutzutage chaotischer und unüberschaubarer als jemals zuvor in diesem Jahrhundert. Vor dreißig oder vierzig Jahren operierten Firmen in einem von Beständigkeit geprägten Umfeld, und der Teamführer führte sein Team auf traditionelle Weise. Sind diese traditionellen Vorgehensweisen aber auf das neue Umfeld übertragbar? Auf jeden Fall benötigt der moderne Teamleiter im Vergleich zu seinem Vorgänger eine größere Vielfalt von Fertigkeiten und die Fähigkeit zu Flexibilität. Bringen unsere Institutionen den neuen Anführertyp hervor, der mit den neuen Zeiten zurechtkommt? Über welche Fähigkeiten muß der neue Anführer verfügen, um das neue Team zu führen? In seiner Untersuchung *Mintzberg über Management* zählt H. Mintzberg zehn Rollen für einen Manager auf, die wir auf den modernen Teamführer übertragen können. Von unseren eigenen Beobachtungen ausgehend sehen wir diese Rollen wie folgt:

- Der Teamführer ist »Aushängeschild«, er repräsentiert das Team im Unternehmen und auch außerhalb desselben gegenüber Kunden, Zulieferern oder anderen Unternehmen.

- Der Teamführer ist ein Trainer, er motiviert das Team, stärkt die Moral und baut auf dem natürlichen Motivationsfluß der Gruppe und der einzelnen Gruppenangehörigen auf.

- Der Teamführer ist der Verbindungsmann, der Teamsprecher mit Außenkontakten. Natürlich kann es sein, daß das Team mit Außenkontakten zusammenkommt und -arbeitet, besonders dann, wenn zwischen der Firma und z. B. Zulieferern eine Partnerschaft entstanden ist. Aber zeitliche Beschränkungen machen es nötig, daß der Teamführer das Team repräsentiert und seine Bedürfnisse vertritt.

- Der Teamführer überwacht die Informationstechnik (IT). Der Kommunikationsfluß wird immer komplexer; der neue Teamführer muß die IT aller Abteilungen überwachen und darüber entscheiden, welche Informationen er im Namen seines Teams annimmt und welche Informationen das Team an die Außenwelt übermitteln muß. Nach Überwachung der IT muß der Teamführer die Information verbreiten und offiziell oder inoffiziell an die Teammitglieder weiterleiten.

- Der Teamführer muß auch Sprecher für sein Team sein. Aus diesem Grund benötigen Teamführer profunde Kenntnisse über die Fähigkeiten und das Potential des Teams, damit sie die Interessen des Teams optimal in der Außenwelt vertreten können.

- Der Teamführer muß über unternehmerische Fähigkeiten verfügen, um das Team weiterzubringen; dafür müssen auch Risiken eingegangen werden.

- Der Teamführer ist »Störfaktorbekämpfer«, der im Interesse des Teams für Abhilfe sorgt. Dies schließt auch ein Eingreifen innerhalb des Teams ein, wo er sich mit persönlichen Angelegenheiten befassen muß, die unweigerlich auftauchen.

- Der Teamführer ist die Verteilungsinstanz für Geld- und sonstige Mittel. Zusammen mit den Unterführern muß der Anführer Gelder, Leute und Vollmachten innerhalb des Teams verteilen.

- Der Teamführer muß die internen und externen Verträge aushandeln. Er muß durch das und mit dem Team instruiert werden, damit er im Namen des Teams und der einzelnen Teammitglieder in Verhandlung treten und diese erfolgreich abschließen kann.

Als langjährige Managementtrainer zählen wir zu unseren lohnendsten Erfahrungen die offenen und manchmal hitzigen Diskussionen mit Managern aller Ebenen eines Unternehmens, wo es darum geht, welche Eigenschaften denn zu einem guten Teamführer gehören. Damit geht die Frage einher, welche Fähigkeiten und Anleitungen wir werdenden Teamführern vermitteln müssen. Wir haben eine Liste davon erstellt. Unserer Meinung nach kann den Anforderungen in unserer modernen Unternehmensführung nur entsprochen werden, wenn man sich diese Eigenschaften, Merkmale und Fähigkeiten bewußt macht und unsere Teamführer dementsprechend ausbildet.

- **Kommunikation** Der Teamführer muß fähig sein zu Kommunikation sowohl innerhalb als auch außerhalb des Teams. Manche Menschen sind dies von Natur aus, was oft auf ihre Erziehung oder ihre Schulen zurückzuführen ist und darauf, in welchem Maße in der Familie zu Kommunikation ermuntert wurde. Zur Kommunikationsfähigkeit gehören jedoch mehr als nur gute verbale und nichtverbale Fertigkeiten, die man sich im Geschäftsleben aneignen kann. Dazu gehört ein offener und ungehinderter Kommunikationsfluß vom Teamführer weg und zu ihm hin. Die Angst vor dem Unternehmen muß beseitigt werden, damit der Teamführer seine Ansichten so darlegen kann, daß das Unternehmen gefordert wird. Der Teamführer muß dadurch unterstützt werden, daß im ganzen Unternehmen dieselben Kommunikationsmechanismen vorhanden sind. Blockiersysteme im Unternehmen müssen aufgebrochen werden; stark strukturierte, vertikale Kommunikationswege sollten durch horizontale und vernetzende Kommunikationswege ersetzt werden.

- **Beständigkeit** Der Teamführer muß bei allem, was er innerhalb und außerhalb des Teams tut, beständig sein. Beständigkeit ist nicht mit Halsstarrigkeit zu verwechseln. Beständigkeit ist oft der Moralkodex, nach dem der Teamführer im Umgang mit dem Team handelt, und bildet die Grundlage für sein Ansehen und den Respekt, der ihm entgegengebracht wird.

- **Flexibilität** Der Teamführer muß flexibel sein, um sich den ständig wechselnden Verhältnissen des modernen Geschäftslebens anzupassen. Flexibilität bezieht sich auf die Fähigkeit, sich von eingefahrenen Positionen zu befreien und seine Erfahrungen bei neuen Herausforderungen einzusetzen, statt nur ein Lippenbekenntnis zum Wechsel abzulegen und seine Erfahrung als eine Entschuldigung heranzuziehen, um alles beim alten lassen zu können.

- **Student** Der Teamführer muß ein Student sein, immer begierig, sich neue Techniken, Systeme oder neue Arbeitsmethoden anzueignen. Außerdem muß er bereit sein, neue Typen von Menschen oder neue Ideen aufzunehmen; er muß zusammen mit dem Team ein Lernender sein, aber auch dazu fähig, dem Team etwas beizubringen.

- **Trainer** Der Teamführer muß als Trainer für das Team fungieren. Der Trainer ist verantwortlich für die Gruppenmoral, die Motivation und das Wohlbefinden des Teams. Der Trainer verteidigt das Team und einzelne Teammitglieder gegen interne und externe Kräfte, die das Team an der Erledigung seiner gewählten oder gesetzten Aufgaben hindern. Der Trainer ist dafür verantwortlich, daß das Team gesunden Stolz entwickelt und diesen nicht mehr verliert.

Schließlich muß der Teamführer ein Baumeister sein, der das Team aufbaut und formt. Er muß Neuankömmlinge einbauen und die Strukturen innerhalb des Teams einreißen, die den Teambedürfnissen entgegenstehen. Wir werden einige dieser Bedürfnisse später behandeln.
Am besten faßt vielleicht die folgende Aufstellung die eindeutigen Merkmale von effektiven Teamführern zusammen. Sie:

- entwickeln Ideen, anstatt auf sie zu reagieren;
- zeigen Interesse für Menschen und dafür, wie sich Entscheidungen auf sie auswirken;

- agieren statt zu reagieren;
- lösen in anderen Menschen starke Gefühle aus;
- befassen sich meistens nicht mit den alltäglichen Detailfragen bezüglich Systemen und Menschen;
- befassen sich mit neuen Lösungen für alte Probleme;
- finden regelmäßig neue Themen für die Diskussion;
- haben die große Linie vor Augen, d. h. die Vision;
- setzen sich Ziele und arbeiten aktiv und persönlich bei ihrer Erreichung mit;
- sind fähig zu Kommunikation;
- sind beständig bei allem, was sie mit oder ohne das Team tun;
- sind flexibel und können sich veränderten Umständen anpassen;
- sind Studenten, lernbegierig;
- fungieren als Trainer für das Team, verantwortlich für Gruppenmoral und Motivation;
- sind Baumeister;
- müssen sich um die aufgabenbezogenen, wartungsbezogenen und individuellen Bedürfnisse der Teammitglieder kümmern.

Mit dem folgenden Fragebogen kann das Führungsverhalten getestet werden.
Bei der Beantwortung gilt der folgende Schlüssel:

1 = Das entspricht selten meiner Denk- oder Handlungsweise.
2 = Das entspricht manchmal meiner Denk- oder Handlungsweise.
3 = Das entspricht oft meiner Denk- oder Handlungsweise.

4 = Das entspricht genau meiner Denkweise, und daher handele ich so oft wie möglich danach.

1. Die Funktion meines Teams ist es zu gewinnen.	1	2	3	4
2. Ich zeige Enthusiasmus und Engagement.	1	2	3	4
3. Ich ermächtige mein Team dazu, innerhalb der betrieblichen Zuständigkeitsgrenzen so unabhängig wie möglich zu handeln.	1	2	3	4
4. Ich stelle persönliche Vorlieben hintan, wenn es im Interesse des Teams ist.	1	2	3	4
5. Ich setze meine Sachkenntnis und meine Fertigkeiten nicht zu meinem persönlichen, sondern zum Nutzen des Teams ein.	1	2	3	4
6. Ich gebe die Absichten der Unternehmensleitung offen und ehrlich weiter.	1	2	3	4
7. Ohne mich würde das Team nicht so gut funktionieren wie jetzt.	1	2	3	4
8. Ich bemühe mich um Anerkennung und Lob für mein Team.	1	2	3	4

9. Ich teile Erfolge mit dem Team. 1 2 3 4

10. Ich teile Rückschläge mit dem Team. 1 2 3 4

11. Ich sehe Rückschläge als Chancen. 1 2 3 4

12. Ich komme mit meinem Team gut aus. 1 2 3 4

Die Mindestpunktzahl ist 12, die Höchstzahl 48, der Durchschnitt beträgt 30.

Eine Punktzahl zwischen 12 und 30 würde andeuten, daß Ihr Verhalten nicht dem eines Teamführers entspricht und nicht die für diese Position nötigen Eigenschaften aufweist. Daher kann es sein, daß Sie die Energie und das Engagement Ihrer Teammitglieder unterdrücken.

Eine Punktzahl zwischen 31 und 47 deutet an, daß Sie sich offensichtlich für Ihr Team einsetzen und bereit sind, kurzfristige Vorteile für langfristigen Teamaufbau zu opfern.

48 Punkte? Wem wollen Sie etwas vormachen? Setzen Sie sich noch einmal dran, aber diesmal ein bißchen ehrlicher!

4. Die Phasen der Teambildung (Auf die Plätze – Fertig – Los!)

»Alle glücklichen Familien ähneln einander; aber jede unglückliche Familie ist auf ihre Art unglücklich.«

Tolstoi, Anna Karenina

Das trifft auf Familien vielleicht nicht immer zu – bei Teams stimmt es zweifellos. Teams, die sich in Schwierigkeiten befinden, zeigen eine Reihe von verschiedenen Problemen, aber die erfolgreichen Teams weisen eigentlich alle dieselben Eigenschaften auf: Offenheit, Energie, Enthusiasmus, Engagement und so weiter.
Dennoch ist es unvermeidlich, daß Teams oft nicht von Anfang an effektiv funktionieren. Sie brauchen eine gewisse Zeit, um Effektivität zu entwickeln, und alle Teams durchlaufen im Grunde drei Phasen, wobei die letzte die effektivste ist. Wir haben diese Phasen unter dem einfachen Spruch **AUF DIE PLÄTZE – FERTIG – LOS!** zusammengefaßt.

Auf die Plätze

Dies ist der Zeitraum direkt nach der Zusammenstellung des Teams. Es ist dann enthusiastisch und energiegeladen, aber die zwischenmenschlichen Beziehungen sind noch nicht voll ausgereift. Das Team muß innerhalb des Unternehmens erst seinen Platz finden, beginnt jedoch schon, seine Muskeln spielen zu lassen, was ihm durch die Teamverträge ermöglicht wird. In der Phase **AUF – DIE – PLÄTZE** herrscht Chaos und Verwirrung; es wird viel Energie verpulvert. Es ist nicht zu übersehen, daß dem Team eine gewisse Ordnung fehlt.

Ziemlich oft denken die Teammitglieder, daß sie sich über ihre Zielsetzungen im klaren sind, und andere im Unternehmen denken, daß sie die Unternehmensziele kennen, aber beide liegen dabei häufig falsch. Wie wir schon gezeigt haben, ist eine der Grundvoraussetzungen für Teamverträge, daß an die Stelle von Vermutungen klare Aussagen treten. Es steht gewöhnlich sehr wenig Zeit zur Verfügung, um zu planen, wie man die Teamaufgaben angehen soll, denn es gibt ja zur Effektivität der Teammitglieder noch keine Erfahrungswerte. Am entscheidendsten ist vielleicht, daß es entweder noch keinen richtigen Anführer für das Team gibt oder der Anführer sich über seine Befugnisse oder sogar seine Rolle noch im unklaren ist. Deshalb werden in dieser Phase oft Ideen vorgebracht, die wirkungslos bleiben, weil innerhalb des Teams noch keine Diskussionsbasis aufgebaut wurde. Jegliche Erfolge werden dadurch reduziert.

Bald wird man erkennen, daß das Team, um Fortschritte machen zu können, eine gewisse Ordnung einführen muß. Dann ist das Team bereit, zur nächsten Phase überzugehen …

Fertig

In dieser Phase werden gewisse Formalitäten eingeführt, Regeln aufgestellt und befolgt, was leider oft auf Kosten der Teamziele geht. Mit anderen Worten: Es kommt vor, daß das Team Regeln um der Regeln willen aufstellt und befolgt, anstatt mit der nötigen Intuition die Regeln gegebenenfalls zu übertreten. In der »**FERTIG**«-Phase ist alles genau festgelegt und übertrieben durchgeplant. Eine feste Führungsarbeit ist die Reaktion auf frühere Unsicherheiten. In dieser Phase kann es sich herausstellen, daß der offizielle Anführer nicht der geborene Anführer ist, und es könnte sogar zu Konflikten zwischen einem geborenen Anführer innerhalb der Gruppe und der für diese Position nominierten Person kommen. In dieser Phase werden gerne Sündenböcke gefunden, gewöhnlich für die Nichtbeachtung von Regeln. Typisch für diese Phase sind Zuweisungen spezifischer Aufgaben, formalisierte Tätigkeitsbeschreibungen und die ständige Kontrolle, ob diesen Tätigkeitsbeschreibungen auch nachgekommen wird. Diese Phase ist überwunden, wenn dem Team klar wird, daß es jetzt mehr Zeit auf die Beachtung der Regeln verwendet als auf die Erledigung der Aufgaben, und ganz allmählich geht es zur nächsten Phase über …

Los!

Diese Phase, in der das Team am effektivsten ist, entwickelt sich aus der »**FERTIG**«-Phase, wenn anerkannt wird, daß eine gewisse Strukturierung nötig ist, die höchste Priorität aber dem Auftrag und nicht den verfahrenstechnischen Dingen zukommt. In der »**LOS!**«-Phase ist man flexibel genug, Zielsetzung und Planung, wenn nötig, zu revidieren. Der Anführer, der sich in dieser Phase herausgebildet hat, unterstützt und verteilt Vollmachten, anstatt mit Vorschriften und Kontrolle sein Team zu leiten. Es kommt sogar vor, daß die Gruppe eine Äußerung macht wie: »Unser Anführer scheint nicht besonders effektiv zu sein, aber trotzdem ist es erstaunlich, wieviel wir schaffen.« Das ist eigentlich ein Lob für den Anführer, der es seinem eingespielten Team ganz offensichtlich ermöglicht, sein volles Potential auszuschöpfen. Typisch für die »**LOS!**«-Phase ist auch, daß Verantwortung gemeinsam getragen und Anerkennung für Erfolge geteilt wird; dabei anerkennen die Teammitglieder und die anderen jeden individuellen und kollektiven Beitrag. Es herrscht während dieser Phase eine Atmosphäre des Vertrauens und der Kooperation zwischen den Mitgliedern, zwischen dem Team, dem Betrieb und dem weiteren Umfeld. Mit anderen Worten: Die verschiedenen vertraglichen Verpflichtungen des Teams (siehe Kapitel 1) werden erfüllt. Noch wichtiger: Nur in dieser Phase gelingt es dem Team, seine eigenen Zielsetzungen und die des Betriebes zu erreichen.

Teamdynamik ist genau das – dynamisch. Wenn das Team sich lange genug in der »**LOS!**«-Phase befindet, droht der Rückfall in die »**FERTIG**«-Phase, am deutlichsten zu erkennen an der zunehmenden Formalisierung und strikten Regelauslegung. Es wird eine gewisse Entropie einsetzen. Nur durch ständige Fortbildungsmaßnahmen und Teamentwicklung kann das Team sich am längsten auf der »**LOS!**«-Stufe halten. Es setzt sich jedoch immer mehr die

Ansicht durch, daß auf einen sehr langfristigen Zeitraum angelegte Teams keine angemessene Antwort auf den ständigen Wandel sind, in dem moderne Unternehmenseinheiten agieren. Ja, dies sind oft Teams, die nur noch um ihrer selbst willen existieren, an den Zielsetzungen vorbei funktionieren. Gar nicht selten wird ein Team gebildet, um z. B. über die Standardisierung von Arbeitsmethoden zu entscheiden, die es auch erreicht; wenn es aber erst einmal existiert, dann wühlt es plötzlich ziellos herum, untersucht die nebensächlichsten und bizarrsten Aspekte der Unternehmenstätigkeit, standardisiert, wo es überflüssig ist, weil es für die Standardisierung gebildet wurde und nicht für das Erreichen von bestimmten Zielen. Entweder muß erkannt werden, daß Zielsetzungen fehlen, und das Team aufgelöst oder erneuert werden (siehe Kapitel 16), oder die Teamziele müssen neu dargestellt und definiert werden, um ein neues Zielbewußtsein zu schaffen. Geschieht dies nicht, kann das Team von der »**LOS!**«-Stufe wieder hinuntergetrieben werden, über die »**FERTIG**«-Phase zurück in die von Desorganisation geprägte Anfangsphase.

Kulturelle Unterschiede können einen Einfluß auf die Teamdynamik haben. Wir haben die Arbeitsweisen einiger japanischer Betriebe untersucht, und sie gehen bei der Entscheidungsfindung und Umsetzung anders vor als nordwesteuropäische oder amerikanische Betriebe. Diese Unterschiede betreffen die Länge der Zeit, die die Teams in jeder der »**AUF DIE PLÄTZE – FERTIG – LOS!**«-Phasen verbringen. Kurz zusammengefaßt: Japanische Firmen halten sich meistens länger in der Phase »**AUF – DIE – PLÄTZE**« auf, durcheilen aber die »**FERTIG**«-Phase und erreichen die »**LOS!**«-Phase schneller. Darüber hinaus bleiben sie länger in der »**LOS!**«-Phase, wobei aber ständige Fortbildung hier eine Rolle spielt. Sie scheinen lange zu zaudern, machen sich aber dann mit erstaunlicher Geschwindigkeit an die Ausführung.

Entscheidungsfindung nach westlicher Art ist so verbreitet, daß viele Menschen gar nicht darauf kommen, es könnte noch eine Alternative geben. Und doch ist dieser »östliche« Weg der Entscheidungsfindung völlig verschieden und hat bedeutende Auswirkungen auf die betriebliche Teambildung und die Teamergebnisse.

Zugegebenermaßen wird hier eine zweckmäßige Trennlinie gezogen, wo es eigentlich keine gibt, sondern nur verwischte Übergänge existieren. Es gibt im »Westen« Unternehmen, die nach »östlichen« Prinzipien vorgehen und umgekehrt. Außerdem haben viele Unternehmen Erfahrungen mit der Arbeit in beiden Kulturen und Aspekten beider Systeme, wie sie unten beschrieben werden. Die Unterteilung war, was vielleicht noch wichtiger ist, nie im »Westen« und »Osten«, sondern basierte auf dem kulturellen Hintergrund. In den frühen Tagen kamen die »westlichen« Prinzipien jedoch vorrangig in Amerika und Nordwesteuropa auf, wo Betriebsstrukturen sich an militärischen Strukturen orientierten; die östlichen Prinzipien lassen sich hingegen eher in japanischen Unternehmen finden. Der Einfachheit halber werden wir daher von Westen und Osten sprechen.

Stellen Sie sich vor, wir sind ein achtköpfiges Team und müssen uns zwischen zwei großen, langfristigen Projekten entscheiden, die in den kommenden Jahren beträchtliche Mittel auffressen werden. Wir planen die Entwicklung einer viele Millionen kostenden Produktionsanlage, wobei aber verschiedene Entwürfe und Zwecke zur Auswahl stehen. Schauen wir nun, wie sich diese Unterschiede auf die Teamdynamik auswirken:

WESTEN	OSTEN
1. Beginnt mit den Fakten	Beginnt mit Meinungen

Für westliches Denken mag es auf der Hand liegen, daß man ohne Fakten nicht vorgehen kann; aber beim östlichen Stil würde man zunächst Meinungen anhören und die Fakten bewußt beiseite lassen. Der Westen fühlt sich in erster Linie den »Fakten« verpflichtet, wohingegen sich der Osten zunächst über die Situation im klaren sein will. Dadurch wird viel Zeit gespart, weil keine falschen Fakten gesammelt werden. Nehmen wir ein außerbetriebliches Beispiel, das das Problem gut illustriert. Ende der achtziger, Anfang der neunziger Jahre wurde der britischen Regierung der Konservativen vorgeworfen, daß sie die Wünsche und Bedürfnisse der Leute aus den Augen verloren hätte. Wenn ihr an den Fakten gelegen wäre, müßte die Regierung nun versuchen herauszufinden, wo sie nicht mehr in Einklang mit ihrem Volk war – in diesem Fall hätte sie untersucht, welche Aspekte ihrer Politik unpopulär waren, wo und warum sie am Volk vorbeiregierte. Wenn ihr mehr daran gelegen wäre, die Situation zu verstehen, würde sie sich zunächst fragen: »Haben wir die Leute denn eigentlich wirklich aus den Augen verloren, oder präsentieren wir unsere Politik nur nicht effektiv genug nach außen hin?« Das Problem muß nicht in der Politik liegen, sondern kann mit der PR zusammenhängen; dennoch könnte man leicht das falsche Problem angehen, wenn es am Verstehen haperte. Nicht wenige glauben übrigens, daß genau das der Fehler der Regierung war, wodurch sie mit Margaret Thatcher eine höchst wertvolle – aber vielleicht mißverstandene – Kraft verlor.

	WESTEN	OSTEN
2.	Im Zentrum steht die Antwort	Im Zentrum steht die Frage

Wenn man glaubt, alle Fakten zu haben, kann man nach der Antwort suchen. Im Osten will man sicher sein, daß man die Antwort auf die richtige Frage sucht.

	WESTEN	OSTEN
3.	Zwang zur Übereinstimmung	Die unterschiedlichsten Meinungen werden untersucht

In unserem achtköpfigen Team, ausgestattet mit den Fakten oder auch Meinungen, strengen wir im Westen uns an, »den anderen dazu zu bringen, mit uns übereinzustimmen«. Ganz anders im Osten, wo man weit mehr dazu ermutigt wird, eine andere Meinung zu haben. Dies ist im Grunde eines der Prinzipien beim Brainstorming (kreatives, spielerisches Denken) – der Osten machte das schon jahrelang, bevor wir einen Namen dafür fanden!

	WESTEN	OSTEN
4.	Es gibt nur eine richtige Lösung	Es gibt Alternativen

Im Westen ist man überzeugt, daß die Lösung, die man nach langem Untersuchen der Fakten und Meinungen findet, die einzig richtige ist oder wenigstens die beste. Daran glaubt man im Osten weniger; dort ist man sich bewußt, daß es für jede Faktensammlung mehrere Lösungen gibt und jede wahrscheinlich gleich gut ist. Alle werden zu ähnlichen Resultaten führen; damit sind die Auswahlmög-

lichkeiten größer. Außerdem ist es bei dem ständigen dynamischen Wandel in der modernen Geschäftwelt, also unserer Arbeitswelt, in Wirklichkeit unmöglich, das Ergebnis eines sich über mehrere Jahre hinziehenden Langzeitprojektes präzise vorauszusagen. Das anstehende Projekt muß flexibel gehandhabt werden. Keine gewählte Lösung kann mit hundertprozentiger Sicherheit als die richtige angesehen werden, nicht einmal als die beste.
Sie ist nur die passendste Lösung bei gleichwertigen Auswahlmöglichkeiten.

	WESTEN	OSTEN
5.	Antworten können jederzeit vorgeschlagen werden	Keine Lösungen erlaubt, bis Einigkeit bei der Frage besteht

Im Westen zeigt sich oft ein Gefühl der Erleichterung, wenn jemand einen Lösungsvorschlag gemacht hat; ein Gefühl wie »Gut, damit ist das erledigt, jetzt können wir zu etwas anderem übergehen« (d. h. Mittagessen, eine Runde Golf usw.!). Das kann dazu führen, daß man sich überstürzt für Schnellösungen entscheidet, anstatt langfristige Strukturen aufzubauen.

	WESTEN	OSTEN
6.	Es werden Fakten gebraucht, die die schon gefällte Schlußfolgerung nachträglich stützen	Herausfinden, warum die Leute verschiedener Meinung sind

Wenn die erstbeste Lösung genommen wird, besteht die Neigung, Fakten zu finden, die diese Lösung nachträglich stützen, um die Wahl dieser Vorgehensweise zu rechtfertigen. Es ist natürlich viel effektiver, wenn die Lösung aufgrund der Fakten getroffen wurde! Das heißt, man muß (nach Methode des Ostens) bei abweichenden Meinungen die Frage stellen: »Warum erscheint diesen Leuten ihre eigene Alternative als vernünftiger?« Eine andere lohnende Frage wäre: »Wie müßten die Fakten aussehen, damit ihre Position gerechtfertigt wäre?« Dadurch können neue Fakten zum Vorschein kommen; oft wird auch erkannt, daß die Alternative fehlerhaft ist, da die Fakten sie nicht stützen.

	WESTEN	OSTEN
7.	Das Team muß zusammenhalten	Das Team teilt sich jetzt

Nun beginnt der vielleicht wichtigste Teil des Prozesses. Nehmen wir an, unser achtköpfiges Team ist sich nicht einig; fünf sind für Projekt A und drei für Projekt B. Wir können weiter annehmen, daß Projekt A gewählt wird (das muß nicht unbedingt geschehen, aber die Wahrscheinlichkeit ist doch groß). Im Westen müßten diejenigen, die hinter Projekt A stehen, jetzt Druck auf die anderen drei ausüben, damit diese sich ihnen anschließen. Vielleicht durch Überredungskünste oder aber versteckte Drohungen bezüglich des Arbeitsplatzes. Auf jeden Fall wird viel Energie darauf verwendet, Projekt A »an den Mann zu bringen«, d. h. an die anderen drei. Ganz anders im Osten, wo Projekt A von einem fünfköpfigen Team in Angriff genommen würde, das voll dahintersteht; sie würden dann andere als Helfer hinzuziehen, die glauben, dieses Projekt unterstützen zu können. Die anderen drei wenden sich anderen Dingen zu. Ihre Energien werden besser genutzt bei einem Projekt, für das sie sich voll einsetzen, und wenn

es in dem Unternehmen keine solchen Projekte gibt, müssen sie sich überlegen, ob diese Firma überhaupt die richtige für sie ist. Auf der anderen Seite wird Projekt A jetzt mit großer Energie vorangetrieben; mit dem Startschuß ist jedes Teammitglied mit vollem Einsatz dabei.
Das bedeutet in der Praxis meist, daß der Osten weitaus länger für die Entscheidungsfindung braucht als der Westen, mit der Arbeit dann aber schneller voranschreitet. Denken Sie an die Motorradindustrie. Die Briten waren in der Motorradproduktion weltweit führend und sahen die Japaner einfach nicht in ihren Rückspiegeln auftauchen; die Japaner schienen sich hilflos abzustrampeln bei ihrem Versuch, auf dem Markt Fuß zu fassen. Als die Briten dann endlich merkten, wie sich der Abstand auf der Rennbahn verringerte, war es zu spät. Die »Aufgehende Sonne« überholte sie, brauste dröhnend vorbei, und die britische Motorradindustrie konnte nur noch die Pracht der untergehenden Sonne bewundern.

Die praktischen Auswirkungen

Der Westen neigt dazu, unbedeutende, leichte Entscheidungen schnell zu treffen, kann aber langfristig gesehen nicht die besten Entscheidungen treffen. Im Osten werden unbedeutende Entscheidungen oft ignoriert, während große Entscheidungen wohldurchdacht und von langer Dauer sind, selbst bei dem ständigen Wechsel im Chaos der Geschäftswelt.
Nachdem die Grundlagen für die Teambildung untersucht worden sind, ist es an der Zeit, daß der Leser sich über das oder die Teams, in denen er zur Zeit arbeitet, Gedanken macht.

Die folgende Checkliste soll es Teammitgliedern ermöglichen, den genauen Fortschritt ihres Teams festzustellen, welche Phase, von **AUF – DIE – PLÄTZE** über **FERTIG** bis **LOS!**, es erreicht hat.
Zustimmung wird auf einer Einteilung von eins bis sechs festgehalten, wobei hohe (volle) Zustimmung bei sechs liegt und geringe Zustimmung bei eins.

1. Unser Team nutzt Ideen und Beiträge sehr effektiv.	1 2 3 4 5 6
2. Unser Team erreicht sehr viel.	1 2 3 4 5 6
3. Alle Teammitglieder sind sich über die »Vision« des Teams im klaren.	1 2 3 4 5 6
4. Die Rolle des Teamleiters ist klar umrissen.	1 2 3 4 5 6
5. Die Kommunikation in unserem Team ist gut.	1 2 3 4 5 6
6. Unser Team agiert, anstatt zu reagieren.	1 2 3 4 5 6
7. Die Umsetzung von Entscheidungen, die das Team getroffen hat, wird uns klar dargelegt.	1 2 3 4 5 6
8. Wir planen alles, was wir tun, sorgfältig.	1 2 3 4 5 6

9. Formalitäten werden auf ein Minimum beschränkt. 1 2 3 4 5 6

10. Wir erleben Erfolg und Mißerfolg zusammen als Team. 1 2 3 4 5 6

11. Unsere Vorgehensweise hat sich als effektiv erwiesen. 1 2 3 4 5 6

12. Die Gruppe verfügt über Selbstdisziplin. 1 2 3 4 5 6

13. Das Unternehmen stellt dem Team ausreichende Mittel zur Verfügung. 1 2 3 4 5 6

14. Bei allen Teamdiskussionen wird frei und offen geredet. 1 2 3 4 5 6

15. Unser Team verfügt über eine angemessene Grundlage von Fachwissen. 1 2 3 4 5 6

16. Es gibt eine breite Basis des Vertrauens zwischen den Teammitgliedern. 1 2 3 4 5 6

17. Das Team ist imstande, auf effektive Weise flexibel zu sein, wenn es nötig ist. 1 2 3 4 5 6

18. Es ist ein hohes Maß an Engagement vorhanden, sowohl in bezug auf die Aufgaben als auch in bezug auf die Einzelpersonen. 1 2 3 4 5 6

19. Wir machen unsere Arbeit gern. 1 2 3 4 5 6

20. Entscheidungen werden übereinstimmend getroffen und nie aufgezwungen. 1 2 3 4 5 6

21. Unsere Fort- und Weiterbildungsmaßnahmen sind sehr effektiv. 1 2 3 4 5 6

Ergebnisanalyse:

Eine Punktzahl zwischen 21 und 50. Je nachdem, wie lange Ihr Team schon besteht, befinden Sie sich entweder in der Phase »**AUF DIE PLÄTZE**« und gerade auf dem Weg in die nächste Phase, oder Sie stecken darin fest. Auf jeden Fall ist es Zeit für einige Überlegungen. Ihr Team ist, wahrscheinlich aufgrund einer unklaren Zukunftsvision und wegen Kommunikationsproblemen, nur ungenügend für die Zusammenarbeit gerüstet. Es hat Schwierigkeiten beim Umgang mit der Aufgabe und den Menschen, es fehlt an Engagement. Das Team reagiert, anstatt zu agieren. Eine Brainstormingsitzung ist zu empfehlen, damit neu überdacht werden kann, warum das Team überhaupt aufgestellt wurde und welche Teambildungsspiele nötig sein werden, um es aufzubauen und zu einer Einheit zu formen.

Sollten Sie feststellen, daß Ihr Team sich in der Phase »**AUF DIE PLÄTZE**« befindet, empfehlen wir folgende Vorgehensweise:

– Definieren Sie die Zielsetzungen des Teams neu, und bekommen Sie Ihr Team dazu, wieder vollen Einsatz zu zeigen;
– nehmen Sie die Rolle des Teamführers kritisch unter die Lupe, und kommen Sie mit ihm zu einer Übereinstimmung darüber, warum das Team bei »**AUF DIE PLÄTZE**« hängengeblieben ist;
– untersuchen Sie die fachliche Grundlage des Teams (siehe Kapitel 10);
– führen Sie etwas formelle Strukturierung ein, d. h. das Aufstellen von Tagesordnungen, Zeitplänen usw., ohne dabei die Synergie des Teams zu zerstören (siehe Kapitel 15);
– ermitteln Sie die Rollenverteilung unter den Teammitgliedern mit Hilfe des Fragebogens in Kapitel 2.

Eine Punktzahl zwischen 51 und 90. Wie die meisten ausgereiften Teams befinden Sie sich in der »**FERTIG**«-Phase, aber es besteht die Gefahr, daß Sie in den Startblöcken hängenbleiben. Sie kennen sich gegenseitig inzwischen gut genug, haben lange genug zusammengearbeitet, um Zielsetzungen des Betriebes und des Teams zu erfüllen, aber Sie geben nicht Ihr Bestes. Ihr Team weiß, wo es langgeht, aber es muß schneller gehen. Jetzt ist es an der Zeit, Initiative zu ergreifen und neue Energien zu entwickeln, um so zur »**LOS!**«-Phase überzugehen.
Sollten Sie feststellen, daß Ihr Team sich in der»**FERTIG**«-Phase befindet, empfehlen wir folgendes:

– Definieren Sie die Zielsetzungen des Teams (die sich geändert haben könnten) neu, so daß das Team neu organisiert werden und neue Energien entwickeln kann (siehe Kapitel 5);

- der Teamleiter sollte eine Brainstormingsitzung abhalten, damit man gemeinsam feststellen kann, warum das Team sich an Formellem festhält, anstatt zu handeln, und damit man erkennt, daß es notwendig sein könnte, den Mut zum Risiko zu fördern, falls das Team zu »bequem« geworden ist;
- im schlimmsten Fall kann es nötig sein, das »Regelbuch« zu zerreißen und sich der Meinung des Teams anzuschließen, daß Regeln auf dieser Entwicklungsstufe nicht mehr erforderlich sind.

Eine Punktzahl zwischen 91 und 126. Glückwunsch! Ihr Team befindet sich in der »**LOS!**«-Phase und kennt Sinn und Zweck seines Daseins. Ihr Team ist der ideale Übungsplatz für Neuanfänger und eine gute Basis für die Entwicklung einzelner Teammitglieder, einschließlich des Teamführers. Ihr Team ist hervorragend gerüstet für seine Aufgabe und für den Umgang mit Menschen, es verfügt über Vollmachten, hat die Unterstützung einer starken Unternehmensleitung und verläßliche Betriebsstrukturen.
Denken Sie daran, daß es Einsatz erfordert, um ein gutes Team auf der Höhe zu halten; also vernachlässigen Sie nicht, an Ihrem Team weiterzuarbeiten.
Wir haben weiter oben erwähnt, daß Teams von der »**LOS!**«-Phase zurück in die »**FERTIG**«-Phase »rutschen« können, wenn nicht ganz bewußt versucht wird, dieses Niveau von Energie und Zielbewußtsein zu halten, indem man Zielsetzungen, Visionen usw. neu definiert. Der Fragebogen sollte daher in regelmäßigen Abständen herangezogen werden, um das Team daran zu erinnern, wo sich vielleicht Apathie breitmachen könnte.

5. Energie und Zielbewußtsein

»Cheshire-Katze, könntest du mir bitte sagen, wie ich weitergehen soll?«
»Das hängt sehr davon ab, wohin du möchtest«, sagte die Katze.
»Wohin ist mir eigentlich gleich –«, antwortete Alice.
»Dann ist es auch egal, wie du weitergehst«, sagte die Katze.
»– solange ich nur irgendwo ankomme«, fügte Alice erklärend hinzu.
»Das wirst du bestimmt«, sagte die Katze, »wenn du nur weit genug läufst.«

Lewis Carroll, Alice im Wunderland

Ein Team kann nicht effektiv sein, wenn seine Energien nicht gebündelt und zielgerichtet sind. In allen Kapiteln des Buches werden Beispiele dafür angeführt, wie ein Team sich aufgrund verschiedener Umstände und Vorfälle zu einer Einheit formt. Kein Team bildet jedoch eine bessere Einheit als ein Team, das seine Ziele genau im Auge hat.

Bisherige Ziele

Für das Team standen bisher immer Ziele im Vordergrund, die, wie wir inzwischen erkannt haben, entweder nicht weit genug gingen oder nur die Symptome statt der Krankheit selbst bekämpften. An vorderster Stelle stand bei diesen Zielen wahrscheinlich der Gedanke an Profit. Teams hatten einfach das feste Ziel, Mittel und Wege auszumachen, wie man den Profit steigern könnte. Natürlich ist daran nichts auszusetzen, aber wenn das Team seine ganzen Energien auf dieses eine Ziel richtet – und da von allen Teams erwartet wird, daß sie greifbare Ergebnisse vorweisen –, besteht die Tendenz, sich ausschließlich um kurzfristigen Profit zu kümmern und langfristiges Weiterbestehen und Wachstum zu vernachlässigen. Andere Teams richten ihre Energien vielleicht darauf, Mittel und Wege zur Vergrößerung des Marktanteils zu suchen, d. h. sich um Weiterleben und Wachstum zu kümmern. Auf diese Weise wird aber kurzfristiger Profit leichtfertig geopfert, und das Unternehmen muß feststellen, daß seine Polster dünn werden und es sogar nicht mehr in der Lage ist, unvorhergesehene wirtschaftliche Veränderungen zu überstehen.

Das Problem lag darin, daß dies *konzeptbezogene* Zielsetzungen waren; wenn man das Problem erkannt hatte, wurde lediglich Energie darauf verwandt, dieses zu bekämpfen, nicht jedoch das Übel, das das Problem überhaupt erst verursacht hatte, an der Wurzel zu packen. Was man brauchte, waren *verhaltensbezogene* Zielsetzungen, die die Einstellung in der Unternehmensstruktur an ihren Wurzeln verändern würde. Wenn konzeptbezogene Zielsetzungen zur Bekämpfung der Symptome dienten, dann

sind verhaltensbezogene Zielsetzungen die Vorbeugemaßnahmen und besser als alle Heilmittel.
Ein weiteres Problem bestand darin, daß die traditionellen, konzeptbezogenen Zielsetzungen oft gegen die Interessen des Unternehmens liefen. Um ein einfaches Beispiel zu geben: Wenn Profit das kurzfristige Ziel ist, dann werden die Verkäufer einfach angewiesen, soviel wie möglich zu verkaufen. Das können sie ganz leicht dadurch erreichen, daß sie Leuten etwas verkaufen, die gar nicht kreditwürdig sind. Die Kreditüberwachungsabteilung, die vielleicht auch den Auftrag hat, die Profite zu erhöhen, wird jedoch angewiesen, Schulden effizient einzutreiben oder die Effizienz gar zu erhöhen und die Prolongationen zu verkürzen. Damit werden sie größere Schwierigkeiten haben, wenn Verkäufe an Leute getätigt wurden, die nicht kreditwürdig sind und bei denen keine ordentliche Überprüfung der Kreditwürdigkeit stattgefunden hat. Da es die Kreditüberwachungsabteilung sein wird, die die Kreditwürdigkeit prüft und daher den Verkauf von Anfang an verhindern kann, gibt es zwischen diesen beiden Abteilungen zwei mögliche Konfliktursachen: Entweder werden Verkäufe, auf die der Verkäufer drängt, nicht getätigt, oder stattgefundene Verkäufe bringen nicht die gewünschten Einnahmen. Man braucht also gemeinsame Ziele und verhaltensbezogene Zielsetzungen, die im ganzen Vorstand und Unternehmen gelten, aber jeder Abteilung innerhalb eines gemeinsamen Rahmens Interpretationsmöglichkeiten lassen.
In den letzten Jahren haben sich in erster Linie zwei Schwerpunkte der Zielsetzung herausgebildet: der eine gilt größtenteils bei der Herstellung oder zumindest in irgendeiner Weise beim Umgang mit Waren; der andere gilt in der Dienstleistungsbranche.

Total quality management
(Qualitätsbewußtsein)

> »Ich seh' euch stehn, wie Jagdhund' an der Leine,
> Gerichtet auf den Sprung; das Wild ist auf,
> Folgt eurem Mute, und bei diesem Sturm
> Ruft: »Gott mit Heinrich! England! Sankt Georg!«
>
> *William Shakespeare, Heinrich V.*

Ehe der König an der Spitze seiner Armee in die Schlacht reitet, erhebt er die Standarte, um so seinen Teammitgliedern (d. h. der Armee) zu zeigen, was von ihnen erwartet wird. Der König wendet sich nicht an die Bogenschützen und hält sie dazu an, ihre Pfeile gerade oder um die Ecke zu schießen oder von Bäumen abprallen zu lassen oder ähnliches; und er wendet sich nicht an die Landsknechte, wie sie ihre Spieße zu schleudern oder im Nahkampf einzusetzen hätten; dies alles betrifft nur die praktische Ausführung. Der König vermittelt dagegen verhaltensbezogene Ziele (d. h. ihr werdet euer Leben für König und Vaterland einsetzen). Technisches wie das Bogenschießen wird Abteilungsleitern (d. h. den einzelnen Befehlshabern) überlassen; der König liefert den Hintergrund, vor dem alle anderen Zielsetzungen des Unternehmens erscheinen. Wenn die Armee technisch versiert ist, aber davonläuft, sobald sie den Feind erblickt, würde sie kaum eine Schlacht gewinnen. Auf der anderen Seite wird eine Armee, die ihre Energien ganz darauf richtet, einen Kampf auf Leben und Tod zu führen, weil sie fest an König und Vaterland glaubt und an alles, wofür dies mit allen Klischees steht, eine gefährliche Streitmacht sein, ganz gleich, wie gut ihre technischen Fähigkeiten sind. Wenn darüber hinaus diese Entschlossenheit und Energie die ganze Armee durchzieht, einschließlich der Befehlshaber, werden sie es als Teil ihrer Pflicht sehen, den Bogenschützen nicht nur beizubringen, ihre Pfeile gerade zu schießen, sondern sie auch darauf vorbereiten, dies im Angesicht einer sich auf sie stürzenden blutrünstigen Horde zu tun. Wenn die verhaltensbezogenen Zielsetzungen verstanden, die technischen Fertigkeiten gelernt wurden und das Team (d. h. die Armee) seine Energien konzentriert auf das Ziel richtet, dann muß der König nichts weiter tun, als seine Standarte hochzuhalten, und schon wird aus der Armee eine gewaltige, komplizierte, koordinierte Kampfmaschine.

Zunächst aber genug des Mordens. Wir müssen uns nun wieder dem kaltblütigeren Schlachtfeld der Vorstandsetage zuwenden.

Weil das Konzept von *total quality management* (TQM), auch als Qualitätsbewußtsein oder einfach Qualität bekannt, erst kürzlich eingeführt wurde, ist es von Betrieben mißverstanden worden. Der Grund für dieses Mißverständnis liegt darin, daß man es nur für ein weiteres konzeptbezogenes, statt ein verhaltensbezogenes Ziel gehalten hat. Nehmen wir den vielleicht offensichtlichsten Aspekt von TQM, der in den Betrieben, mit denen wir gearbeitet haben, am heftigsten kritisiert wurde, nämlich den des Nulldefektes. Zunächst muß klargemacht werden, daß eine gewisse Zweiteilung des Denkens akzeptiert werden muß, d. h., wir bemühen uns wirklich um Produktionsprozesse, bei denen keinerlei Defekte entstehen, und wir glauben wirklich, daß dieses Ziel eines Tages erreicht wird, während wir zur gleichen Zeit verstandesmäßig wissen, daß ein solches Ziel eigentlich unerreichbar ist. Es scheint zunächst, als wäre im Verstand kein Platz für widersprüchliche Konzeptionen, und dennoch zeigt selbst ein einfaches Beispiel das Gegenteil.

Frage: »Hat ein Einhorn wirklich nur ein Horn?«
Antwort: »Ja.«
Frage: »Gibt es Einhörner?«
Antwort: »Nein.«

In der Qualitätsanalyse erhält man die Lösung zu diesem dualen Denken, wenn man erkennt, daß Nulldefekte kein konzeptbezogenes Ziel sind, sondern vielmehr zur verhaltensbezogenen Struktur gehören. An diesem Punkt wird offensichtlich, daß das Bemühen um Nulldefekte wichtiger ist als das Erreichen derselben.
Mit TQM kann also im ganzen Betriebsunternehmen ein Qualitätsbewußtsein geschaffen werden, d. h., TQM wird zur Standarte des Königs, und alle Mitglieder der Arbeiterschaft, wie die Abteilungsleiter usw. können ihre Kraft und die Kraft ihrer Untergebenen für dieses gemeinsame Motto einsetzen. Die Denkprozesse jedes einzelnen werden so auf ein gemeinsames Ziel gerichtet.
Die einzigen Mängel, die TQM zur Zeit noch aufweist, liegen wahrscheinlich in der Kommunikation und den Lernmöglichkeiten; die verhaltensbezogenen Konzepte werden denjenigen in der Produktion, die ihren Teil davon umsetzen müssen, nicht erklärt. Das Fortbildungselement wird oft mißachtet, und obwohl die Belegschaft keine Probleme mit dem Konzept und Sinn von TQM hat, entstehen doch Probleme, weil die Fortbildung in Rechenkünsten für Messungen, in schriftlicher Kommunikation für Berichte und in Techniken der Problemlösung vernachlässigt wurden, die in den meisten unserer Unternehmen inzwischen

per Computer erledigt werden. TQM kann daher nur erreicht werden, wenn im voraus in Fort- und Weiterbildung investiert wird, damit die Angestellten den Prozeß beherrschen.
Da bei TQM meßbare Ergebnisse verlangt werden, läßt es sich größtenteils auf Produktionsprozesse anwenden, wo der Output anhand von qualitativ hohen Fertigprodukten oder verletzungslosen Arbeitsstunden usw. gemessen werden kann. Es läßt sich weniger gut in der Dienstleistungsbranche anwenden, wo man die folgende Alternative heranzieht. Dennoch wird TQM als eine Einigungskraft für Teams in großen Unternehmen im Laufe der Jahre zu einer der ersten wirklich verhaltensbezogenen Normen werden.

Kundenbewußtsein

In der Dienstleistungsbranche können Zielsetzungen, d. h. Erfolge, nicht anhand der Produkte oder der Sicherheits- und Gesundheitsfaktoren gemessen werden. Der einzige wahre Maßstab für Erfolg ist das Kundenbewußtsein, d. h.: Ist der Kunde mit meiner Arbeit zufrieden? Auch dieses Konzept ist auf Qualität ausgerichtet, und die vom König erhobene Standarte aus unserem früheren Beispiel trifft auch hier zu. Aber der Dienstleistungsbetrieb verläßt sich bei der Frage, ob er Qualität bietet, auf die Aussage seiner Kunden. Die Frage darf also nicht lauten: »Biete ich die beste Dienstleistung ihrer Art?« (was vielleicht nur zutrifft, weil es kaum Konkurrenz gibt), sondern: »Gebe ich dem Kunden das, was er wirklich will?«, »Will mein Kunde

wirklich das, was ich verkaufe, oder nimmt er es notgedrungen hin, weil es nichts Besseres gibt?«
Es gibt die Analogie von dem Mann, der während eines gewaltigen Erdbebens durch die Straßen einer bröckelnden Stadt lief. Während der Boden brodelte und die Häuser einstürzten, bot der Mann den Leuten auf der Straße Pillen für das Erdbeben an. »Werden sie denn überhaupt etwas nützen?« fragt ein Mann. »Wahrscheinlich nicht«, antwortet der Verkäufer, »aber wissen Sie etwas anderes?«
Kundenbewußtsein gehört nicht zu den konzeptbezogenen, sondern zu den verhaltensbezogenen Strukturen, ja, es ist zukunftsgerichtet, eine Vision; das Team kann dadurch das Fernziel verstehen, ständig vor Augen haben. Dieses Konzept macht eine Interpretation bis in die feinsten Details möglich, einerlei ob die interpretierende Person der Unternehmensleiter oder ein kleiner Bürogehilfe ist.

Wer ist der Kunde?

Wenn man Kundenbewußtsein vollkommen verstehen möchte, muß hundertprozentig klar sein, wer der Kunde ist. Eine simple Definition genügt für den Anfang, d. h. der Kunde ist jemand, der Waren oder Dienstleistungen von mir bezieht. Ein eindeutiges Beispiel für einen Kunden wäre z. B. die Person, die in einen Laden kommt, Waren aus den Regalen nimmt und bezahlt. Der Begriff des Kunden hat sich jedoch sehr erweitert, besonders in großen Unternehmen, wo es viele »interne« Kunden gibt; viele Unternehmen haben Kundendienstabteilungen, die andere Teile ihres Betriebes als ihre Kunden betrachten.
In einem großen Unternehmen, in dem wir arbeiten, betrachtet die Abteilung Fortbildung z. B. alle anderen Abtei-

lungen des Betriebes als ihre Kunden und sieht sich als einen Anbieter von Dienstleistungen, die innerhalb des Betriebes gekauft und verkauft werden. In einigen Fällen kann dies sogar ganz wörtlich genommen werden, wenn die Abteilung Fortbildung gegen Konkurrenz bestehen muß, weil die anderen Abteilungen das Recht haben, entweder die Fortbildungsmöglichkeiten dieser Abteilung in Anspruch zu nehmen oder sich außerhalb des Betriebes nach besseren Möglichkeiten umzusehen. Dies erhöht das Kundenbewußtsein dieser Abteilung ungemein und zeigt, wie wesentlich es ist, daß die interne Fortbildungsabteilung das anbietet, was gebraucht wird, und nicht das, was sie gern anbieten möchte.

Obwohl dieses System in kleineren Unternehmen wahrscheinlich nicht angewendet wird, ist es doch extrem effektiv, und wenn der kleine Bürogehilfe in einem kleinen Betrieb die anderen Betriebsangehörigen als seine Kunden betrachtete, um die er sich gegen Konkurrenz bemühen muß, dann wäre vermutlich die Qualität seines Kaffees weitaus größer, insbesondere wenn seine Angewohnheit, ständig bei der Konkurrenz zu kaufen (d. h. hinunter zum Café zu sausen und ein halbes Dutzend Kunststoffbecher mit Kaffee zu holen), schließlich dazu führen würde, daß unser kleiner Bürogehilfe nur noch zum Sozialamt flitzt, um sein Arbeitslosengeld abzuholen!

Der eine Bereich, in dem der Kunde sich am leichtesten definieren läßt, ist schon immer der Bereich gewesen, wo das Kundenbewußtsein am wenigsten ausgeprägt ist. Verkaufspersonal wird oft und zu Recht dafür kritisiert, daß es Kunden einen schlechten Service bietet und ein nur gering ausgeprägtes Kundenbewußtsein hat. Jeder hat schon einmal die Erfahrung gemacht, von jemandem bedient zu werden, der einen nicht anschaut, sich mit Kollegen weiter unterhält, während er das Geld grapscht, einem die Produkte hinwirft und dann, wenn man sich das nicht gefallen lassen will, diese Begründung anführt: »Ich kriege das gleiche Gehalt, ob ich nun höflich bin oder nicht, das hat überhaupt keine Auswirkungen auf meinen Job.« (Eine bemerkenswert naive Sichtweise, wenn man bedenkt, wie viele Leute jetzt arbeitslos sind und Zeit haben, über diese Worte nachzudenken.)

Kundenbewußtsein ist also keine konzeptbezogene Reaktion auf Kundenwünsche, sondern eine verhaltensbezogene Reaktion auf Ihre Einstellung gegenüber den Kunden. Wieder ist es eine Norm, die die Energien und das Augenmerk des Teams auf ein gemeinsames Ziel richtet.

Der praktische Weg zu Energie und Zielbewußtsein

Prozeßabläufe und Verfahrensweisen vereinfachen

Wenn die Arbeit vereinfacht wird, bleibt Zeit, andere Dinge zu erledigen und sich mit der großen Linie zu befassen. Um ein einfaches Beispiel zu nennen: Wenn es z. B. die alphabetische Ablage nicht gäbe, wenn jedes Stück Papier, das gebraucht würde, aufs Geratewohl zwischen allen möglichen anderen Papieren gesucht werden müßte, dann ginge dabei ungemein viel Zeit verloren. Ganz abgesehen davon wären zusätzliche Beschäftigte nötig, würden die mit dieser Aufgabe Betrauten durch ihre langweilige Arbeit demotiviert und hätten wenig Zeit, um zu der Standarte des Königs aufzublicken, wie sie im Wind flattert.

Keine Schnellösungen

Viele Teams tun nichts, als Feuer zu bekämpfen, d. h., sie löschen Feuer, anstatt sie zu verhindern. Selbst wenn sie Erfolg haben, bleibt keine Zeit, sich mit der allgemeinen Zukunftsvision des Betriebes zu befassen oder die Unternehmensziele auf neue Gebiete auszuweiten. Das ist auch mehr als demotivierend. Fragen Sie jeden Ausbilder, wie z. B. die Autoren des vorliegenden Buches, was als häufigste Klage von leitenden Angestellten oder Abteilungsleitern kommt, und es wird diese sein: »Das einzige, was wir hier tun, ist die Bewältigung von Krisen; kaum jemals bleibt die Zeit, etwas zu planen.« Planung ist äußerst wichtig, und Handeln sollte auf längere Sicht effektiv sein und nicht bloß eine Schnellösung darstellen, die bei der nächsten Krise schon wieder versagt. »Man bereitet sich am besten auf das Morgen vor, indem man die Arbeit von heute vorzüglich erledigt«, sagte Sir William Osler.

Das Team ermächtigen

Jemandem Vollmachten zu verleihen ist etwas Aufregendes. Damit gibt man dem Team die Möglichkeit, die Grenzen seiner Verantwortlichkeiten und Fähigkeiten zu testen. Denken wir an Tom Wolfes Buch *Die Helden der Nation*, wo die Testpiloten dazu ermutigt werden, weiter und weiter über die bisher bekannten Grenzen hinaus zu fliegen. Ihre Arbeit wurde dadurch reizvoll, daß ihnen nicht gesagt wurde, wo die Grenzen lagen, sondern daß sie an diese Grenzen vorstoßen und sie überschreiten konnten, um genau herauszufinden, wo sie lagen.

Viele Testpiloten starben in Ausübung ihrer Arbeit; die

Sterberate war in der frühen Testperiode der Düsentriebwerke sogar außergewöhnlich hoch. Schließlich zeigten sich jedoch Erfolge, und hier haben wir die erste Lektion für die Industrie, daß nämlich Mißerfolge nicht vermieden werden sollten, sondern eine unerläßliche Voraussetzung für Erfolge bilden.

Rabbi Harold Kushner, Autor von *Wenn guten Menschen Böses widerfährt*, schreibt, daß man aus Mißerfolgen »etwas über seine Stärken und seine Grenzen lernen kann«. Das Team sollte dazu ermutigt werden, seine Grenzen auszuloten, und das kann nur geschehen, wenn der Teamführer und diejenigen, denen das Team unterstellt ist, bereit sind, Mißerfolge hinzunehmen. Ein Geschäftsethos, das Mißerfolge als etwas Schlechtes verurteilt, wird sich negativ auf die besten Leute auswirken, ihre Bereitschaft zum Risiko, die sich einmal bezahlt machen könnte, beeinträchtigen und das Team daran hindern, den Reiz seiner Vollmachten auszukosten, was für die Motivation und Teamdynamik unverzichtbar ist.

Fortbildung

Dem Team müssen Mittel und Wege zur Verfügung stehen, sich weiterzubilden und weiterzuentwickeln. Wie schon oben angeführt wurde, muß zu dieser Entwicklung die Ermutigung zu Erfolg *und* Mißerfolg gehören. Interessanterweise enthält das chinesische Schriftzeichen für »Krise« die beiden Einzelzeichen für »Gefahr« und »Chance, Gelegenheit«. Das Team darf Schwierigkeiten und Mißerfolgen nicht aus dem Weg gehen, sonst lernt es nie, wie man mit Mißerfolgen umgeht und wie man sie in eine Chance umkehrt. Weiterführende fachliche Ausbildung muß dem Team auch zur Verfügung stehen, damit es den Bedürfnissen seiner Kunden und bestehender Technologien nachkommen kann. Teamfortbildung ist das Thema von Kapitel 10, sollte aber als Bestandteil der verhaltensbezogenen Zielsetzungen des Teams voll integriert und vorausgeplant werden.

Mit gutem Beispiel vorangehen

Der Spruch »Folgen Sie meinen Worten und nicht meinen Taten« sollte zu den wenigen Sprüchen gehören, die aus der Teamdynamik verbannt werden. Niemand sollte von einem Team jemals verlangen, etwas zu tun, was im Widerspruch zu dem von dieser Person gegebenen Beispiel steht.

Loyalität

Loyalität muß ständig gezeigt und deutlich gemacht werden, damit das Team weiß, daß seine Arbeit vom Rest des Betriebes hundertprozentig unterstützt wird. Diese Loyalität darf in guten wie in schlechten Zeiten nicht wanken. Es gibt den alten Witz vom Lone Ranger und seinem indianischen Freund Tonto. Sie reiten im Wilden Westen über die Prärie, als sie plötzlich merken, daß ihnen fünf, sechs Indianer folgen. Der Lone Ranger fragt Tonto: »Was sollen wir tun?«, und Tonto antwortet: »Das ist schon gut, Kimo Sabe, einfach weiterreiten.« Kurz darauf folgen dem Duo schon hundert Indianer, und der Lone Ranger stellt dieselbe Frage, und Tonto gibt dieselbe Antwort. Schließlich entdecken sie, daß sie von Tausenden von Indianern verfolgt werden, und der Lone Ranger fragt wieder: »Was sollen wir jetzt tun, Tonto?«, und der erwidert: »Was meinst du mit *wir*, Bleichgesicht?«

Die Zukunftsvision zeigen

Den Beschäftigten muß die Unternehmensvision gezeigt werden und inwieweit sie mit ihrer Arbeit dazu beitragen. Sie müssen merken und sehen, welchen Beitrag sie leisten. Es genügt nicht zu sagen: »Sie leisten gute Arbeit«; man muß sehen und erfahren, daß man gute Arbeit leistet und dadurch die Unternehmensziele auf die eine oder andere Art fördert. Gleichermaßen sollte man die Gelegenheit erhalten, bei der Entwicklung dieser Unternehmensvision mitzuhelfen, wie es weiter unten beschrieben wird.

Anerkennung von Arbeit

Genauso wie der Beitrag zum Betrieb anerkannt werden sollte, müssen auch Arbeit und Anstrengungen um ihrer selbst willen anerkannt werden, und die Teamführer haben die Aufgabe, gute Arbeit ganz bewußt zu loben und zu belohnen.

Projekte besitzen

Teams müssen ermutigt werden, Projekte in Besitz zu nehmen, indem sie an deren Ausarbeitung teilhaben. (Mit diesem Thema befaßt sich Kapitel 6 noch ausführlich.)

Strukturierte Brainstormingsitzungen

Es gibt eine Reihe von geeigneten Spielen für Teams, die die Beziehungen im Team festigen und Teammitglieder unterstützen, sich mit kreativem Denken vertraut zu machen. Diese Spiele entwickeln beim Team Energie und Zielgerichtetheit. Da Brainstormingsitzungen in allen möglichen Szenarios abgehalten werden können, benutzen wir viele unterhaltsame Spiele, die nichts mit der Geschäftswelt zu tun haben, wie das folgende.

> Sie sind der Kapitän eines Raumschiffes und auf Erkundungsfahrt.
> Sie sind tausend Lichtjahre von der Erde entfernt, in einer Nebelwolke, die von einer gewaltigen Sternenexplosion verursacht wurde.
> Sie treffen auf ein außerirdisches Raumschiff.
> Eine erste Datenanalyse ergibt:

- Die außerirdischen Wesen sind sehr menschenähnlich;
- sie leben in einer Atmosphäre und Schwerkraft, die denen auf der Erde gleicht;
- sie haben ähnliche Ängste und Empfindungen wie Erdbewohner.

> SIE WERDEN IHRE BERATER HINZUZIEHEN MÜSSEN, ABER ALS DER KAPITÄN MÜSSEN SIE ENTSCHEIDEN, WAS ZU TUN IST.
> MIT DER BAUMANALYSE KÖNNEN SIE DAS PROBLEM DARSTELLEN, UND MIT BRAINSTORMING FINDEN SIE DIE LÖSUNG.

Als erstes sollte das Team herausfinden, ob es ein Problem

gibt, und wenn ja, worin das Problem besteht. Erst dann kann das Team sich daranmachen, die richtige Lösung zu ermitteln. Wegen der Ungewöhnlichkeit des Problems verfolgt das Team beim spielerischen Denken oft alle möglichen Richtungen, und je häufiger wir dieses Beispiel angewendet haben, desto vielseitiger und überraschender waren die Analysen und Resultate.

Vorschlag für ein Baumdiagramm:

(X = der Außerirdische)

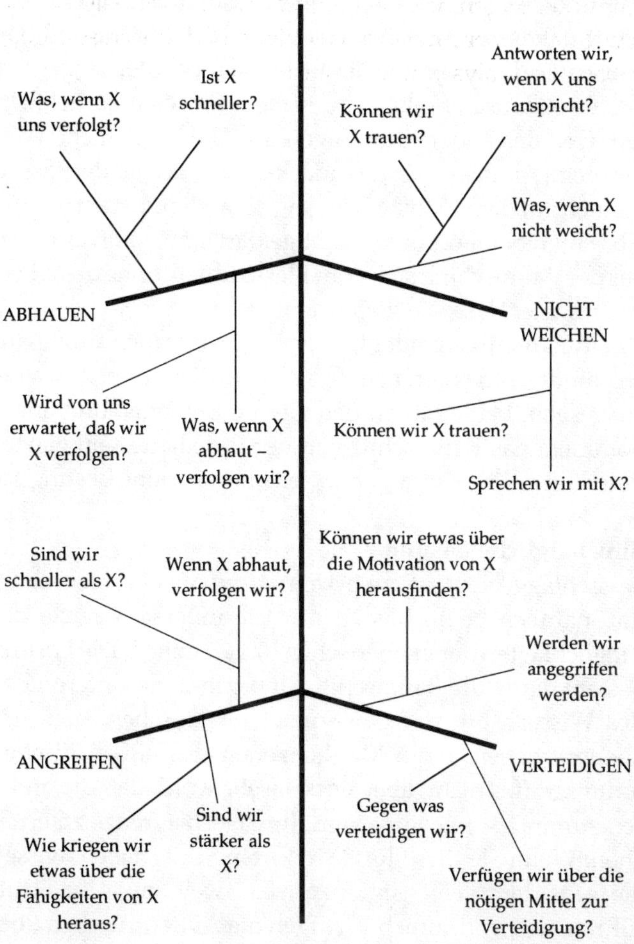

Was ergibt die Analyse des Baumdiagramms?

Grob gesagt kann man das Problem wie folgt darstellen: Da der Nebel extrem dicht ist, kann man davon ausgehen, daß in dieser Region kein Planet existiert und das Raumschiff daher ein Besucher aus weiter Ferne sein muß, genauso wie dasjenige von der Erde. Das bedeutet, keines der beiden Raumschiffe kann zu seinem Planeten zurückkehren, weil das andere ihm folgen und die heimatliche Welt der gegnerischen Rasse entdecken könnte. Beide Rassen können auf dem Planeten der jeweils anderen leben. Da die Absichten beider Rassen nicht geklärt sind, kann also keines der Raumschiffe sich vom Fleck rühren, ohne das Überleben seiner Rasse zu gefährden.
Da es im Interesse beider Rassen liegt, Vertrauen aufzubauen, könnte es passieren, daß sie »ihre Kräfte messen«. Vorausgesetzt, beide hätten das gleiche Ergebnis, und angenommen, das Raumschiff von der Erde hätte sein ganzes Potential ausgeschöpft, dann zeichnet sich eine Lösung ab.

Eine mögliche Lösung
Ausschlaggebend ist, zu erkennen, wo das Problem liegt, daß nämlich beide Rassen nur die unterste Grenze der Möglichkeiten der gegnerischen Rasse kennen. Die Lösung besteht darin, die Raumschiffe und damit die Untergrenze des Wissens mit der Obergrenze zu tauschen, d. h., Sie kennen vielleicht die Möglichkeiten des außerirdischen Raumschiffes nicht, aber wissen sehr wohl, daß die anderen zumindest imstande sind, Ihre Höchstgrenze zu erreichen. Wenn Sie diese Rasse in Ihrem Schiff haben, wissen Sie, was deren Höchstgrenze wäre, weil Sie ja Ihr Schiff führen, und vermutlich verfügen die Außerirdischen über die gleiche Information. Nachdem Sie deren Schiff bis an

die Grenzen Ihres eigenen Schiffes gemessen haben, wissen Sie, daß Sie jetzt entweder genauso stark sind oder stärker, und die Außerirdischen haben wahrscheinlich dasselbe getan. (Eine praktische Lösung, die in einer der Sitzungen zur Sprache gebracht wurde, bestünde darin, die Datenspeicher in den Schiffscomputern zu löschen, die sonst Informationen über die Erde verraten würden, so daß die ganze Übung umsonst wäre.)
Während der verschiedenen Sitzungen, die wir veranstaltet haben, wurden einige sehr radikale Lösungen vorgeschlagen, und jemand meinte, daß das Risiko viel zu groß sei und die einzige Lösung darin bestünde, das Raumschiff unverzüglich zu sprengen und zu hoffen, daß das außerirdische Raumschiff mit erfaßt werde. Keines der Mitglieder dieses Teams hatte noch große Lust, sich freiwillig für einen weiteren Weltraumflug unter diesem Kapitän zu melden!
Aber auch die praktischen Schritte des obigen Beispiels wurden nicht völlig fallengelassen – wenn Sie sich noch einmal das Baumdiagramm anschauen, werden Sie, abgesehen von ein paar spezifischen Fragen, sehen, daß diese Fragen auch z. B. für den Präsidenten der Vereinigten Staaten oder den russischen Präsidenten von Belang sein können, wenn sie über vertrauensbildende Maßnahmen bei der Atomwaffenbegrenzung sprechen. Schauen Sie sich das Baumdiagramm ein weiteres Mal an, und denken Sie an seine Relevanz für Unternehmen, die gezwungen sind, mit der eigenen Konkurrenz zusammenzuarbeiten. So können z. B. Mineralölgesellschaften gezwungen sein, auf ihren eigenen Vorhöfen Konkurrenzmarken zu verkaufen; wie können diese Unternehmen Vertrauen untereinander aufbauen?
Niemand will sagen, daß die Fähigkeit, ein Raumschiff zu fliegen, in der Industrie erforderlich ist; wichtig ist jedoch

das radikale Denken, das Teammitglieder bei Übungen wie diesen entwickeln. Aus Erfahrung wissen wir, daß durch Spielprogramme der Lernprozeß intensiviert wird.

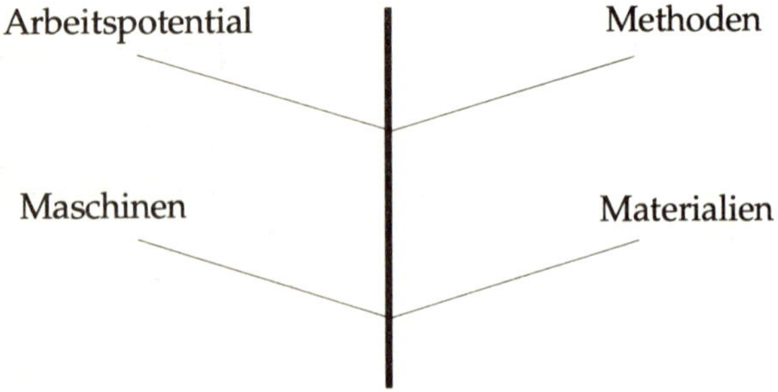

Beim allgemeinen Problemlösen in der Geschäftswelt findet dieses Baumdiagramm Anwendung, das Ursachen und Wirkungen aufzeigt. Die vier Äste sind Arbeitspotential, Materialien, Methoden und Maschinen. Das Problem läßt sich innerhalb dieser vier Kategorien definieren, so daß das Team sich darüber einig werden kann, was das Problem verursacht und folglich, wo man die Energien und Mittel konzentrieren muß. Damit kann der Brainstormingprozeß beschleunigt werden, ohne daß Synergie verlorengeht.

6. Die Inbesitznahme von Projekten

»Bei Gottes Herrlichkeit, Besitz ergriffen habe ich von diesem Reich; die Erde Englands halte ich in meinen Händen.«

Wilhelm der Eroberer

Ein Modewort, das man zur Zeit überall in unseren Unternehmen hört, ist »bought in«, wörtlich »sich eingekauft haben«, im übertragenen Sinn »etwas zu seiner eigenen Sache machen, sich dafür einsetzen, dahinterstehen«. Dieses Konzept des Besitzens ist nicht neu, aber wenn man das Management in Diskussionen reden hört, könnte man meinen, es sei gerade erst entdeckt worden. Haben die Sklaven im alten Ägypten den Bau der Pyramiden oder der Gottestempel »zu ihrer eigenen Sache« gemacht? Bis zu einem gewissen Grad kann man das wahrscheinlich bejahen, da es ihrem Wohl zugute kam, wenn die Götter zufrieden waren. Ganz zweifellos galt dies auch für die Arbeiter im Mittelalter, die eine Burg für ihren Herrn bauten; sie wußten, daß dieser sie im Falle von Unruhen verteidigen würde, da sie nur innerhalb der Burgmauern sicher wären. Aber Besitz und Eigentum darf nicht nur die Funktionen des Schutzes oder der Gottesverehrung haben. Betriebsmanager verlangen größeren Anteil am Besitz von Aufgaben und Projekten von der Arbeiterschaft; diese ist in Teams unterteilt,

also müssen unsere Teams das Projekt oder Verfahren besitzen.
Im Gegenzug bieten wir auf mannigfache Art Vergütung und Sicherheit. Wie können wir denn dem Team das Gefühl vermitteln, Besitzer zu sein? Wir möchten erst einmal allgemein klären, was wir mit Besitz meinen. Was können wir über Dinge sagen, die wir besitzen? Besitz ergibt sich normalerweise aus dem Erwerb von etwas, aus einem Geschenk oder aus etwas, das wir gemacht oder entdeckt haben.
Wenn wir etwas kaufen, wissen wir, daß wir ein Anrecht darauf haben, es besitzen. Wir können damit bis zu einem gewissen Punkt machen, was wir wollen. Die Gesellschaft stellt zu Recht Regeln darüber auf, was wir mit unserem Eigentum machen dürfen; wir können eine Schußwaffe besitzen, aber wir dürfen nicht herumlaufen und Leute erschießen. Genauso bei einem Geschenk; innerhalb der Regeln können wir damit machen, was uns gefällt, aber bei einem Geschenk spielen mehr Dinge mit hinein als bei einem erworbenen Stück; ein Geschenk kann einen sentimentalen oder emotionalen Wert haben, der uns davon abhält, es zu benutzen oder wegzuwerfen, selbst wenn es kaputt ist oder uns Geld dafür geboten wird.
Wenn wir etwas selbst hergestellt oder entdeckt haben, liegt die Sache wieder ganz anders; etwas, das wir entdecken, bedeutet uns mehr als etwas, das wir lediglich gekauft oder als Geschenk erhalten haben.
Nun, gibt es bei diesen einzelnen Gedanken einen Bezug zur Teambildung? Die Frage kann nur mit einem nachdrücklichen Ja beantwortet werden. Bei den meisten Projekten werden die anstehenden Aufgaben und Zielsetzungen dem Team übergeben. In gleicher Weise kann das Team ein Projekt erwerben, indem es vielleicht darauf

bietet und sich als am besten geeignet für diese Aufgabe darstellt. Die Leute werden für die Erledigung dieser Aufgabe nominell belohnt werden; um den zusätzlichen Schub Energie freizusetzen, der so oft nötig ist, wenn man besonders gute Arbeit leisten möchte, werden sie aber dann über ihre vertraglichen Verpflichtungen hinausgehen, wenn sie das Gefühl haben, durch eigene Anstrengungen das Recht auf diesen Job erworben zu haben. Da sie dieses Recht gewonnen haben, muß das Projekt ihnen mehr bedeuten. Höchstwahrscheinlich mußten sie sich gegen einige Konkurrenten durchsetzen, um dieses Projekt zu erhalten, ein Erfolgserlebnis für sie. Einfach gesagt: Was wir gewinnen, ist unser Eigentum und bedeutet uns mehr.

Nun zum nächsten Beispiel, dem Geschenk. Wenn wir einem Team ein Projekt geben, d. h. schenken – hat das eine kleinere oder eine größere Auswirkung auf die Besitzer, als wenn sie es erworben hätten? Arbeit, d. h. Projekte, an Teams ohne vorherige Absprache zu verteilen, anstatt das Team sich dieses Recht verdienen zu lassen, kann sich durchaus negativ auf den Besitzerstolz des Teams auswirken. Im täglichen Leben werden uns manchmal Geschenke gemacht, mit denen wir, abgesehen von ihrem gefühlsmäßigen Wert, nichts anfangen können. Was hier zählt, ist also nicht das Geschenk, sondern die Art, wie es überreicht wurde.

Als einer der Autoren für eine amerikanische Beratungsfirma tätig war, wurde er zu einer Anzahl verschiedener Teams abgeordnet, oft als Teamführer. Einmal wurden wir zum Geschäftsführer bestellt und erhielten ein Projekt »geschenkt«, das wir dann dem Projektteam verkaufen sollten. Uns war die Chance vorenthalten worden, das Projekt zu gewinnen, und anfänglich schien das Projekt ja interessant und reizvoll zu sein. Zur gleichen Zeit erhielt ein anderer

Teamführer ein anderes Projekt, anscheinend ebenso interessant und reizvoll. Der Hauptunterschied zwischen beiden Projekten lag darin, daß das eine in Norwegen und das andere in Nordwestengland war. Vom Standpunkt der Professionalität aus hätten beide Projekte nach höchstmöglichen Standards ausgeführt werden müssen, aber der Zeitraum, den die Projektteams brauchten, um das Projekt zu ihrer eigenen Sache zu machen, war unterschiedlich.

Das Norwegenteam nahm das Projekt sofort in Besitz, für sie war es ein tolles Geschenk. Mein Team, mit Ziel Nordwestengland, brauchte ein wenig länger, um sich mit seinem anzufreunden, denn es wäre auch gerne ins Ausland gereist. Wenn wir mit dem anderen Team um das Norwegenprojekt hätten kämpfen können und verloren hätten, wäre es uns leichter gefallen, das andere Projekt anzunehmen.

Entdeckung oder Entwicklung eines Projektes vermittelt nach unseren Erfahrungen vom ersten Tag an sogar noch mehr das Gefühl des Besitzerstolzes. »Das haben wir uns ausgedacht, das ist unsere Idee.« Wenn wir diese Worte hören, wissen wir, daß die Besitzverhältnisse klar sind. Aus diesem Grund haben die Teams Anteil am Entdeckungsprozeß, die wir in den Planungsprozeß möglicher Projekte einbeziehen.

Was können wir denn aus diesen drei Arten des Projektbesitzens lernen?

Erstens: In dem Beispiel, wo das Recht auf ein Projekt gewonnen wird, haben wir die Aspekte Herausforderung und Einsatz eingeführt. Diese vermitteln Besitzerstolz und fügen das Team zusammen. Ein Nachteil dabei ist, daß das Projekt schon klar umrissen sein muß, wenn man sich dafür bewirbt. Das Team kann also, obwohl es genug Motivation für die Besitznahme des Projektes hat, unzufrieden sein mit

Bestandteilen der Aufgabe, die es erst jetzt erkennt. Es können Probleme für das Projekt entstehen, weil das Team die Teile des Projektes »in Besitz nimmt«, die ihm gefallen, und die anderen mit der Begründung »zurückweist«: »Na ja, diese Teile da wurden uns schließlich angedreht.«
Zweitens: Wo das Projekt ein Geschenk der Unternehmensleitung ist, wird diese selbst die Richtlinien für das Projekt klar und deutlich festsetzen müssen. Ein Geschenk ohne zuvor ausgehandelte Beschränkungen ist ein Geschenk, mit dem man vielleicht nichts anfangen kann.
Der Vorteil der dritten Methode, ein Projekt zu entdecken oder zu entwickeln, liegt darin, daß das Projekt nicht von Anfang an klar umrissen ist. Es wird aufgebaut. Und die Zielsetzungen können nur ganz begrenzt aufgestellt und diskutiert werden. Das Projekt wird somit zu einer Entdeckungsreise, auf der die richtige Vorgehensweise entdeckt werden soll. Das Team wird hinter dem Projekt stehen, weil es nach eigenen Regeln vorgeht (natürlich innerhalb der allgemeinen Richtlinien). Die Zielsetzungen bestehen nicht in einer Ansammlung von delegierten Funktionen, sondern bilden einen Teamplan, zu dem jedes Teammitglied entsprechend seinen Fähigkeiten einen Beitrag leistet oder geleistet hat und bei dem die Teammitglieder unter sich entscheiden, wer was und womit tun soll.
Dies ist eine mit mehr Vollmachten einhergehende Form des Besitzens und erfordert mehr Mut von der Unternehmensleitung als die von oben gesteuerte Verteilung von Arbeit. Die Unternehmensleitung hat in dieser Phase des Prozesses die Aufgabe, dem Team alle nötigen Genehmigungen und Vollmachten zu geben, damit es seine Aufgabe mit einem Minimum an Einmischung erledigen kann.
Wir haben schon an Projekten gearbeitet, wo uns die Auf-

gabe zusammen mit dem benötigten Endergebnis mitgeteilt wurde. In einem Fall wurde uns Teamführern gesagt, daß wir bis zu einem bestimmten Datum die Betriebsunkosten um einen gewissen Prozentsatz gekürzt haben müßten, damit die Bank des Unternehmens weiterhin den Klienten unterstützen könnte. Das Team wurde zusammengerufen und mit dem Problem vertraut gemacht, d. h. wir wußten, was wir wollten, aber wie sollte das vonstatten gehen? Einzelne Mitglieder des Teams fühlten sich sofort diesem Projekt verpflichtet, zählten ihre aus Erfahrungen gewonnenen Stärken auf und insbesondere ihre Fähigkeiten, wenn es um die Kostenreduzierung in bestimmten Abteilungen ging. Schnell wurde ein Plan entwickelt, und einzelne Teammitglieder verbrachten den Tag damit, einen taktischen Plan für jede Abteilung zu entwickeln, den sie dann dem Team vorstellten. Die Reduzierung der Unkosten wurde schneller erreicht als ursprünglich geplant, und noch dazu sparten wir mehr als das Doppelte dessen ein, was der Kunde verlangt hatte.

Auf welche Weise kann nun ein Manager diese Erkenntnisse in seinem Unternehmen anwenden? Wir behaupten, daß die Geschwindigkeit und Intensität der Inbesitznahme nach unseren Erfahrungen oft in direktem Zusammenhang steht mit der Anzahl von Informationen, die dem Team zur Erledigung der Aufgabe gegeben werden. Wenn das Team dabei nach seinen eigenen Regeln vorgehen kann, wird die Inbesitznahme schneller erfolgen. Wenn Teams roboterhaft behandelt werden, sind Fähigkeiten und Fachwissen zwar noch da, aber die Inbesitznahme wird weder so schnell noch so fest sein. Es liegt bei der Unternehmensleitung, wenn ein Team für eine bestimmte Arbeit gebildet wird, als erstes zu überlegen: Ist Besitznahme hier von Bedeutung? Bei einigen Projekten mag sie nicht nötig sein,

aber wenn sie eine Rolle spielt, muß das Team entscheiden, wie die Arbeit zu erledigen ist.
Wenden wir uns nun der Situation zu, in der die Inbesitznahme nicht stattgefunden hat und das Team nur mechanisch seine Aufgaben erfüllt. Wenn ein Team nicht voll hinter dem Projekt steht, dann fehlt nicht nur beim Team das Engagement; der mangelnde Einsatz wird sich auch auf all diejenigen übertragen, mit denen das Team zu tun hat, und dies wird sich auf die Qualität der Transaktionen auswirken, da die fehlende Inbesitznahme sich in alle Himmelsrichtungen ausbreiten wird. Die Autoren haben nicht wenig Zeit damit verbracht, mit Teams an *total quality management*-(TQM-)Projekten zu arbeiten. Eine der Hauptantriebskräfte bei TQM in jedem Unternehmen ist das unbedingte Engagement des Spitzenmanagements für den Prozeß. Bei einem bestimmten Klienten sind Arbeitsgruppen für die Lösung des Problems eingerichtet worden, und die Unterschiede zwischen den Arbeitsgruppen, die voll dahinterstehen und Besitz von dem Prozeß ergriffen haben, und denen, die das nicht getan haben, sind überdeutlich. Betrachten wir nun die Eigenschaften beider Gruppen.

Teams, die Besitz ergriffen haben

- Treffen sich wie vorgeschrieben, in diesem Fall alle zwei Wochen für zwei Stunden, aber auch oft *ad hoc*, um die Aufgaben voranzutreiben.
- Brauchten keine offizielle Tagesordnung, sondern stellten am Anfang der Sitzung ein kurzes Programm auf, so

daß noch Platz war für ein interessantes, von enthusiastischen Teammitgliedern vorgebrachtes Thema des Tages.

- Machten mit Hilfe der Hausnachrichten ihre Erfolge immer wieder publik, aber auch Teilerfolge (besser als Teilmißerfolge), damit andere Beschäftigte des Unternehmens dem Team mögliche Lösungen und Ideen unterbreiten konnten.
- Fertigten nur Kurzprotokolle an, legten aber detaillierte Akten über die Pläne und Ergebnisse an, damit die Methodik bei vergleichbaren Fällen von Problemlösung wiederverwendet werden könnte.
- Befaßten sich nur mit Problemen, die etwas mit den Teamaufgaben zu tun hatten, und vermieden Diskussionen über Hygienefaktoren, Unternehmenspolitik und Personalangelegenheiten.
- Zogen zu den Sitzungen Experten und Repräsentanten von Zulieferern und Kunden hinzu, wenn es um Probleme ging, die diese auch betrafen.
- Bemühten sich ständig um Weiterbildung des Teams, besonders im Bereich Kommunikation und Methoden der Problemlösung.

Teams, die nicht Besitz ergriffen haben

- Treffen sich nur wie vorgeschrieben, wobei die Abwesenheitsquote meistens zwischen zwanzig und dreißig Prozent beträgt. Äußerst selten wurde etwas außerhalb der offiziellen Sitzungen besprochen.
- Konstruierten detaillierte, offizielle Tagesordnungen,

wobei für jedes Thema nur ein bestimmter Zeitraum vorgesehen war. Jegliche neuen Punkte wurden mechanisch hinzugefügt, so daß eine neue Idee unter Umständen drei bis vier Monate braucht, um so weit entwickelt zu sein, daß die Gruppe sich damit befassen kann.

- Machten mit Hilfe der Hausnachrichten ihre Erfolge immer wieder publik und baten die Unternehmensleitung oft um sichtbare Formen der Anerkennung. Nicht willens, gescheiterte oder teilweise gescheiterte Projekte öffentlich zu machen.
- Fertigten detaillierte Protokolle an, daneben auch Kommentare über das, was getan wurde. Arbeitspapiere und Flußdiagramme des Problemlösungsprozesses und der Methodik wurden normalerweise nicht aufgehoben.
- Befaßten sich mit Problemen aus allen Bereichen: Aufgaben der Gruppe, Personalprobleme, Arbeitsschutz, Hygienefaktoren bis hin zur Unternehmenspolitik.
- Hielten ihre Sitzungen unter Ausschluß der Öffentlichkeit ab, ohne Hinzuziehung anderer von innerhalb oder außerhalb des Unternehmens.
- Ambivalente Einstellung zu Fortbildungsmaßnahmen; erkannten nur die Notwendigkeit von Fortbildung in Fachbereichen an, gewöhnlich im Bereich der Technik.

Der Leser wird sehen, daß beide Teams auf funktioneller Ebene Probleme lösen werden; wenn aber das Team mit Inbesitznahme seine Energien ganz auf die Bewältigung des Problems richtet, wird es dasjenige sein, das sein Unternehmen im kürzestmöglichen Zeitraum weiterbringen wird.

7. Stärken, Schwächen, Werte und Vorurteile

»Irgendwie muß in jedem Unternehmen Platz für selbstbestimmte, aufsässige, kreative Menschen sein, denen Routine und der Status quo ein Greuel sind, die jederzeit alle Pläne über den Haufen werfen können, weil ihnen ein neuer oder besserer Weg eingefallen ist.«

Admiral Hyman G. Rickover

Stärken und Schwächen von Teammitgliedern

Vom ersten Schultag an werden wir in Teams organisiert. Viele von uns erkannten vielleicht nicht, daß Klassen und Schülerclubs ein früher Versuch waren, Teambildung in unsere prägenden Jahre einzuführen; aber im Laufe der Zeit wurden uns, besonders durch den Sport, langsam das Vorhandensein von Teams und die Stärken und Schwächen einzelner Teammitglieder bewußt. Im beruflichen Leben werden wir in Teams, z. B. in Abteilungen, organisiert und erhalten Teamführer. Langzeitteams kennen die Stärken und Schwächen der Teammitglieder, da diese im Laufe der Zeit ans Tageslicht gekommen sind, und das Team kann sich im Licht allseitigen Verständnisses sonnen.

Dadurch, daß Unternehmen für die Bewältigung spezifischer Probleme oft Blitzaktionsteams einsetzen, ist eine grundlegende Schwäche von neu gebildeten Teams zum Vorschein gekommen: Die Teammitglieder kennen die Stärken und Schwächen der einzelnen Teammitglieder nicht oder wissen nicht, wie sie sich mit ihnen in den ersten, prägenden Sitzungen vertraut machen sollen.

Aus diesem Grund ist es dringend nötig, daß neugebildete Teams die Möglichkeit zu Teambildungsübungen erhalten und schon lange bestehende Teams ihre Kenntnisse über Stärken und Schwächen der Teammitglieder auffrischen. Teambildungsübungen, die zu einer Akzeptanz dieser Punkte führen, sollten als Investition betrachtet werden. In diesem Kapitel werden wir einige der traditionellen Methoden besprechen und einige neue Methoden beschreiben, die wir in unserer Unternehmensklientel entwickelt haben.

Die Methoden, die wir besprechen, tragen folgende Bezeichnungen:

- die morgendlichen Enthüllungssitzungen (»Gebetsstunden«);
- die Hotelbarmethode;
- Brainstormingübungen;
- Problemlösungsübungen;
- andere Managementspiele;
- Abenteuerkurs.

Die morgendlichen Enthüllungssitzungen

In den frühen achtziger Jahren arbeitete einer der Autoren dieses Buches in den USA als Mitglied verschiedener Teams in einer amerikanischen Unternehmensberatungsfirma. Die meisten im Team kannten sich nicht besonders gut und kamen aus allen Teilen der USA, jeder hatte einen anderen Hintergrund und andere fachliche Fähigkeiten. Ein Großteil der Arbeit wurde von Einzelpersonen ausgeführt, die allein vorgingen oder mit den Angestellten des Klienten zusammenarbeiteten. Jeden Morgen trafen wir uns als Team mit unserem Teamführer, und jeder von uns mußte dann dem Team berichten, wie er mit seinen einzelnen Aufgaben vorankam, welche Stärken er zur Lösung des Problems einbrachte, welches seine Schwächen waren und wie sich diese auf seine Arbeit auswirkten. Wir sollten auch unser Verhältnis zu den Teamkameraden diskutieren und wie wir ihnen helfen könnten. Am Anfang war dies ziemlich unangenehm, vor allem für einen Briten, der nicht an ein solches Maß von persönlicher Entblößung, das von amerikanischen Kollegen verlangt wurde, gewöhnt war, und noch dazu in der Öffentlichkeit.
Dennoch wurde während den in verschiedenen Projektteams verbrachten Monaten offensichtlich, daß es sich um eine sehr effektive Form der Teambildung handelte. Jedesmal, wenn eine Stärke oder Schwäche offengelegt wurde, hatten Teammitglieder die Gelegenheit, Unterstützung anzubieten, Mut zuzusprechen oder sich konstruktiv über Fähigkeiten, Arbeit oder Einstellung eines einzelnen zu äußern. Bei einer denkwürdigen Sitzung gestand ein sehr mitfühlendes und warmherziges Mitglied des Teams, daß es sich bei der Umsetzung einer bestimmten Strategie sehr unwohl fühlte, da diese die Entlassung von Angestell-

ten umfaßte, mit denen er zusammengearbeitet hatte. Sofort bot ein Teammitglied an, bei der Einrichtung eines Jobvermittlungsservice für die Beschäftigten des Klienten mitzuwirken. Dieses Teammitglied war, bevor es zu diesem Projekt stieß, leitender Angestellter bei einem Stellenvermittlungsunternehmen gewesen, hatte dies aber bisher für sich behalten, da er für andere Fähigkeiten vom Team anerkannt werden wollte. Als es jedoch darauf ankam, enthüllte er mehr über seine Person und half damit einem anderen Teammitglied in Not.

Die Hotelbarmethode

Vor einigen Sommern veranstaltete einer der Autoren Schulungen für Arbeitsgruppenleiter eines großen britischen Multis, die Teil ihrer *total quality*-Initiative waren. In den meisten der Unternehmen, in denen wir tätig waren, gelten solche Schulungen als Mittel zum Zweck, und Delegierte werden, unter dem Vorwand der Kostenbeschränkung, während der normalen Arbeitsstunden in den Schulungsraum geschickt.
In diesem besonderen Fall beschloß der verantwortliche Manager, den Kurs mit einer Übernachtung zu verbinden und auf diese Weise – eigentlich mehr zufällig – auch einige Teambildungselemente in die Veranstaltungen einzubringen. Er fand, daß der Nutzen dabei die entstehenden Mehrkosten wettmachte. So trafen sich die Delegierten am Abend vorher zum Essen und zu ein paar Drinks mit anschließender Diskussion. Dies gab den Teammitgliedern die Chance, sich besser kennenzulernen und ein breites Spektrum von arbeitsbezogenen und anderen Themen zu besprechen. Die Auswirkungen auf den Kurs waren nicht

zu übersehen; das Niveau der Diskussionen, Themenbehandlung und Teambildungsübungen lag über dem Niveau desjenigen, das bei den Schulungen im Klassenzimmer erreicht wurde. Unserer Meinung nach ist dies ein hervorragendes Beispiel für Teambildung, wie sie informell und mit geringen zusätzlichen Investitionen erreicht werden kann.

Brainstormingübungen

Brainstormingveranstaltungen (in der Geschäftswelt oft als »Frei-Tage« bezeichnet) können, je nach den Fähigkeiten des Teamführers und dem Grad der Offenheit und Ehrlichkeit innerhalb des Unternehmens, eine sehr effektive Form der Teambildung sein. Manchmal wünschen Teamführer, an den Sitzungen selbst teilzunehmen, was wir nur empfehlen können; dann ist es sinnvoll, jemanden von außerhalb zu verpflichten, der die Sitzungen leitet und die Resultate zusammenfaßt. Solche Sitzungen werden am besten auf neutralem Boden abgehalten, damit jegliche Verbindung zu den Führungskreisen auf ein Minimum beschränkt bleibt. Nach kurzen Aufwärmübungen sollte die Gruppe eine eigene Tagesordnung aufstellen und zu einem möglichst radikalen Denkprozeß ermutigen. Spaß und Unsinn sollten in allen Phasen des Prozesses gefördert werden, weil dadurch Teile des Gehirns aktiviert werden, die normalerweise verschlossen bleiben.
Nach unseren Erfahrungen scheitern die meisten Brainstormingsitzungen daran, daß die Gruppe nicht dazu bereit ist, die Grenzen des Unternehmens auszutesten, und der Anführer es nicht vermag, sie zu dem nötigen Wagemut aufzurufen. In richtigen Brainstormingsitzungen soll-

ten alle Abteilungsgrenzen und Rangunterschiede vergessen werden und – auch wenn es nicht zu einer Büroparty ausarten sollte – ein freier und ehrlicher Meinungsaustausch zu den ausgewählten Themen stattfinden. Der Teamleiter sollte genügend Vertrauen in das Team und in sich selbst haben, um versteckten Groll gegen das Unternehmen an die Oberfläche zu bringen und sodann auf das Niveau konstruktiver Kritik und einer »Was können wir jetzt tun?«-Haltung zu heben. Die Aufwärmphasen sollten zum Lockern der Stimmung so heiter wie möglich gestaltet werden, aber die Teilnehmer auch fordern; wir haben Übungen benutzt wie: »In zwei Minuten fünfzig Dinge aufzählen, die man mit einem hartgekochten Ei machen kann.« Um zu vermeiden, daß Antworten sich auf so offensichtliche Kommentare wie »es essen« beschränken, könnte der Sitzungsleiter mit einem Vorschlag wie »einen Punker-Ohrring daraus machen« beginnen. Dann weiß jeder, wo es langgeht!

Problemlösungsübungen

Alle Menschen, auch Teammitglieder, lösen gerne Probleme, weil sie das Erfolgserlebnis genießen. Das Lösen von Problemen in Gruppen wirkt sich auf die Teambildung aus, da einzelne Teammitglieder sehen können, wer sich wann an der Diskussion beteiligt, was in Zukunft wichtig werden kann. Das Lösen von Problemen ist eine konkrete Übung, bei der die Teilnehmer sich reinknien können; außerdem gibt es einzelnen Teammitgliedern die Möglichkeit, Einblick in ihr Wissen und ihre Fachkenntnisse zu geben. Der Teamführer ist bei diesen Sitzungen dafür verantwortlich, den Prozeß vorwärtszubringen, indem er das

Team mit Problemlösungstechniken vertraut macht, d. h. der Baumdiagrammanalyse (die wir in Kapitel 5 vorgestellt haben), Computermodellen und vielen anderen Techniken, aber insbesondere denen, die normalerweise in Unternehmen Anwendung finden.

Andere Managementspiele

Wir haben gesehen, daß alle Übungen mit Menschen der Teambildung förderlich sind, und es ist eine Unzahl von theoretischen und praktischen Spielen auf dem Markt. Managementspiele lassen sich in drei Kategorien einteilen, Schwerpunkt Theorie, Schwerpunkt Praxis und Do-it-yourself.

Schwerpunkt Theorie

Diese Spiele sind gewöhnlich so gestaltet, daß der Anführer die Gruppe nach einer kurzen Einführung gegebenenfalls in kleinere Teams unterteilt und das Team anschließend befragt. Der Vorteil liegt darin, daß der Anführer nicht viel Vorarbeit zu leisten hat, da die Spiele schon ausprobiert und getestet wurden und normalerweise gut durchdacht sind. Die anschließende Befragung ist vage und flexibel genug, um jedermann zu befriedigen. Der zweite große Vorteil dieser Spiele liegt in ihrer Neutralität, wodurch vermieden wird, daß das Team sich an Problemen der Organisation festbeißt.
Nach unseren Erfahrungen werden diese Spiele von den Teilnehmern oft als unrealistisch angesehen, und der Leiter muß über ziemlich viel Können und Erfahrung verfügen, um das Beste aus ihnen herauszuholen. Wir haben ein paar hervorragende Spielsituationen miterlebt, bei denen die

Teams sehr gut waren, die aber von unerfahrenen Leitern verdorben wurden, weil sie nicht wußten, was man daraus lernen kann. Der Hauptzweck von theoretischen Spielen liegt im Teambildungsprozeß und der Entwicklung von Teamrollen, nicht in der Geschwindigkeit, Genauigkeit oder Vernünftigkeit der Ergebnisse.

Schwerpunkt Praxis

Auch hier sind viele, überall erhältliche Spiele auf dem Markt. Das Können der Spielleiter besteht darin zu erkennen, was genau sie anhand des Spielablaufes demonstrieren wollen. Zu viele Spiele sind unserer Meinung nach nur eine Art von Puzzle mit ein paar dazwischengesetzten Kommunikationsübungen. Ganz zweifellos werden sie auf praktischer Ebene zur Teambildung beitragen, vor allem wenn Wettbewerb in irgendeiner Form dazukommt (d. h. Kampf gegen die Uhr oder ein anderes Team), sind aber oft nur ein Spiel um des Spiels willen. Praxisorientierte Spiele sind ein wichtiger Teil der Teambildung, stehen aber selten allein und sollten nur zur Verdeutlichung eines theoretischen Konzeptes eingesetzt werden.

Do-it-yourself

Teamführer sollten, auch mit Unterstützung der Abteilung Fortbildung, in der Lage sein, ihre eigenen theoretischen und praktischen Spiele zu konzipieren, wobei sie sich in einigen Fällen an Spielen anderer Leute orientieren können. Das Gute beim Erfinden von eigenen Spielen ist der Aspekt des Besitzens mit allen seinen Vorteilen. Die Do-it-yourself-Spiele haben den nötigen Realbezug, ohne sich allzusehr in Probleme der Organisation ziehen zu lassen, was den Prozeß nur behindern würde. Außerdem können eigene Spiele mit Hinblick auf die Stärken und Schwächen einzelner Teammitglieder konzipiert werden. Was die praktische Seite betrifft, können die besonderen Fähigkeiten des Teams, z. B. Organisation und Vertrieb, den Hintergrund bilden, vor dem das Spiel aufgebaut wird. Für den Leiter bedeutet dies einiges an Vorarbeit, aber wie bei so vielen Aufgaben wird das, was man zunächst an Zeit investiert, im Spielverlauf durch das Team, die Wirklichkeitsnähe der Aufgabe und die einfache Auswertung der Ergebnisse wieder wettgemacht.

Abenteuerkurse

Viele Betriebe und Unternehmen investieren in die immer beliebter werdenden Management-Abenteuerkurse. In diesem Zusammenhang haben wir viele Manager aller Unternehmensebenen befragt. Die angebotenen Kurse reichen von Kriegsspielen mit Farb- oder Radargewehren bis zu strukturierteren Kursen mit bestimmten Teamaufgaben, z. B. Floßbau, oder sportlichen Aktivitäten. Es herrscht keine Einigkeit darüber, welche Kursart am besten ist, aber den meisten der von uns Befragten, die schon einmal an solchen Kursen teilgenommen haben, hat es Spaß gemacht. Einige Kurse stecken Teilnehmer aus verschiedenen Unternehmen für eine Woche zusammen und formen sie zu einem Team. Der einzelne profitiert dadurch, daß er mehr über seine Stärken und Schwächen in der Teamsituation lernt, als ihm sonst möglich wäre; das sollte aus ihm in Zukunft einen besseren Teamspieler machen. Die Gefahr besteht darin, daß dieser Person nicht gefällt, was dort gelernt wurde, sie daher ihre Schwächen verbirgt und ihre Stärken hervorkehrt.
In anderen Kursen werden neue und länger bestehende

Teams aufgenommen; durch die Zusammenarbeit und im Kampf miteinander und mit der Natur lernen sie mehr über sich und ihr Team. Unsere Untersuchungen dieser Aktivitäten zeigen, daß offensichtlich viele Teilnehmer sich freiwillig bereit erklären oder zusammen mit Kollegen bemühen, einen Kurs zu organisieren oder finanziert zu bekommen. (Wenn sie als Team so etwas in die Wege leiten können, haben sie eigentlich bewiesen, daß sie den Kurs gar nicht mehr brauchen!) Viele gaben zu, sich nur wenig oder gar nicht für die Idee zu erwärmen, weil aber die Übungen Spaß machten, fanden sie es auch nicht mehr schlecht. In einigen Fällen entdeckten sie sogar völlig neue Fähigkeiten an sich, z. B. Tischlern oder Kochen.

Haben die Herausbildung solcher Fähigkeiten, die Freude bei der Erledigung von Aufgaben und primitive Lebensbedingungen irgend etwas mit Teambildung in modernen Unternehmen zu tun? Ein Floß innerhalb einer festgesetzten Zeit zu bauen und darauf einen Fluß zu überqueren kann Wunder wirken, was die Selbstachtung und das Erfolgserlebnis des Teams betrifft, aber was hat dies mit dem Aufstellen eines Budgets oder der Entscheidungsfindung bei Kostenverringerung oder Marktstrategien zu tun?

Problematisch ist hier, daß diese an »Armeeidealen« orientierte Vorstellung der Teambildung ganz zweifellos eine hervorragende Ausbildungsweise für die Truppen ist, die sie fit hält und dabei hilft, die eigenen Stärken und Schwächen einschätzen zu lernen. Aber wo liegt das Risiko, wenn man höchstens mit wasserlöslicher Farbe beschossen oder naß werden kann und dann vom Kursleiter gerettet wird?

Die meisten Manager können, unserer Meinung nach, von Abenteuerkursen dadurch profitieren, daß sie je nach Kurs die eigenen Stärken und Schwächen und die des Teams entdecken. Aber das meiste lernt man aus Problemen, die bei dem Versuch entstehen, in der Hochsaison ein Flugzeug in Heathrow zu erreichen!

Wenn wir Teambildungsspiele und andere Maßnahmen zur Aufdeckung von Stärken und Schwächen entwickeln und verstehen wollen, müssen wir uns sicher sein, daß wir über das Fachwissen und die Unterstützung verfügen, um mit dieser Entdeckung auch etwas anzufangen. In vielen Situationen beeinträchtigt die Aufdeckung von Schwächen das Team; diese Schwächen müssen angesprochen und ausdiskutiert und dann durch Beratung und Übung ausgemerzt werden. Stärken müssen durch Fortbildung und Übung weiter aufgebaut werden. Das ganze Konzept der Teambildung beruht darauf, das Team zu einer Einheit zusammenzufügen und zu verhindern, daß es bei Bedrohung auseinanderfällt. Daher müssen wir in irgendeiner Phase des Teamaufbaus mit den Mitgliedern ein Menü aufstellen. Es zählt auf, welche Stärken und Schwächen wir akzeptieren können, welche Korrektivmaßnahmen zu ergreifen sind und unter welchen Umständen wir zusammenarbeiten wollen.

Werte und Vorurteile der Teammitglieder

Das Team kann nur zusammenwachsen, wenn die Mitglieder die Werte und Vorurteile der anderen Teammitglieder kennen und akzeptieren. Früher war dies weniger ein Problem als heute. Auf jeden Fall war die berufliche Mobilität vor dem Zweiten Weltkrieg geographisch begrenzt, so daß die meisten da arbeiteten, wo sie wohnten. Ausnahmen waren natürlich London und einige große Industriezentren, die schon immer Leute aus unterschiedlichen Regionen angezogen haben. Dies war für den Teamführer kein Problem, da die meisten im Team aus der gleichen Region stammten, die gleichen Schulen besucht, die gleichen Bücher gelesen hatten und im gleichen Umfeld aufgewachsen waren. Das bedeutet, sie erkannten die Werte und Vorurteile der anderen an, da sie ja die gleichen waren, und jeder, der mit den Werten, Einstellungen und Überzeugungen des Teams nicht konform ging, war offensichtlich nicht ganz richtig im Kopf, konnte als fünftes Rad am Wagen aber toleriert werden.

Die jetzige Situation hat sich in fast allen Regionen geändert. Große soziale Umwälzungen, Immigration und ein Umdenken bei den sozialen Werten haben mitgespielt; Manager und Teamführer haben unterschiedliche soziale Hintergründe. Es gibt immer noch einige »Inseln« innerhalb der Britischen Inseln. Hull ist z. B. oft als eine Insel vor der Küste Englands bezeichnet worden. In einer Stadt wie Hull, oder genauso in Teilen von Wales und Schottland, gibt es leicht erkennbare Gemeinsamkeiten bei den Werten und Vorurteilen. Doch selbst hier werden die Mauern eingerissen und Teambildungsübungen entwickelt, damit das Team, wo es möglich ist, die Unterschiede erkennt und akzeptiert.

Das in der Presse immer wieder hochgespielte Nord-Süd-Gefälle ist sowohl kulturell als auch sozial bedingt, und es fällt vielen Managern schwer, die durch eine Betriebsniederlassung vom Süden in den Norden (und umgekehrt) exportierten Werte und Vorurteile zu akzeptieren. Wir haben unzählige Male mit Managern und Teamführern diskutiert, die sich beklagten, daß »die in London« keine Ahnung hatten, mit wem sie da arbeiten mußten. Die Japa-

ner haben uns gezeigt, daß sie in vielen ihrer Fabriken im Westen nicht versuchen, die Kultur der Belegschaft zu ändern, aber oft darauf bestehen, Disziplin, Arbeitsmethoden und Überwachung einzuführen, ohne die die Aufgabe nicht erledigt werden könnte. Viele der britischen Betriebe versuchen immer noch, die Kultur des Unternehmens zu verändern, ohne überhaupt die bestehende Kultur und deren Werte genauer anzusehen und zu verstehen. Unter Umständen entfernen wir durch die Änderung der Kultur einen der tragenden Pfeiler des Unternehmens.
Welche Arten von Werten und Vorurteilen müssen wir nun in unseren Unternehmen und Organisationen beachten, und haben sie sich im Laufe der letzten zehn Jahre stark verändert? Am deutlichsten wirkte sich der »Thatcherismus« dahingehend aus, daß der Norden den Süden als Yuppie-Gesellschaft ansah. Das hieß, daß jedem jungen Menschen, der sich auf bestimmte Weise kleidete oder einen besonderen Wagentyp fuhr, die von den Medien erfundenen Werte und Vorurteile zugeschrieben wurden. Diese jungen Leute mußten dann ihre Werte in Teams verteidigen, was zumindest kurzfristig für Störungen bei der Teambildung sorgte. Einige unserer großen, traditionellen Industrien haben erst kürzlich entdeckt, daß fünfzig Prozent der Bevölkerung aus Frauen bestehen, und man sieht immer noch sehr wenige weibliche Auszubildende in den sogenannten Männerberufen. Viele dieser Betriebe wollen nicht in Kinderkrippen für junge Mütter investieren; sie sehen lieber zu, wie diese das Unternehmen, wenn auch nur für einen begrenzten Zeitraum, verlassen, anstatt ihre Investition zu konsolidieren, indem sie sie an ihrem Arbeitsplatz halten. Unsere politischen Führer leisten Werten und Vorurteilen dieser Art auch noch Vorschub. Sie verhalten sich so, als glaubten sie – und manche sprechen

es ganz offen aus –, daß Frauen zu Hause bleiben und ihre Kinder aufziehen sollten. Die Rückkehr zu den sogenannten viktorianischen Werten hat viel dazu beigetragen, den Fortschritt zu untergraben, der auf dem Weg zu neuen Werten in unseren Unternehmen schon gemacht worden war.

Weiter oben sprachen wir die Stärken und Schwächen von Teammitgliedern an, die aufgedeckt werden müssen, wenn das Team sein Bestes geben soll. In gleicher Weise müssen wir uns nun damit beschäftigen, wie man die Werte und Vorurteile der einzelnen Teammitglieder entdeckt, so daß das Team zusammenarbeiten kann, ohne bei einzelnen anzuecken. Einige Werte und Vorurteile sind in jedem Unternehmen sehr leicht zu erkennen und verursachen daher gewöhnlich keine Schwierigkeiten. Wenn jemand ein überzeugter »Grüner« ist, könnte es dieser Person äußerst schwerfallen, in einem Team zu arbeiten, das Giftmüll produziert und diesen dann in den Fluß schüttet. Wenn diese Person trotzdem im Team bleibt – nach dem Motto »Veränderungen von innen heraus erkämpfen« –, dann kann sie, solange das Team diese Ansichten toleriert, einen effektiven Beitrag zum Team leisten.

Natürlich ergeben sich solche kritischen Situationen verhältnismäßig selten, weil wir ja Personalabteilungen haben, die Strategien und psychometrische Tests konzipieren. Mit deren Hilfe filtert man Persönlichkeitsprofile, die sich nicht in ein Team einpassen würden, schon in der Phase der Interviews und Selektion heraus. Die Leute werden bei diesen Tests jedoch immer besser, und wir haben viele kennengelernt, deren Lebensphilosophie sich ganz zweifellos nicht mit dem Unternehmen verträgt, in das sie eingetreten sind. Ein weiteres Problem ergibt sich daraus, daß das Unternehmen an der Spitze seine Werte und Vorurteile ändert, obwohl es genau weiß, daß die der Angestellten die gleichen geblieben sind. Aspekte des Umweltschutzes und des Europäischen Marktes sind Beispiele, wo die Unternehmensleitung ohne eigenes Verschulden den Teams oft ein neues Regelsystem auferlegt.

Wir wollen uns nun mit der Frage beschäftigen, wie das Spektrum von Werten und Vorurteilen, die in Unternehmen zu finden sind, vom Team ans Licht gebracht werden kann.

Was können wir als Teamführer also tun, um solche Punkte deutlicher herauszustellen, sie offen zu diskutieren? Wie können wir den Prozeß in Gang setzen, das Unakzeptable abzulehnen und das Nötige zu akzeptieren? Eine beliebte Teambildungsübung, bei der Werte und Vorurteile herauskristallisiert werden, basiert darauf, Menschen aus gefährlichen oder (imaginierten) lebensbedrohlichen Situationen zu retten. Bei diesen Spielen muß das Team entscheiden, wer zuerst gerettet werden soll. Die Persönlichkeitsprofile zeigen positive und negative Eigenschaften von Einzelpersonen, und nach dieser Übung können viele Teams lernen, was für ihre Gruppe akzeptabel und was unakzeptabel ist.

Wir wollen uns nun dem psychometrischen Test zuwenden, mit dessen Hilfe Werte und Vorurteile festgestellt werden. Diejenigen von uns, die solche Übungen schon absolviert haben, wissen, daß dies einzig und allein dazu dient festzustellen, ob wir geeignet sind, in dieses Unternehmen und besonders in das von uns ins Auge gefaßte Team einzutreten. Haben aber Teams ihr eigenes psychometrisches Profil, machen sie davon Gebrauch, und sollten sie davon Gebrauch machen? Sollte ein Team einen Einfluß darauf haben, wer Mitglied bei ihnen wird? Darauf gibt es noch keine eindeutige Antwort. In der Fortbildung arbeiten wir viel mit jungen Hochschulabsolventen in einer Reihe von Programmen zu Führungsqualitäten, und oft ist es egal, in welchem Unternehmen wir uns gerade befinden, da sich die Einstellungskriterien überall gleichen. Bei einem kürzlich abgehaltenen Einführungskurs wußten wir schon vor Betreten des Raumes, welche Zusammenstellung uns erwartete: ehemalige Schulsprecher/innen, der eine oder andere Absolvent von Operation Raleigh und Mannschaftsführer verschiedener Sportarten. Wie schon in Kapitel 3 besprochen, würden wir gottähnliche Eigenschaften bei unseren Anführern begrüßen, aber wissen wir genug über ihre Werte und Vorurteile, die bei der Teamarbeit zum Tragen kommen?

Können wir herausfinden, wie viele von ihnen Teufelsanbeter sind, Faschisten oder Kommunisten, Frauen- oder Männerhasser und all die anderen Facetten der menschlichen Natur, die von den Teammitgliedern akzeptiert werden oder nicht? Ist das überhaupt nötig? Oder können wir damit argumentieren, daß wirklich problematische Werte und Vorurteile so dünn gesät sind in der Bevölkerung, daß wir mit dem einen oder anderen schon zurechtkommen? Und bringen die Tests auch tatsächlich diese Punkte zum Vorschein, oder gelingt es Neuanfängern immer besser, uns Sand in die Augen zu streuen, indem sie ihre wahren Anschauungen verbergen? Das Unternehmen kann von seiner Belegschaft eine psychologische Landkarte anfertigen und die Leute dort einbauen, aber nach unseren Erfahrungen wird das Team mit der Zeit die wahre Person hinter der Maske entlarven und sie entweder akzeptieren, ablehnen oder zu ändern versuchen. Ein gut funktionierendes Team hat die Möglichkeiten und die Stärke, mit Andersdenkenden zurechtzukommen und diese Unterschiede sogar zu seinem Vorteil zu verwerten.

Als Managementausbilder in vorderster Front arbeiten wir mit den Gruppen für die Dauer von zwei bis vier Tagen. Die Teilnehmer sind es oft nicht gewöhnt zusammenzuarbeiten; deshalb muß der Ausbilder das Team als erstes zu einer Einheit formen. Dies läßt sich am einfachsten erreichen, wenn man die Gruppe über ihre Grundwerte und Vorurteile angreift und ein paar »heilige Kühe« des Unternehmens in Frage stellt. Durch ständiges Angreifen wird das Team sich gegen den Ausbilder verbünden und die Gruppe verteidigen. Nun kann der Ausbilder seine Angriffe beenden und damit auch die Spannungen lösen; trotzdem wird die Gruppe normalerweise miteinander verwachsen bleiben. Ein Wort der Vorsicht: Man muß mit dieser Form der Gruppenarbeit sehr vertraut sein, denn die Grenze zwischen dem Zusammenfügen einer Gruppe und der Ihrer eigenen Entfremdung von der Gruppe ist hauchdünn.

Das Fortbildungsforum ist also ein effektiver Weg, die Werte und Vorurteile ans Tageslicht zu bringen, indem Sie die traditionellen Standpunkte, von denen die Leute nicht ablassen wollen, in Frage stellen. Eine andere und unter Umständen einfachere Möglichkeit für den Teamführer besteht darin, mit der Gruppe eine Enthüllungssitzung zu veranstalten und so die Gemeinsamkeiten herauszustellen und den Teammitgliedern zu zeigen, daß sie weitaus mehr gemeinsam haben, als sie gedacht hätten. Wenn sie merken, daß sie alle gleich sind, werden sie sich entspannen und sich mehr als ein Team sehen. In einigen Unternehmen, wo wir tätig sind, beginnen wir eine solche Übung, als wären wir Wahrsager, und teilen der Gruppe mit, was sie alles gemeinsam hat. Mit ein wenig Übung fällt das gar nicht schwer, und wir wissen aus Erfahrung, daß in einer Gruppe von zehn bis zwölf Leuten im Alter zwischen vierundzwanzig und dreißig Jahren die Mehrheit die folgenden Gemeinsamkeiten aufweisen wird:

Lieblingsfarbe	Blau
Lieblingsessen	Currygerichte
Lieblingszeitvertreib	Kino/Kneipe
Lieblingslektüre	Keine oder fast keine!
Lieblingsurlaub	Bergwandern
Lieblingshobby	Tapezieren
und so weiter ...	

Wie können wir diese Punkte angehen und zu unserem Vorteil einsetzen? Einfach ausgedrückt: In den ersten Phasen der Teamentwicklung muß den Mitgliedern des Teams die Möglichkeit gegeben werden, ihre Werte und Vorurteile vorzubringen. Die Leute möchten gern von sich erzählen und die Gemeinsamkeiten mit dem Rest des Teams herausfinden. Oft wollen sie andere vor den Kopf stoßen und feststellen, wie weit sie gehen können, was ihre Teamkollegen akzeptieren und was nicht. Denken Sie daran, daß unsere Schulen und Colleges Menschen hervorbringen und schon immer hervorgebracht haben, die sehr viel gemeinsam haben. Wir wissen das und müssen ihnen lediglich dabei helfen, zu zeigen und selbst zu erkennen, daß sie sich nicht wesentlich unterscheiden; bei großen Differenzen kann man noch Bündnisse mit Gleichgesinnten in einem sozialen Sinn schließen.

Als letzter Punkt beschäftigt uns noch die Frage, wie wir, nachdem wir nun die Werte und Vorurteile unserer Teammitglieder aufgedeckt haben, jene Vorurteile zurechtrücken, die für das Team unakzeptabel sind, und die Werte stärken können, die als die Hauptkomponenten auf dem Weg des Teams zum Erfolg angesehen werden. Dazu muß man verhaltensbezogene Fortbildung einsetzen. Das Verhalten ist der Teil von uns, den unsere Teamkollegen unmittelbar sehen. Wir zeigen unsere Werte und Vorurteile durch das, was wir tun, sagen und anziehen. Wenn wir Anstecker irgendeiner Gruppe, z. B. einer politischen oder religiösen Vereinigung oder einer Initiative, tragen, verkünden wir der Welt laut und deutlich unsere Überzeugungen. Wenn wir so handeln, daß es das Team durcheinanderbringt, muß das Team das Recht haben, diese Handlungsweise aufgrund ihrer Auswirkungen auf andere zu bemängeln. Wenn ein Teammitglied andauernd zu spät zu Sitzungen kommt, dann muß dieser Person mitgeteilt werden, daß ihr Verhalten für das Team völlig unakzeptabel ist und sie es ändern muß; andernfalls könne sie durchaus aus dem Team entfernt werden. Das gleiche gilt für mündliche Äußerungen; wenn sie einen negativen Effekt auf das Team haben, muß diese Person sich vielleicht einem Training für Einflußnahmefähigkeit unterziehen.

Abschließend möchten wir daran erinnern, daß Werte und Vorurteile nicht genetisch bedingt sind, sondern uns durch Familie, Freunde, Schulen und Bücher vermittelt werden. Wir müssen heutzutage in sehr gemischten Teams auskommen. Obwohl wir die Meinung anderer respektieren müssen, können wir keine hundertprozentige Leistung zeigen, wenn uns die Ansichten unserer Mitarbeiter so fremd sind, daß sie die Arbeit im Team behindern, da dann mehr Energie auf das Ausgleichen der Unterschiede verwandt wird als auf die anstehenden Aufgaben. Aus diesem Grund ist es besser, diese Einzelperson zu beraten, ihre Werte und Vorurteile für sich zu behalten, wenn sie so weit jenseits gesellschaftlicher Normen liegen, solange sie nur keine unredlichen Absichten hat und das Team nicht in die falsche Richtung beeinflußt.

Bei der Arbeit mit Gruppen und der Beschäftigung mit dieser Frage der Werte und Vorurteile haben wir verschiedene »Spiele« benutzt, um die oben angesprochenen Punkte herauszuarbeiten. Eines dieser Spiele ist die Stipendienvergabekommission.

Die Stipendienvergabekommission

Dieses Spiel soll Mitglieder eines Teams dahin führen, die Werte und Vorurteile ihrer Teamkollegen zu entdecken und zu akzeptieren. Daher wurden die Charaktereigenschaften absichtlich so sehr übertrieben, daß schablonenhafte Stereotypen entstanden. Werte und Vorurteile sind eine ernste Angelegenheit, aber es sollte immer wieder kleine Auflockerungen durch humorvolle Einlagen geben; andernfalls werden diese Spiele zu ernst genommen und können Konflikte hervorrufen. Das Spiel ist nicht darauf angelegt, Werte kurzfristig zu verändern, sondern soll den Teilnehmern erlauben, ihre eigenen Wertvorstellungen herauszufinden, was der erste Schritt für eine Verhaltensänderung ist.

Methodik

Eine beliebige Anzahl von Teilnehmern, vorzugsweise in Gruppen von vier bis acht unterteilt.
Der Kurs-/Teamleiter sollte Kopien der Aufgabenstellung und eine Zusammenfassung der Bewerbungen für die Stipendien verteilen.

Jede Gruppe sollte für den Zeitraum dieser Aufgabe einen Teamführer wählen, der nach Abschluß des Spiels allen Kursteilnehmern Ergebnisse und wichtige Punkte vorträgt.
Als Orientierung: zehn Minuten sollten genügen, um die Aufgabenstellung und die Informationen zu den Bewerbern zu lesen, und dreißig bis fünfunddreißig Minuten sollten für die ganze Aufgabe gerechnet werden.

Aufgabenstellung der Stipendienvergabekommission

Sie sind eine Gruppe von Dozenten an einer Technischen Hochschule im Herzen von England. Ihr College vergibt jedes Jahr vier Stipendien, und Sie sollen die Stipendiaten aus der Kandidatenliste auswählen. Die zu vergebenden Stipendien sind folgende:

Alpha:	£ 6 000 im Jahr
Beta:	£ 4 000 im Jahr
Gamma:	£ 2 000 im Jahr
Delta:	£ 1 000 im Jahr

Die Institutsleiter haben eine Auswahlliste mit zehn Kandidaten eingereicht.
Ihre Aufgabe als Kommission besteht nun darin, die Stipendien für nächstes Jahr zu vergeben.

Informationen zu den Bewerbern

DUNCAN
Duncan ist achtzehn Jahre alt, ledig und möchte Chemo-

technik studieren. Er wurde in einem heruntergekommenen Stadtteil von Glasgow geboren und von seiner Mutter aufgezogen, nachdem sein Vater sich mit einer anderen Frau davongemacht hatte, als er zwölf Jahre alt war. Duncans Hobbys sind Bergsteigen und mit Freunden in der Kneipe sitzen. Er ist Mitglied der Celtic Socialist Workers Organisation, einer Arbeitervereinigung, und wurde zweimal wegen öffentlicher Ruhestörung bei Demonstrationen verhaftet.

SHAKA
Shaka ist zweiundvierzig Jahre alt, verheiratet und hat sechs Kinder. Seine Frau und seine Kinder leben in Soweto. Er hat sich in Anthropologie und Sozialwissenschaften beworben. Shaka wurde in Soweto geboren und wohnt zur Zeit in Notting Hill Gate, wo er bei einer Fast-Food-Hamburger-Kette arbeitet. Shaka hat momentan in diesem Land eine sexuelle Beziehung zu einer Frau und ließ in seinem Interview durchblicken, daß er nicht nach Hause zurückkehren möchte. Seine Interessen sind Gefangenenbetreuung, und er leitet einen Jugendclub für Behinderte.

LIA WAN
Lia Wan ist vierundzwanzig Jahre alt und hat schon einen Abschluß in Englisch an der University of Hong Kong gemacht. Lia Wan ist eine ledige Mutter, um deren Tochter sich die Großmutter kümmert. Sie möchte den Magister in Romantischer Dichtung machen. Lia Wans Hobbys sind Volleyball und Kochen. Lia Wan ist ausgesprochen attraktiv und hat im Interview angedeutet, daß sie entdeckt hat, daß sie die Gesellschaft von Frauen bevorzugt. Sie beteiligt sich aktiv an einer feministischen Pressure-group.

ALVIN

Alvin ist dreißig Jahre alt und geschieden. Er hat zwei Kinder, die bei ihrer Mutter leben. Alvins Vater ist Senator eines westlichen Staates der USA und Multimillionär. Alvin hat schon einen Abschluß in Soziologie und hat sich für ein Studium der Modernen Europäischen Sprachen beworben. Alvin hat angedeutet, daß er, obwohl sein Vater bereit ist, die Kosten für das College zu übernehmen, diesen nicht darum bitten will und sich daher um ein Stipendium bemüht. Er hat kürzlich festgestellt, daß er HIV-positiv ist.

FLACCA

Flacca ist neunzehn Jahre alt und die unverheiratete Tochter eines südamerikanischen Generals, der ein besonders repressives Regime unterstützt. Sie ist überzeugte Katholikin und hat, abgesehen von der Schulzeit im Konvent, nie außerhalb der Familienranch gelebt. Ihre Hobbys sind Nähen und Reiten. Flacca möchte Militärgeschichte und Politik studieren. Ihr Ehrgeiz zielt dahin, in ihrem eigenen Land in die Politik zu gehen, und sie gibt zu, daß ihre politischen Überzeugungen rechtsorientiert sind.

ROSE

Rose hat gerade ihr Studium während einer dreijährigen Haftstrafe für Unterschlagung abgeschlossen. Rose ist siebenundvierzig, verheiratet, sie hat keine Kinder. Im Interview gab Rose an, daß sie ins Gefängnis ging, um ihren Mann zu schützen. Ihr Hobby ist es, ausländischen Studenten Englischunterricht zu geben, und sie arbeitet als Schwesternhelferin in einem Pflegeheim. Rose möchte einen weiteren Abschluß in Englisch machen.

CLAUDE

Claude ist ein sechsundzwanzigjähriger Franzose, der zur Zeit mit Jean-Luc, einem sechsundfünfzigjährigen pensionierten Lehrer, in London in einer festen Beziehung zusammenlebt. Claude hat die letzten vier Jahre damit verbracht, die nötigen Qualifikationen für die Collegebewerbung zu erlangen, und möchte Theologie studieren, um später Priester zu werden. Seine Hobbys sind der Haushalt und Kochen. Claude unterstützt mit Nachtschichtarbeit in einer Fabrik seine alte Mutter in Frankreich.

MAUREEN

Maureen ist eine fünfundvierzigjährige Lehrerin, die Mathematik studieren möchte. Maureen hat zwei erwachsene Töchter und wollte keine Fragen nach persönlichen Dingen beantworten. Die Aufzeichnungen der Interviewer besagen, daß sie ruhig und zurückhaltend ist, etwas intolerant gegenüber anderen. Sie ist hochintelligent und kann sich gut ausdrücken. Zur Zeit unterrichtet sie neun- bis zehnjährige Schüler in Mathematik und möchte dies auch weiterhin tun.

BAZ

Baz ist ein zweiundzwanzigjähriger Australier, der Psychologie studieren möchte. Er ist ledig und wohnt allein in Earl's Court, London. Baz hat ein Buch über die Geschichte des australischen Biers geschrieben und ist der Hohepriester eines der Mondgöttin geweihten Hexenzirkels. Baz wurde kürzlich aus einer ökologischen Pressure-group geworfen, nachdem er sich bei Gemeindewahlen für die Dezimierung des Regenwaldes einsetzte, weil dadurch mehr Raum für das Anpflanzen von Cannabis geschaffen würde, das seiner Meinung nach legalisiert werden sollte. Baz ist Mitglied bei MENSA und hat einen IQ von 148.

ZARA
Zara ist eine sechsundzwanzigjährige Bankfachfrau, die sich für Betriebswirtschaft mit Schwerpunkt Finanzwesen beworben hat. Zara ist ehemalige Vorsitzende der Young Conservatives beim London Students Branch. Ihre Hobbys sind Politik, Cricket und Autorennen. Zur Zeit lebt sie mit dem Direktor einer Handelsbank zusammen und ist im vierten Monat schwanger. Zara spricht vier Sprachen und ist Mitinhaberin einer Weinbar in Chelsea. Sie arbeitet als Beraterin in einem Zentrum für Alkoholiker.

Die Rolle des Kursleiters besteht darin, auf die Werte und Vorurteile, die bei dem Auswahlvorgang zutagetreten, aufmerksam zu machen. Aus Erfahrung kann man sagen, daß bestimmte Teammitglieder die »traditionellen« Werte vertreten und alle verurteilen, die Drogen genommen haben, uneheliche Kinder haben usw. Genauso wird es Teilnehmer geben, die glauben, daß sie ihre Aufgeklärtheit beweisen, wenn sie absichtlich eben diese Kandidaten auswählen. Beiden Polen des Spektrums muß erklärt werden, daß sie von Vorurteilen gelenkt werden und auf Stereotype (was die Beispiele ganz offensichtlich sind!) reagieren, ihre Entscheidungsfindung also von ihren eigenen Erfahrungen und Überzeugungen bestimmt wird.

8. Die Übernahme von Teambildungsmethoden aus anderen Gebieten

»Gut können wir etwas nur machen, wenn wir nicht mehr darüber nachdenken, wie wir es machen.«
William Hazlitt

In einer der Managementtheorien wird davon ausgegangen, daß mehr Zeit für richtige Arbeit bleibt, wenn weniger Zeit mit »Spielen« verbracht wird. Tatsächlich wird in der Geschäftswelt nur wenig Zeit für Spielen oder, wie wir es nennen, für Proben gelassen. Je mehr Zeit man darauf verwendet, das Team aufzubauen, desto effektiver wird es dann seine für Arbeit bestimmte Zeit nutzen. Vielleicht steht ihm dafür weniger Zeit zur Verfügung, es wird aber in dieser Zeit mehr produzieren.
Die Zeit, die im Geschäftsleben für Proben aufgewendet wird – wenn z. B. eine nur halbstündige Einweisung für eine Sitzung zu einem wichtigen Vertrag genügen soll –, steht in keinem Verhältnis zu der Zeit, die in den darstellenden Künsten eingeplant wird, wo es nicht ungewöhnlich ist, drei Wochen lang für eine einzige Aufführung zu proben. Nichtsdestoweniger ist das Proben und Üben die Grundlage für die Arbeit eines Blitzaktionsteams, das eine Aufgabe effektiv und schnell erledigen muß.
Teamführer und Managementausbilder haben schon lange erkannt, daß die Beziehung zwischen Teammitgliedern zu einem nicht geringen Teil auf dem Aufbau von Vertrauen gründet. Bis zu einem gewissen Grad wurde die Vertrau-

ensbildung oft sich selbst überlassen, da dafür ja genug Zeit vorhanden zu sein schien. Wo ein Team auf viele Jahre zusammenarbeitete, konnte sich das Vertrauen mehr oder weniger planlos entwickeln, während das Team die Phasen »**AUF DIE PLÄTZE – FERTIG – LOS!**« durchlief.
In der modernen Geschäftswelt müssen Unternehmensentscheidungen jedoch vorrangig in einem Klima ständigen Wechsels getroffen werden, und die Mehrzahl von direkt agierenden Teams sind Blitzaktionsteams oder Korrektivteams, die zur Bewältigung eines unmittelbaren Problems gebildet wurden. Deswegen müssen auch die Phasen »**AUF DIE PLÄTZE**« und »**FERTIG**« schnell durchlaufen werden, so daß das Team sofort loslegen kann. Damit ist für Teamausbilder, die mit den Bedürfnissen von direkt agierenden Teams zurechtkommen müssen, ein Problem entstanden.
Wir sind die Vorreiter einer revolutionären Art von Managementausbildung, wo ein enges Zusammenspiel zwischen der Geschäftswelt und Mitgliedern der darstellenden Künste stattfindet. Dies hat sich als eine bemerkenswert erfolgreiche Partnerschaft herausgestellt. Das läßt sich schnell erklären: Schauspieler als Gruppe, insbesondere Theaterdarsteller, kennen die Probleme, die bei einer zusammengewürfelten Gruppe von Individuen entstehen – und Individualität ist ja einer der wichtigsten Bestandteile ihres Charakters. Dennoch müssen sie schnell zu einer Gruppe, einer Theatertruppe, zusammenwachsen, mit einem gemeinsamem Ziel vor Augen, dieses Ziel gut erreichen und dennoch imstande sein, sich aufzulösen, woanders hinzugehen und sich zu neuen Teams zusammenzufügen. Kurz gesagt, sie zeigen schon all die Attribute, die Blitzaktions- und Korrektivteams brauchen.
Das Problem für Ausbilder bestand nun darin, die Welt der

Geschäfte und die Welt der Künstler in Einklang zu bringen. In Wirklichkeit war das weitaus einfacher als angenommen, da die althergebrachten Muster bereits seit einiger Zeit aufzubrechen begannen. In der Geschäftswelt hatte man schon lange erkannt, daß die Geschäftsleute mit dem größten Unternehmergeist keine gesetzten, konservativen Roboter waren, die, koste es, was es wolle, auf Profit zielten und noch ganz dem 18. Jahrhundert verwachsen waren. Viele der heutigen Geschäftsleute beweisen die Art von Kreativität und Einfallsreichtum, die eigentlich in der Schauspielerbranche oft verzweifelt gesucht wird: Dabei fällt einem sofort Sir John Harvey Jones ein. Auf der anderen Seite wurde die Schauspielerbranche nicht mehr als eine Ansammlung von versponnenen, weltfremden Leuten angesehen, und sie war es ja tatsächlich nicht mehr. Als Selbständige waren sie Geschäftsleute, und einige schlugen sich dabei bemerkenswert und mit geschäftstüchtiger Effizienz. Auf ihre eigenen Umstände wandten sie die Geschäftsprinzipien von Rentabilität und Profit an, verbunden mit ihrer eigenen kreativen Energie.

Wir konnten gar nicht umhin, die Kombination dieser zwei in der Fortbildung einzuführen; der offensichtlichste Vorteil findet sich vielleicht bei der Fähigkeit, sich zu präsentieren oder darzustellen. Dort umfaßten unsere Kurse sowohl die technischen Fertigkeiten des Präsentierens als auch die schauspielerischen Fertigkeiten des Darstellens. Bei der geschäftsbezogenen Fortbildung, z. B. dem Einflußnehmen und Berichtschreiben, stammen die Richtlinien aus der Geschäftswelt, während die Schauspielerei viel von dem Einfallsreichtum und der Kreativität beigesteuert hat, welche Effektivität erst möglich machen.

In der Teambildung verbinden sich die Energien mehr als je zuvor. Viele der Teambildungsfertigkeiten, die in der

Geschäftswelt entstehen, sind in anderen Kapiteln behandelt worden. Die Fertigkeiten zur Schaffung einer Vertrauensbasis kommen hauptsächlich aus den darstellenden Künsten, und einige dieser Methoden werden unten beschrieben.

Die Grundregeln festlegen

In jeder Fortbildungssitzung, wo persönliche Dinge wie Vertrauen zwischen einzelnen behandelt werden sollen, müssen klare Grundregeln gelten. Erstens: Da die Teilnehmer über ihr Innerstes sprechen, Intimes enthüllen werden, muß von Anfang an deutlich gemacht werden, daß jegliche Information streng vertraulich behandelt wird. Dies ist schon wichtig genug, wenn die Teilnehmer, vielleicht bei allgemeinen Fortbildungskursen, sich nicht kennen, wieviel mehr noch innerhalb eines Unternehmens, wo jeder jeden kennt. Am Ende des Tages werden alle Teilnehmer etwas von sich in den Kurs eingebracht haben und daher alle gleich verwundbar sein; folglich wird dieses Vertrauen fast nie hintergangen. Wer das Vertrauen bricht, schneidet sich ins eigene Fleisch, denn seine Einstellung wird sich im Unternehmen schnell herumsprechen.
Zweitens: Es darf keine Kritik geben, weder offene noch versteckte. Man erwartet von den Teilnehmern, daß sie über sehr persönliche Dinge reden, die möglicherweise gegen bestimmte gesellschaftliche Konventionen verstoßen. Die Grundregeln müssen festlegen, daß niemand Enthüllungen dieser Art direkt oder durch Gestik und Mimik angreift oder in Frage stellt. Auch dies wird von

den Teilnehmern normalerweise akzeptiert, vorausgesetzt, der Ausbildungsleiter ist darin ausgebildet, anderen ihre Befangenheit zu nehmen. Es sollte erwähnt werden, daß zu diesem Zweck meistens ein externer, neutraler Ausbilder hinzugezogen wird, jedoch auch der Teamführer der Aufgabe nachkommen kann. Wenn das unvermeidlich ist, gibt der Teamführer am besten zunächst etwas über sich preis, wie er es dann auch von den anderen erwartet; ein solches Führungsverhalten führt fast immer zum Erfolg.

Blickkontakt

Viele Menschen in einer Gruppe bauen vor allem bei ihrem ersten Zusammentreffen eine Barriere auf, indem sie den Blickkontakt mit anderen vermeiden. Die Gruppe sollte dazu ermutigt werden, einen Kreis zu bilden, und jeder sollte mit jedem in diesem Kreis direkten Blickkontakt aufnehmen, mit einem nach dem anderen in beliebiger Reihenfolge. Der Blickkontakt sollte ungefähr eine Minute dauern, woraufhin die Person danke sagen und zur nächsten Person weitergehen sollte. Die Kontakte sollten von beiden Seiten ausgehen, was leicht zu machen ist, da alle im Kreis ja Blickkontakt miteinander suchen. Es wird einige Minuten dauern, bis jeder mit jedem Blickkontakt hatte, aber damit ist ein erster Schritt zur Vertrautheit gemacht, was für eine Sitzung dieser Art unverzichtbar ist.

Das traumatischste oder schlimmste Erlebnis

Nacheinander wird jeder gebeten, der Gruppe in allen Einzelheiten das traumatischste oder schlimmste Erlebnis in seinem Leben zu beschreiben, wobei der Teamführer den Anfang machen sollte. Es mag auf kaltem Schwarzweiß unwahrscheinlich erscheinen, daß jemand diese persönlichen Informationen preisgibt. In Wirklichkeit sieht es nach unseren Erfahrungen in Workshops eher so aus, daß viele Menschen im Grunde jemanden zum Zuhören suchen, vorausgesetzt, die obigen beiden Regeln wurden durchgesetzt. Zu den immer wiederkehrenden Enthüllungen gehören Unfälle, die bei den Betroffenen Angst und Panik auslösten, wofür sie sich dann schämten (in einem Fall beschrieb eine Frau, wie sie auf einer Kanuexpedition war und aus heftigen Strudeln gerettet werden mußte, wobei sie um Haaresbreite ihr Leben verlor), aber in manchen Fällen kommt auch Außergewöhnliches zur Sprache. Ein Mann erzählte in einem von den Autoren geleiteten Kurs in allen Einzelheiten von dem Tag, an dem er entdeckte, daß er schwer krebskrank war und seine Überlebenschancen von mehr als ein paar Jahren zum Zeitpunkt des Kurses sehr schlecht standen. Wir hörten auch von einer Frau, keiner Teilnehmerin an unseren Kursen, die anscheinend zum ersten Mal über eine Abtreibung sprach, nachdem sie sich zuvor niemandem hatte anvertrauen können.

Das Material, d. h. die Enthüllungen, ist bei diesen Sitzungen natürlich nicht das Wichtige, sondern die Verwundbarkeit, indem man andere an einem Geheimnis teilhaben läßt und damit das Zusammenwachsen der Gruppe in Gang setzt. Der erste Schritt zu einer richtigen Freundschaft wird mit dem Austausch und Teilen von Verwundbarkeiten getan. Der Prozeß soll nicht Schwächen aufzeigen, die bei anderen Mitleid auslösen; die Verwundbarkeit ist die Verwundbarkeit in einem selbst. Die Ehrlichkeit, mit der man anderen etwas von sich preisgibt, löst bei diesen die Bereitschaft aus, das gleiche zu tun. Wichtig ist, was jemand gibt, nicht, was andere nehmen; sie lassen einige Barrieren um sich fallen und die Freundschaft herein und merken, daß ihnen Ängste genommen werden. Die meisten Barrieren werden aus Angst vor der Mißbilligung anderer aufgebaut; wenn sie jedoch in einer Atmosphäre von Ehrlichkeit abgebaut werden, wird diese Offenheit nur selten von anderen ausgenutzt. Wer dies täte, würde sich die Mißbilligung der anderen zuziehen und im Grunde bei sich einen unzulänglichen Charakterzug entdecken, seinerseits eine Barriere, die niedergerissen werden muß.

Ihr schönstes Erlebnis

Genau wie oben werden alle Teilnehmer gebeten, das aufregendste Erlebnis oder den schönsten Erfolg ihres Lebens zu schildern. Es ist ein ähnlicher Verlauf, und wieder sind die Gefühle der Person bei ihrer Enthüllung wichtiger als die Gefühle der Zuhörer. Es ist tatsächlich sehr schwierig, ein schönes Erlebnis zu beschreiben, ohne zu sehr anzugeben oder übertriebenen Stolz zu zeigen, und es kann nur gelingen, wenn eine Vertrauensbasis geschaffen ist. Freunde können z. B. über Erfolge reden, ohne sich gegenseitig in Verlegenheit zu bringen, während unter Leuten, die weniger eng verbunden sind, eher eine gewisse Bescheidenheit vorherrscht. Dieser Teil der Sitzung soll dazu ermutigen, das in vorherigen Sitzungen geschaffene Vertrauen als Basis zu nutzen, um den Teilnehmern zu zeigen, wie man seine größten Erlebnisse schildert, ohne gleich in Angeberei und Prahlerei zu verfallen. Dies ist oft schwerer als das Schildern eines schlimmen Erlebnisses, und viele Teilnehmer lernen hier mehr über sich selbst als vorher. Allgemein gilt, daß während dieser Sitzungen ein Gefühl der Kameradschaft und des humorvollen Verständnisses aufgebaut wird, was schließlich eine Voraussetzung für Freundschaft ist.

Der Zauberstuhl

Die Teammitglieder sitzen nacheinander im »Zauberstuhl«, mit dem Gesicht zu den anderen, die in einem Halbkreis sitzen. Die Teammitglieder sollen dann soviel Lobendes über die Person im Zauberstuhl sagen, wie sie können. Sie dürfen nichts kritisieren, nur loben. Sie können darauf eingehen, wie gut jemand aussieht, wie intelligent, gut angezogen jemand ist, oder einfach irgendeinen positiven Aspekt der Person hervorheben, den sie erkannt haben. Als Regel gilt, daß das Lob aufrichtig sein muß.

Im Anschluß an diese Sitzung wird die Person im Zauberstuhl gefragt, wie sie sich bei dem Lob fühlte, das sie empfangen hat.

Die Ergebnisse sind aufschlußreich; besonders in der Geschäftswelt werden die Leute so oft mit falschem Lob konfrontiert, daß es ihnen schwerfällt, echtes Lob entgegenzunehmen. Wenn man bedenkt, daß Kommunikation zu zwanzig Prozent verbal und zu achtzig Prozent nonverbal ist, können sie gewöhnlich die Falschheit durchschauen, aber diese Falschheit ist schon fast zur Norm geworden. Im Zauberstuhl erhält jeder Lob, von dem er weiß, daß es echt ist, und es ist erstaunlich, wie die Barrieren fallen, wenn jemand die Angst davor verliert, falsches Lob zu hören, und lernt, sich über echtes Lob zu freuen. Wenn die Mitglieder der Gruppe von ihren Gefühlen berichten, sagen sie oft: »Während ich dasaß, habe ich viel über mich gelernt« oder ähnliches, und fügen oft noch hinzu, daß sie nach ein, zwei Sitzungen dieser Art imstande sein würden, Lob entgegenzunehmen, ohne verlegen zu werden, und auch Lob auszusprechen, ohne verlegen zu werden, was ebenso wichtig ist.

Eine positive Aussage machen

Jeder wird gebeten, sich vor die Gruppe zu stellen und eine dramatische oder positive Aussage zu sich selbst abzugeben. Diese Aussage sollte verbal und nonverbal sein; jemand könnte z. B. laut verkünden: »Ich bin eine phantastische Verkäuferin.« Oder: »Ich werde meinen nächsten Auftrag besonders gut erledigen.« Jedesmal könnten sie ihre Aussage mit einer Geste wie dem Ausholen der Arme oder Zurückwerfen des Kopfes usw. begleiten. Normalerweise machen wir das nicht, obwohl wir uns manchmal danach fühlen. Wenn man anderen Einblick in sein Innerstes gibt, zeigt das wieder die Bereitschaft, Verwundbarkeit mit anderen zu teilen, die dies auch erwidern werden.

Theaterspielen

Bei einer weiteren, von uns meistens in fortgeschrittenen Teambildungskursen verwandten Methode besteht das Ziel der Übung darin, daß einzelne Abteilungen des Teams eine fünfminütige Aufführung auf die Beine stellen und mit Schwung und Elan dem Publikum, d. h. dem Rest des Teams, präsentieren. (Bei kleinen Gruppen sollte man unbedingt mit Video arbeiten.) Der Übungsleiter weist einer Abteilung autokratisch den Titel des Stücks zu, das aufgeführt werden soll; das kann etwas Abstraktes sein wie »Einen Obstgarten darstellen« oder etwas Konkretes wie »Die Landung in der Normandie«. Die Teilnehmer sollen nur erkennen, daß es möglich ist, *ad hoc* ein Team zu bilden, und daß diese Erkenntnisse auf ihre spätere Arbeit eine ungeheure Auswirkung haben können.

Zungenbrecher

Jeder erhält ein Blatt mit drei oder vier Zungenbrechern, die er den anderen Teammitgliedern laut vorlesen muß. Das löst meistens einige Heiterkeit aus und schafft eine kameradschaftliche Atmosphäre, die wesentlich zum Abbau der Barrieren zwischen den Menschen beiträgt. Um die Heiterkeit noch zu erhöhen, könnte der Teamführer oder der Übungsleiter jemanden darum bitten, einen bestimmten Zungenbrecher mit verschiedenen Akzenten vorzutragen. Das Lachen *mit*einander – statt *über*einander – zu lernen, ist eine grundlegende Übung für das Aufbauen von

Vertrauen, und dafür eignet sich diese Methode besonders gut.

Diese Methoden funktionieren! Über eine Reihe von Jahren stellten wir fest, daß das Engagement bei diesen Kursen nachweislich stärker ausgeprägt war als bei einigen unserer Kurse, die sich auf Fachspezifisches konzentrierten. Zur Zeit bauen wir diese Techniken für eine Londoner Finanzgesellschaft weiter aus und auch für eine kundenorientierte Handelsfirma, aufbauend auf ihrer Arbeit in der Schwerindustrie. Daraus entstand die Nachfrage von Kursteilnehmern nach weiterführenden Veranstaltungen mit denselben Teams. Das kam für uns nicht überraschend, da schon bei anderen Kursen dieser Art die Teilnehmer unbefriedigt, ja unzufrieden waren, wenn der Kurs beendet war. Das lag nicht nur am Inhalt und den entstandenen Interaktionen, sondern auch daran, daß die Teilnehmer Freundschaften geschlossen hatten, d. h. ein Arbeitsteam geworden waren. Daraus läßt sich mit viel Zeit und Erfahrung lernen, daß diese Leute sich nun weitaus selbstbewußter mit anderen zu einem Team formen und sogar selbst als Übungsleiter fungieren werden und ihre Teams mit einigen der Teambildungsmerkmale aus dem außergeschäftlichen Umfeld, die wir oben vorgestellt haben, bekannt machen werden.

Eine letzte Warnung. Das alte Klischee von den Themen, die vermieden werden sollten, nämlich Sex, Religion und Politik, gilt auch hier, bei den Enthüllungen; bei diesen Themen tritt oft eine Diskussion des Inhalts an die Stelle des Prozesses. Auch fällt offene oder versteckte Kritik oft schwer. Nahezu jedes andere Thema bietet weniger Anlaß zu Kontroversen. Ein sehr guter Ausbilder könnte eines der drei Themen vielleicht absichtlich zur Debatte stellen, aber für einen weniger erfahrenen Trainer wäre es gefährlich, und die Mühen würden sich am Schluß nicht auszahlen.

9. Teamkommunikation

> »Ich weiß, du denkst, du hast verstanden, was du glaubst, daß ich gesagt habe, aber ich bin mir nicht sicher, ob du merkst, daß das, was du gehört hast, nicht das ist, was ich gemeint habe.«
>
> *Anonym*

In den achtziger Jahren arbeitete einer der Autoren auf einer Nordsee-Bohrinsel zweihundert Meilen nördlich von Aberdeen. Eine der Geschichten, die dort in Umlauf waren, wurde von dem Teamführer einer Bohrmannschaft erzählt und handelte von Kommunikation. Bohrmannschaften sind hochmotivierte Teams, die ihr Können im Kampf mit dem Wetter und der Geologie einsetzen. Sie geben ihr Bestes und wollen ihren Job gut erledigen. In dieser Geschichte stieß die Bohrmannschaft das Rohr so weit wie möglich in den Grund der Nordsee. Ein Maschinenteil ging zu Bruch, und im Lager war das Ersatzteil nicht vorhanden, was eine Unterbrechung der Bohrungen bedeutete. Das Problem wurde an den Off-shore-Installationsmanager, den »Boß« der Bohrinsel, weitergegeben. Sofort lokalisierte er mit Hilfe seiner Satellitenverbindung ein Ersatzteil in einem der Lagerhäuser der Firma in Louisiana, USA. Ein Jet wurde gechartert, um das Teil nach New York zu fliegen, wo ein weiteres Flugzeug für die Überbringung nach Aberdeen gechartert wurde. Vom Flughafen Aberdeen wurde das Maschinenteil per Hubschrauber zur Bohrinsel gebracht. Das ganze Unternehmen war in weniger als vierundzwanzig Stunden abgeschlossen, und der Off-shore-Manager war stolz auf sein Kommunikationssystem und die Blitzaktion, durch die die Bohrungen so schnell wiederaufgenommen werden konnten. Drei Tage später, nach der Ablösung der Mannschaft, erfuhr er, daß ein solches Ersatzteil im Lager in Aberdeen vorhanden war. Tausende von Pfund waren für etwas hinausgeworfen worden, das zunächst wie ein guter Informationsfluß und gute Kommunikation aussah.

Unendlich viele Bücher sind geschrieben worden, Artikel erscheinen jeden Tag, Vorträge, Seminare und Managementspiele werden in der Telekommunikation veranstaltet, und trotzdem machen wir es immer noch nicht richtig. Woran liegt das? Die für Blitzaktionskommunikation nötige Technologie ist eigentlich da. Diese Informationssysteme funktionieren selbst unter extremen Bedingungen. Während des Golfkrieges erhielten wir immer noch telephonische Nachrichten aus dem besetzten Kuwait, während die Regierung unseren Informationsfluß aus Sicherheitsgründen beschränkt hatte. Es geht hier darum, daß wir, obwohl wir gut im Erstellen von technischen Kommunikationssystemen und bei der Einweisung in die Bedienung sind, weniger genau wissen, welche Informationen wir für die Erledigung einer Aufgabe brauchen. Wir bilden Leute normalerweise nur darin aus, wie man die moderne Technologie benutzt, aber nicht, wie man sie in der Praxis anwendet. Oft haben wir die falsche Anwendung von moderner Informationstechnik gesehen, eine Folge von fehlender Planung und mangelndem Nachdenken über das Problem; am häufigsten passiert das bei der Benutzung des elektronischen Postsystems. Die elektronische Post wird immer häufiger in unseren Betrieben installiert; dabei wird nur die Bedienung erläutert, nicht jedoch, was man als Empfänger beachten sollte. Ein Angehöriger des mittleren Managements gab entnervt zu, daß ihm vor dem Urlaub grauste, weil bei der Rückkehr sein Terminal vollgestopft sei mit elektronischer Post; manchmal dauere es Wochen, bis er sie erledigt habe, nicht berücksichtigt die unerwünschten Nonsens-Nachrichten, an der viele im britischen Management ihren Spaß zu haben scheinen.

> »›Aus den Augen, aus dem Sinn‹ wurde (per Computer) ins Russische und dann wieder zurückübersetzt; heraus kam: ›Unsichtbarer Wahnsinniger‹.«
>
> *Arthur Calder-Marshal*

Wenn ein Team effektiv funktionieren soll, muß es schnelle und exakte Informationen erhalten, auf die es sich verlassen und nach denen es handeln kann. In vielen Unternehmen kastrieren wir das Management jedoch durch Informationsüberfluß. Der Spruch: »Je mehr Information, desto unwahrscheinlicher eine schnelle Entscheidung oder überhaupt eine Entscheidung« ist nur zu wahr. Jeder Manager wird Geschichten von Entscheidungen wissen, die auf sehr wenig Information basierten, aber oft große Auswirkungen im Unternehmen hatten. In diesem Fall muß der Manager Management und unternehmerische Phantasie beweisen, anstatt sich durch einen Wust von Computerausdrucken von Fakten, Wahrscheinlichkeiten, Abweichungen usw. zu pflügen. Auf die Teamarbeit bezogen bedeutet ein Informationsüberfluß, daß zwei Dinge passieren können.
Erstens: Das Team verbringt die meiste Arbeitszeit damit, Informationen durchzukämmen und um klärende und unterstützende Fakten, Beweise und ein nochmaliges Prüfen der Information zu bitten, so daß die meisten, wenn nicht

alle Energien des Teams in das Interpretieren, Sichten und Weitergeben von Daten gesteckt werden.
Zweitens: Das Team verspielt eben das Zusammenwirken und die radikale Denkweise, für die es gegründet wurde. Einfach gesagt, die Teammitglieder werden von der Information erschlagen und bei Entscheidungsfindungen übervorsichtig.
Wie kann also der Teamführer seinem Team dabei helfen, mit der Information umzugehen und sie richtig einzusetzen? Zunächst müssen wir Grundlegendes regeln und festlegen, was wir mit Informationsfluß und Kommunikation meinen.
Die meisten unserer Unternehmen sind militärisch strukturiert, mit dem Anführer an der Spitze und den Kriegern darunter. Es gibt historische Gründe dafür: Als sich das Geschäftsleben entwickelte, gab es nur eine einzige Struktur, an die man sich halten konnte und die nachgeahmt wurde, nämlich die der katholischen Kirche. Die wiederum hatte ihre Strukturen der Organisation der römischen Legionen abgeschaut. Das Bedürfnis nach Kontrolle, Ordnung und Disziplin führte dazu, daß die Organisationen militärisch geprägte Kommunikationssysteme übernahmen. Der General gibt einen Befehl, und die Truppen rücken vor. Diese vertikale Kommunikationsmethode findet sich noch in sehr vielen unserer Unternehmen. Tom Peters plädiert in *Kreatives Chaos* dafür, daß wir auch die horizontale Kommunikation stärken müssen. Horizontaler und vertikaler Informationsfluß, Kommunikation, muß frei und ungehindert sein. Aber wie können wir das erreichen? Nach unseren Erfahrungen ist dies nur mit einer völligen Veränderung der Unternehmenskultur allgemein und der Kommunikationssysteme im besonderen möglich.

Unserer Meinung nach brauchen erfolgreiche Unternehmen auch erfolgreiche Kommunikationssysteme, und sie brauchen eine Kultur, in der auf den bestehenden Systemen aufgebaut werden kann. Gibt es also allgemeingültige Regeln für alle Unternehmen, die den Informationsfluß und die Kommunikation in und zwischen ihren Teams verbessern möchten? Wahrscheinlich nicht, aber nach unseren Erfahrungen muß ein bestimmtes Verhalten sichtbar sein, damit die Kommunikation so weit reift, wie es für das Funktionieren unserer Unternehmen in einer zunehmend chaotischen Welt nötig ist.

- Der Teamführer muß im Umgang mit dem Team oder Dritten den Ruf eines ehrlichen und integren Menschen haben.
- Dem Teamführer müssen von der Unternehmensleitung klare und leicht vermittelbare Vorgaben bezüglich der Aufgabe gegeben und die Gründe dafür genannt werden.
- Das Team muß die jetzigen Systeme im Unternehmen durchschauen und wissen, wie verläßlich sie sind, damit es den Informationsfluß um die Fehlerpunkte herumführen kann.
- Das Team und sein Teamführer müssen mit den anderen Teams im Unternehmen auf einer Basis des Respekts und Vertrauens verkehren, damit Energien auf Probleme konzentriert werden und nicht darauf, sich gegenseitig auszustechen.
- Die Teams müssen zu jeder Zeit Professionalität und Sorgfaltspflicht im Umgang mit anderen Teams im Unternehmen zeigen. Zu Professionalität gehören auch eine feste Haltung und die Verfügbarkeit von Informationen.

- Die Teams sollten sich Tom Peters' Idee des »Management durch Bewegung« zu eigen machen. Die Zunahme des *Ad-hoc*-Informationsflusses und von inoffiziellen Kommunikationswegen wird durch die Mobilität der Teams und ihrer Leiter noch verstärkt. Dies kann auch zum Einrichten inoffizieller Netzwerkinformationswege führen.

Die Unternehmensleitung muß die Belegschaft wie erwachsene und verantwortliche Menschen behandeln, die nicht nur gute Nachrichten wollen, sondern auch schlechte Neuigkeiten verkraften können. Wir müssen unsere Teams auf allen Ebenen des Unternehmens unterweisen und ermutigen, mit Kommunikation umzugehen und sie sich zugänglich zu machen, und wir müssen alle ermächtigen, sich die für die Erledigung der Aufgabe nötigen Informationen zu beschaffen.

In einem der Unternehmen, mit denen wir arbeiten, hat ein fortschrittlicher Manager Prahlereisitzungen für Teamführer eingeführt. Teamführer müssen sich vor der gesamten Abteilung aufstellen und fünf Minuten lang prahlen mit allen Erfolgen und allem Positiven, das ihre Teams seit der letzten Sitzung vollbracht haben. Dies ist ein hervorragendes Beispiel für horizontale Kommunikation und für viele vielleicht ein wenig unbritisch, aber es funktioniert; nach anfänglicher Scheu freuen sich die Teamführer darauf, das Lob ihres Teams zu singen und etwas für die Kommunikation in dieser Abteilung zu tun.

Bevor Teamführer sich mit ihren Teams in Verbindung setzen, mit ihnen kommunizieren, sollten sie sich sechs Schlüsselfragen stellen.

- Was beabsichtige ich zu sagen oder zu schreiben?

- Was schreibe oder sage ich dann tatsächlich, manchmal entgegen allen guten Absichten?
- Was möchte ich eigentlich ausdrücken? (Welche Reaktionen wird das von mir Gesagte oder Geschriebene auf das Team haben?)
- Was erwartet mein Team zu hören oder zu lesen?
- Was werden die einzelnen Teammitglieder denn wirklich lesen oder hören, ungeachtet dessen, was zuweilen geschrieben oder gesagt wird?
- Was wird das Team bei dem, was es liest oder hört, empfinden?

Die Aufgabe des Teamführers ist eine dreifache:
1. das, was ihm wichtig ist, so zu übersetzen, daß es für das Team akzeptabel ist; wenn es nicht akzeptabel ist, wird die Kommunikation zurückgewiesen;
2. das, was ihm wichtig ist, so zu übersetzen, daß es dem Team sinnvoll erscheint und nicht nur dem Sender;
3. das, was dem Sender wichtig ist, so zu übersetzen, daß es die gewünschte Wirkung auf das Team hat.

Es muß also bedacht werden, daß das Team die Art von Kommunikation diktiert, auf die es positiv reagiert.
Das Team bestimmt Quantität und Qualität sowie die Art der Kommunikation. Teamführer, die davon reden, daß sie den großen Überblick über die Aufgabe haben und die erforderlichen Informationen bestimmen, simplifizieren zu sehr. Wenn sie die Information vorbestimmen, dann kann das Team höchstens Entscheidungen auf der Grundlage von angeforderten Informationen treffen. Im anderen Extremfall wird das Team mit unbegrenzter Information zugedeckt, kann dann aber nicht mehr effektiv arbeiten, wie wir schon gezeigt haben.

Gibt es also einen pragmatischen Kompromiß? Nach unseren Erfahrungen eigentlich nicht, denn nur die Hälfte der richtigen Information zu besitzen ist noch schlimmer als die oben ausgemalten Szenarios. Wir behaupten nicht, eine Lösung gefunden zu haben, aber wir gehen das Problem aus einer anderen Richtung an. Nahezu alle Informationen, die das Team erhält, liegen in schriftlicher Form vor, und das Team wiederum gibt Informationen auch schriftlich weiter. Warum verlagern wir das Gewicht nicht von schriftlicher auf mündliche Kommunikation, unterstützt vielleicht von Anschauungsmaterial, wobei wenigstens die Möglichkeit gegeben wird, Fragen an den Vortragenden zu richten.

Vor einigen Jahren mußte einer von uns als Berater bei einer entsetzlich langweiligen Nachbesprechung, die einen technischen Defekt betraf, ausharren. Während der Darlegung durch einen erfahrenen Ingenieur wurden Kopien von Zeichnungen ausgeteilt, die das Maschinenteil vor und nach dem Vorfall zeigten. Das betriebsinterne Zeichenbüro hatte ausgezeichnete Arbeit geleistet, und jeder war ungeheuer beeindruckt, mit zwei Ausnahmen. Als man unser Stirnrunzeln sah, wurden wir um unseren Kommentar gebeten; wir fragten: »Hätten uns nicht einige Polaroidaufnahmen eine bessere Vorstellung davon gegeben, was passiert war?«

In einem anderen großen Industrieunternehmen im Norden Englands versucht einer der Geschäftsführer, Management durch Bewegung in seinem Betrieb wieder einzuführen. Er besteht darauf, daß alle seine Teamführer mindestens einmal pro Tag »ihr Revier abgehen«, um zu sehen, wie alles läuft, anstatt die Information nur schriftlich oder mündlich bei den anderen abzurufen.

Die Kommunikationssysteme eines Unternehmens sollen

also nicht bis in alle Ewigkeit unumstößlich festgelegt werden. Teamführer und Team müssen bestimmen, was zu welcher Gelegenheit das richtige ist. Ein Personalchef, der monatliche Berichte durch fünfminütige Vorträge ersetzt, hat begriffen, worauf es ankommt, denn er kann den Grad von Engagement und der Setzung von Prioritäten leichter anhand der Körpersprache erkennen als durch das nackte geschriebene Wort.

Eine weitere interessante Beobachtung der Teamentwicklung haben wir gemacht, wenn das Team bei bestimmten Problemen nicht weiter weiß und jetzt mehr Information sucht und verlangt. Die Fähigkeit eines Teams, Probleme zu lösen, ist, wie wir gezeigt haben, oft umgekehrt proportional zu der Informationsmenge, die dazu nötig ist.

Vor einigen Jahren arbeitete einer der Autoren in der Zentrale einer nationalen Einzelhandelskette von Juwelieren. Der Chefeinkäufer war damals ein Manager der alten Schule, der ein Computeranalphabet war und ständig Umfang und Komplexität seiner ausgedruckten Warenverzeichnisse beklagte. Er hatte nicht gelernt, die Information für sich und sein Team von Einkäufern zu selektieren. Ein Beispiel als Beweis: Jeden Monat wies er bei seinen Sitzungen zur Bestandsaufnahme gewissenhaft und mit trauerumflorter Stimme darauf hin, daß sich nichts geändert habe an der Zahl der Silberfiguren des Papstes, die noch vom ersten und letzten Besuch des Papstes in Großbritannien übrig waren. Er war nicht bereit, sie als Altwaren einzuschmelzen und dadurch einen Verlust zu machen, aber unter diesen Umständen hätte ein Gesamtwert ausgereicht, an Stelle der Einzelstücke in jeder seiner Verkaufsstellen.

Das Team muß also dahingehend unterwiesen und ermutigt werden, beim Erhalten und Weitergeben von Information alle Sinne einzusetzen. Teammitglieder müssen Management durch Bewegung anwenden und lernen, Berichte mündlich sowie schriftlich abzuliefern. Wo große Mengen von komplexen Daten verarbeitet werden müssen, sollten die Aufgaben der Kommunikation dem Teammitglied übertragen werden, das dafür am besten geeignet ist. Diese Person sollte dann das Team von den Ergebnissen unterrichten und Fragen dazu beantworten.

Der Teamführer hat die Aufgabe sicherzustellen, daß die Kommunikation im Team effektiv ist; es kommt jedoch vor, daß Teamführer genau das Falsche tun. Also bieten wir diesen weniger aufgeklärten Anführern die folgende Anleitung zur Unterdrückung von Kommunikation (aufgeklärte Teamführer werden wissen, wie man mit diesen Regeln umzugehen hat!).

Anleitung zur Unterdrückung von Kommunikation

1. **NICHT** nach dem Prinzip KISS handeln (»Keep it simple, stupid«, d. h. »So einfach wie möglich, du Depp«).
2. **SPRECHEN** Sie wie Juristen und Bürokraten.
3. **NUR** vertikal kommunizieren, die Leiter hinauf.
4. **NUR** Fakten vermitteln, nie Meinungen.
5. **NUR** gute Neuigkeiten vermitteln und daran denken, alles Lob dafür einzustecken.
6. **DELEGIEREN** Sie die Kommunikation von schlechten Neuigkeiten.
7. **WENN MÖGLICH** brieflich, durch Memos usw. kom-

munizieren; **NIEMALS** mündlich, wenn Sie nicht dazu gezwungen sind.

8. **KEINE** feste Zeit für Einsatzbesprechungen des Teams bestimmen.
9. **WEHREN** Sie Verständnisfragen **AB**, indem Sie den Fragesteller herabsetzen.
10. **BEHANDELN** Sie die Teammitglieder, jedesmal wenn Sie mit ihnen zu tun haben, wie unreife Schüler. (Üben Sie ruhig, von oben herab zu sprechen!)
11. **IMMER** taktische Gründe dafür vorschieben, daß Sie sich dem Team gegenüber nicht offen und ehrlich verhalten.
12. **MACHEN** Sie sich über neue Ideen von unten lustig, und zeigen Sie Ihr Mißtrauen.
13. **KRITISIEREN** Sie häufig, und halten Sie sich bei Anerkennung und Lob zurück.
14. **BETRACHTEN** Sie alle Probleme als Mißerfolge, und lassen Sie es nicht zu, daß man Sie auf Probleme aufmerksam macht.
15. **GEBRAUCHEN** Sie IT-(Informationstechnik-)Systeme, behindern Sie den Informationsfluß durch hierarchische Paßwörter.
16. **BETRACHTEN** Sie offene Kommunikation der Unternehmensleitung nach unten als nebensächliches Vergehen.
17. **NEHMEN SIE JEDE GELEGENHEIT WAHR**, sich von den Initiativen des Betriebes zu distanzieren, besonders von denen, die mit Kommunikation zusammenhängen.
18. **WIEDERHOLEN** Sie die innerbetrieblichen Regeln so oft wie möglich, indem Sie das Schwarze Brett benutzen.
19. **REGEN** Sie Abteilungen und Teams dazu an, die Vor-

schläge der anderen in Frage zu stellen und zu kritisieren.

20. **SCHÜREN** Sie in Sitzungen fleißig den internen Machtkampf, und loben Sie den Sieger.

10. Fort- und Weiterbildung

»Fortbildung ist nicht das Ziel, sondern der Weg.«

Wenn Teams ihre Effektivität während ihres Bestehens, das von kurzer oder langer Dauer sein kann, aufrechterhalten wollen, muß den Mitgliedern ständig die Möglichkeit zur Weiterbildung geboten werden, damit sie auf dem laufenden bleiben. Wo Teams für einen längeren oder unbefristeten Zeitraum bestehen, werden regelmäßige Personalwechsel stattfinden; angemessene, strukturierte Fortbildungsmaßnahmen stellen sicher, daß die richtigen Leute zum richtigen Zeitpunkt verfügbar sind. In diesem Kapitel wird dargelegt, wie man ein ordentliches Fortbildungsprogramm aufstellt.
Fortbildung ist nicht das Ziel, sondern der Weg, und wenn sich die Unternehmensleitung diese einfache Philosophie zu eigen machen könnte, wäre das in den meisten Unternehmen das Ende der kurzfristigen Schulungsmaßnahmen. In den meisten britischen Betrieben, in denen wir tätig waren, hat Fortbildung entweder eine interventionalistische Funktion – zur Behebung eines akuten Problems – oder man wählt, so es die Mittel erlauben, den Rundumschlag, wobei alle sich der Fortbildung unterziehen müssen, ob sie sie nun brauchen oder nicht. Schulung wird nahezu immer nach einer Beförderung angesetzt, und aus diesem Grund wird die Teamentwicklung oft durch die Fortbildungsmaßnahmen aufgehalten.

In den meisten Unternehmen vertritt man inzwischen die Auffassung, daß die Menschen das wichtigste Kapital darstellen und man mit ihnen so sorgsam umgehen sollte wie mit richtigem Kapital. Nach unseren Erfahrungen hat die Geschäftsleitung nur wenig Interesse an Fortbildungsmaßnahmen und betrachtet sie nicht als eine strategische Investition. Sie weiß im Grunde nicht, welche Fortbildung in ihrem Unternehmen gebraucht wird und wie ihre Schulungskurse im Vergleich zu denen ihrer Konkurrenten abschneiden.

Unter welcher Bezeichnung die Fortbildungsmaßnahmen laufen, ob Fachschulung, Technologiefortbildung oder Managementtraining, ist unbedeutend; wichtig ist, daß sie alle dasselbe Ziel verfolgen. Fortbildung verhilft allen Beschäftigten dazu, in ihrer jetzigen oder in zukünftigen Stellungen eine angemessene Leistung zu zeigen, fördert die Effektivität des Unternehmens und die Arbeitszufriedenheit des einzelnen. Die Unternehmensführung muß sich klarmachen, daß Fortbildung und persönliche Weiterentwicklung zum Antrieb des Geschäftes beitragen, und sie muß die Verantwortung für die Ausführung, für das Erkennen von Bedürfnissen und die Entwicklung der Menschen durch Fortbildungskurse übernehmen.

Für die Aufstellung eines Fortbildungsprogramms muß der Teamführer als erstes zusammen mit dem Team eine einfache Matrix der Fertigkeiten anfertigen, die für diese Aufgabe gebraucht werden, einschließlich möglicher Projekte in der Zukunft, die das Team erhält oder sich erkämpft. Der Teamführer muß zu diesem Zeitpunkt unbedingt alle Teammitglieder mit einbeziehen, damit sie offen ihre Stärken und Schwächen der Gruppe darbieten können.

Wenn das Idealprofil erstellt ist, wird dieses in einem zweiten Schritt über die Matrix gelegt, die anzeigt, was das Team im Moment bieten kann. Dadurch wird sowohl ein Überschuß als auch ein Mangel an Fertigkeiten, die für dieses Projekt erforderlich sind, zutage treten. An diesem Punkt sollte man sich vielleicht an die Abteilung Fortbildung oder die Personalabteilung wenden, um dort die fehlenden Fertigkeiten zu finden und die Lücken durch Abkommandierung oder Zuwahl zu schließen, wenigstens bis die Fortbildungsbedürfnisse des Teams erfüllt sind und die einzelnen Teammitglieder sich in neue Bereiche eingearbeitet haben. Wir haben festgestellt, daß es am besten ist, die zu einem Team Abkommandierten während ihres Aufenthaltes dort zu internen Ausbildern zu machen.

Der dritte Schritt bei der Feststellung der Fortbildungsbedürfnisse des Teams ist die Untersuchung zur Bedarfseinschätzung, die vom Teamführer in Einzelsitzungen mit den Teammitgliedern durchgeführt werden sollte. Geheimhaltung und Vertraulichkeit sind von äußerster Wichtigkeit, da unter Umständen peinliche Dinge zum Vorschein kommen können. Der Teamführer wird vielleicht erfahren, daß einige Teammitglieder nicht über die für die Kommunikation nötigen Kenntnisse im Lesen und Schreiben verfügen. Anderes, was ans Licht kommen könnte, ist Computeranalphabetentum, Schwächen im Rechnen und den Grundfertigkeiten im eigenen Fachgebiet. Der Teamführer muß dann ein Teamprofil zeichnen, das er mit den jetzigen Stärken und Schwächen der Teammitglieder in den Kernbereichen vergleicht.

Diese können dann mit den internen Ausbildern und/oder dem Linienmanagement oder mit externen Stellen wie Beratern, Colleges, Schulen usw. besprochen werden. Die Schulungsexperten sind nun in der Lage, dem Teamführer zu bestimmten internen und externen Kursen zu raten.

Bevor wir weitergehen, sollten wir wiederholen, was unserer Meinung nach zur Aufgabe des Teamführers gehört. Der Teamführer hat den Rahmen abgesteckt für die potentielle und die jetzige Arbeit des Teams, um herauszufinden, welche Fertigkeiten für eine effektive Erledigung der Aufgabe gebraucht werden. Er hat dies in Zusammenarbeit mit dem Team gemacht. Dann verglichen sie als Team das, wozu sie sich in der Lage fühlten, mit dem, was gebraucht wurde, und stellten dadurch Überschüsse und Lücken im Bereich der Anforderungen fest. Sie beschlossen, die Lücken durch Abkommandierung oder Zuwahl zu füllen, damit das Team effektiv arbeiten konnte. Zur gleichen Zeit ermittelte das Team seine Fortbildungsbedürfnisse, damit die hinzugezogenen Kräfte so schnell wie möglich wieder entlassen werden könnten. Der gesamte Prozeß lief als Teamaufgabe. Die Einzelberatungen dienten dazu, individuelle und persönliche Fortbildungsbedürfnisse näher unter die Lupe zu nehmen. Dann schlugen wir vor, daß der Teamführer sich nach internen und externen Fortbildungsmaßnahmen umschauen sollte, die für sein Team in Frage kämen. Nun kann der Teamführer, im Rahmen der zur Verfügung stehenden Geldmittel, den Fortbildungsplan in die Tat umsetzen.
Wir wollen uns dieses Programm im einzelnen betrachten und einige der Probleme besprechen, die sich für die Teamführer ergeben können.

Den Rahmen für die Arbeit abstecken

Ein Team wird für bestimmte Ziele und Zwecke gebildet; als erstes sollte eine Brainstormingsitzung abgehalten werden, bei der alle Anforderungen für die Erfüllung des

Projektes aufgezählt werden. Mit Hilfe der Brainstormingübung können wir feststellen, was getan werden muß und welche Fertigkeiten für diese Arbeit benötigt werden.
Zu diesem Zeitpunkt kann das Team sich auch auf die für diesen Job erforderlichen Hilfsmittel einigen und die Ausrüstung und anderen Mittel auflisten, die zur Inbesitznahme des Problems nötig sind. Der Plan liegt nun in Umrissen fest, ist aber noch flexibel genug für den nächsten Schritt.

Selbsteinschätzung des Teams

In einer weiteren Brainstormingsitzung wird ermittelt, welche Fähigkeiten das Team sich zutraut, und hier muß der Teamführer seine ganzen Führungsqualitäten einsetzen, um die Begeisterung etwas zu dämpfen. Weil sich auf der ersten Stufe sofort ein Gefühl des Besitzens einstellte, wird das Team die Reihen schließen und schnell zu dem Schluß kommen, daß es über mehr Fertigkeiten verfügt, als es eigentlich der Fall ist. Der Teamführer muß das Können der Teammitglieder in Frage stellen, sie provozieren und auf diese Weise zu der Einsicht bringen, daß sie gar nicht über alle diese Fertigkeiten verfügen; vielmehr sollten sie ehrlich ihre Grenzen aufzeigen und auch über mögliche Unsicherheiten reden.

Teamaufgabe und Fertigkeiten

Der Teamführer kann nun eine offizielle Teamsitzung abhalten, um die Anforderungen dieser Aufgabe mit der Verfügbarkeit von Fertigkeiten im Team zu vergleichen.

Überschüsse und Lücken werden auftauchen. Uns interessieren die Lücken. Erfahrungsgemäß wird das Team in dieser Phase versuchen, die Lücken zu rationalisieren, und einige werden – um das Team vor Außenseitern zu bewahren – sogar sagen, daß sie, auch wenn sie die Fertigkeit nicht beherrschen, sich diese doch schnell aneignen können. Der Teamführer muß diesen Angeboten von Einzelengagement widerstehen und das Team zu der Einsicht bringen, daß es keine Schande ist, Lücken zuzugeben, und man sie tatsächlich als Chance zur Verstärkung des Teams mit den nötigen »Experten« sehen sollte. Das Team wird dies akzeptieren, solange gewährleistet, d. h. in den Teamvertrag aufgenommen wird, daß die Experten nicht nur hinzugezogen werden, um die Lücken zu füllen, sondern auch als Ausbilder für das Team fungieren. In manchen überbesorgten Teams kann es nötig sein, eine genaue Zeitspanne festzulegen, in der diese Subteammitglieder beim Team tätig sein werden.
Nach unseren Erfahrungen werden hinzugezogene Kräfte oft binnen kurzer Zeit als Teil des Teams akzeptiert.

Bedarfseinschätzung für den einzelnen

Dies ist der schwierigste Teil der Übung für den Teamleiter, da nun die Stärken und Schwächen der einzelnen Teamspieler ermittelt werden müssen. Nach unseren Erfahrungen muß dies durch den Teamleiter geschehen und darf nicht an die Personal- oder die Fortbildungsabteilung delegiert werden. Es gibt unendlich viele Bedarfseinschätzungsfragebögen, und wir finden es am besten, wenn der Teamleiter unter Einbeziehung des Teams einen eigenen Fragebogen ausarbeitet.

(Der Bedarfseinschätzungsfragebogen auf den Seiten 209 bis 211 wird von den Autoren als Grundmodell benutzt, das dann auf die Bedürfnisse eines bestimmten Teams zugeschnitten wird.)
Aufgabe des Teamleiters ist nun, mit viel Einfühlungsvermögen die Fortbildungsbedürfnisse der einzelnen Teammitglieder festzustellen, damit sie dann mit ganzer Kraft mitarbeiten können. Diese Diagnosearbeit kann mit der eines praktischen Arztes verglichen werden, der von einem Patienten konsultiert wird und ihn dann, in beiderseitigem Einverständnis, an einen Facharzt verweist. Interessanterweise tun sich leitende Manager in diesen Situationen oft schwer, und es bedarf einiger Teambildungserfahrung, damit sie ihre Schwächen zugeben.

Die Fortbildungsexperten

Der Teamführer hat nun eine Einkaufsliste der Fortbildungsbedürfnisse, einschließlich seiner eigenen, die mit den internen Fortbildungsexperten besprochen werden können. Wir haben festgestellt, daß dabei ein Problem auftaucht: In den meisten Unternehmen sind die Fortbildungsexperten eigentlich Fortbildungsadministratoren und keine praktischen Ausbilder. Sie kennen sich gut im internen und externen Kursangebot aus, wissen aber oft kaum, wie man einen Fortbildungskurs entwirft oder ob die angebotenen Kurse überhaupt das richtige sind.
In einer der Fortbildungsabteilungen, in denen wir gearbeitet haben, wurden viele externe Kurse angeboten. Als wir den Fortbildungsexperten auf den Kursinhalt ansprachen, sagte er doch tatsächlich, daß der Inhalt eigentlich unwichtig sei und »Fred« auf diesem Lehrgang Mitarbeiter

anderer Unternehmen treffen würde, was schließlich das Eigentliche bei Fortbildungsmaßnahmen sei. Teamführer dürfen sich von solchen Ansichten nicht beeinflussen lassen!
Falls intern oder extern keine passenden Kurse angeboten werden, was durchaus vorkommen kann, müssen Sie sich unter Umständen an externe Fortbildungsberater wenden, damit sie einen Kurs für Ihre Bedürfnisse entwerfen, oder Sie versuchen es selbst einmal, bevor Sie es an Dritte weiterreichen. Ihr Entwurf wird vielleicht etwas unbeholfen sein und sprachlich weniger gestylt, als heutzutage bei Ausbildern üblich ist, aber er wird die Anforderungen für Außenstehende klar und deutlich darlegen.

Bedarfseinschätzungsfragebogen

Name ____

Abt./Workshop ____________________________________

Alter ______

Qualifikationen/Berufsabschlüsse ___________________

____

____

1. Kurse, zu denen Sie sich angemeldet haben.

Bezeichnung ____________________ Datum __________

Bezeichnung ____________________ Datum __________

Bezeichnung ____________________ Datum __________

2. Kurse, an denen Sie zur Zeit teilnehmen.

Bezeichnung ____________________ Datum __________

Bezeichnung ____________________ Datum __________

3. Betriebsinterne Kurse, an denen Sie teilgenommen haben.

Bezeichnung ____________________ Datum __________

Bezeichnung ____________________ Datum __________

Bezeichnung ____________________ Datum __________

4. Externe Kurse, an denen Sie teilgenommen haben.

Bezeichnung ____________________ Datum __________

Bezeichnung ____________________ Datum __________

5. Vom Linienmanager empfohlene Managementkurse.

Bezeichnung ____________________ Datum __________

Bezeichnung ____________________ Datum __________

6. Vom Linienmanager empfohlene Fachkurse.
Bezeichnung ______________________ Datum __________

7. An welchen Kursen zur fachlichen Fortbildung möchten Sie teilnehmen?
Bezeichnung ______________________ Datum __________
Bezeichnung ______________________ Datum __________

8. An welchen Kursen zum Managementtraining möchten Sie teilnehmen?
Bezeichnung ______________________ Datum __________
Bezeichnung ______________________ Datum __________

9. An welchen Kursen zur persönlichen Entwicklung möchten Sie teilnehmen?
Bezeichnung ______________________ Datum __________
Bezeichnung ______________________ Datum __________

10. Mit welchen Lehrstoffen befassen Sie sich zur Zeit?
Bezeichnung ______________________ Datum __________
Bezeichnung ______________________ Datum __________

11. Welche betriebsinternen Kurse, an denen Sie noch nicht teilgenommen haben, kennen Sie?
Bezeichnung ______________________ Datum __________
Bezeichnung ______________________ Datum __________
Bezeichnung ______________________ Datum __________

12. Welche externen, vom Betrieb finanzierten Kurse kennen Sie?
Bezeichnung ______________________ Datum __________
Bezeichnung ______________________ Datum __________

13. Listen Sie Ihre Kursprioritäten auf (nicht Ihre Vorlieben).

____

____

14. Listen Sie jetzt Ihre persönlichen Vorlieben für Kurse auf, an denen Sie teilnehmen möchten.

____

____

15. Welche Fortbildung (wenn überhaupt) benötigen Sie Ihrer Meinung nach und warum?

____

____

16. In welchen Bereichen fühlen Sie sich besonders sicher?

____

____

17. In welchen Bereichen fühlen Sie sich nicht besonders sicher?

____

____

Praktische Ausführung der Fortbildung

Der Teamführer muß nun die Fortbildung der Teammitglieder in die Tat umsetzen. Dies geschieht immer häufiger zu überhastet. Die meisten Menschen haben ihr Wissen durch Auswendiglernen erworben und werden es auch weiterhin so tun; das geht nicht von heute auf morgen. Außerdem muß der Teamführer das Problem »Lernstreß« im Auge behalten. Die meisten von uns verlassen Schule, Universität usw. mit sechzehn, achtzehn oder einundzwanzig Jahren und haben damit, abgesehen von hier und da mal einem Lehrgang, ihre Ausbildung abgeschlossen. Nach unseren Erfahrungen sollten gute Kurse mit einem ausgewogenen Verhältnis von Inhalt und Praxis (d. h. Theorie und Spiele, Übungen und Diskussionen) eine Dauer von einem bis höchstens drei Tagen haben. Wir bevorzugen zweitägige Kurse, die auch bei Delegierten und Betrieben Anklang zu finden scheinen. Wir müssen dabei an Winston Churchills Bemerkung denken: »Ich persönlich bin immer bereit, etwas dazuzulernen, aber ich habe nicht immer Lust, etwas beigebracht zu bekommen.«
Teamführer müssen erkennen, daß Fort- und Weiterbildung das A und O eines Teams sind. Dies gilt für kurz- und für langfristige Teams. Kurzfristige Teams werden vielleicht nach der vereinbarten Zeit wieder aufgelöst, aber die Mitglieder lösen sich ja schließlich nicht auf. Sie werden sich zu neuen Teams zusammenfinden, und jede neuerworbene Fertigkeit ist für das neue Team von Nutzen. Bei längerfristigen Teams, die sich erfahrungsgemäß am meisten gegen Fortbildung sträuben, ist es wichtig, daß ständige Fortbildungsmaßnahmen vorgenommen werden; und zwar nicht nur zur Ausschöpfung des Fortbildungs-

budgets, sondern als engagierte Fortbildung in Technologie, Managementtraining, firmenrelevanten Themen usw. So schaffen die Teams den Anschluß an neue Gegebenheiten, mit denen das Unternehmen konfrontiert wird, und verfahren nicht immer wieder nach dem alten Schema. Teamfortbildung ist eine Investition in die Zukunft und wesentlicher Bestandteil des Teambildungsprozesses.

Fort- und Weiterbildung – Checkliste für den Teamführer

- Fortbildung ist nicht das Ziel, sondern der Weg.
- Fortbildung sollte nicht mal so, mal so gehandhabt werden, sondern kontinuierlich sein.
- Menschen bilden das wichtigste Kapital eines Unternehmens und sollten daher sorgsam behandelt werden.
- Fortbildung ist eine strategische Investition.
- Wir können uns nicht mehr darauf verlassen, Mitarbeiter hinzuzuziehen, die mit ihren Fertigkeiten unsere Lücken stopfen.
- Fortbildung ist eine Funktion und liegt im Verantwortungsbereich des Linienmanagements.
- Fortbildung sollte einer Beförderung vorausgehen und nicht Belohnung nach einer Beförderung sein.
- Es gibt drei wichtige Fortbildungsbereiche für den einzelnen: Fertigkeiten im fachlichen Bereich, im Management und im persönlichen Bereich. Letzteren sollte man nicht vergessen.
- Stellen Sie eine Aufgaben- und Fertigkeitenmatrix für Ihr Team zusammen.

– Führen Sie eine Fortbildungsbedarfseinschätzung durch und aktualisieren und benutzen Sie die daraus gewonnenen Informationen.

Das Wählen eines externen Ausbilders

Großunternehmen haben meist ihre eigenen Fortbildungsabteilungen, die mit den örtlichen Colleges, industriellen und Berufsorganisationen vernetzt sind. Für kleinere Unternehmen stellt sich das Problem, wohin und an wen man sich um Rat und Hilfe wenden soll. Die folgende Liste ist nicht erschöpfend, wird aber dem Linienmanagement bei der Frage helfen, an wen es sich wenden soll.

1. Jede Branche hat ihren eigenen Wirtschaftsverband usw.; diese sind in den Handelsblättern dokumentiert, z. B. der Verband der deutschen Automobilindustrie.
2. Berufsverbände, z. B. der Ring deutscher Makler RDM, geben ihren Mitgliedern bereitwillig Auskunft über Fortbildungmöglichkeiten.
3. Wirtschaftsschulen, Universitäten, Technische Hochschulen usw. Diese akademischen Einrichtungen haben Institute oder Fakultäten, die Geschäftsleuten gerne zur Verfügung stehen. Die meisten haben inzwischen Partnerschaften mit staatlichen oder örtlichen Gewerbebetrieben geschlossen.
4. Berater, die sich auf Aus- und Fortbildung spezialisiert haben, wie die von den Autoren dieses Buches geleitete Firma – APW Training. Diese vereinigen theoretische und praktische Erfahrungen auf vielen Gebieten.

11. Motivierung des einzelnen

»Zur Arbeit, die uns lieb, stehn früh wir auf und gehn mit Freuden dran.«

William Shakespeare

Motivation ist ein weitläufiges Thema, über das schon viele Bücher geschrieben worden sind. Wir haben uns auf die Aspekte konzentriert, die für Teambildung, Teammitglieder und Teamführer relevant sind, und stützen uns dabei auf unsere praktischen Erfahrungen mit der Teambildung in vielen Unternehmen.

Zur Rolle der Teamführer gehört es unter anderem, das Team zu motivieren. Dazu müssen sie verstehen, wie und warum Menschen als Individuen und als Teammitglieder motiviert werden. Wir wissen, daß Motivation auf verschiedenste Art hervorgerufen werden kann, und die Teamführer müssen vielleicht ein wenig herumprobieren, bis sie das für ihre Gruppe richtige Rezept gefunden haben. Motivation gibt es wohl seit Anbeginn der Menschheit, natürlich in verschiedenen Formen je nach Gesellschaft und Situation. Unsere frühen Vorfahren waren vermutlich selbstmotivierend; sie nutzten das Feuer, da sie das Bedürfnis nach Wärme hatten, und stellten Werkzeuge und Waffen her, weil sie überleben wollten. Der weniger oder anders Motivierte wäre im Kampf gegen jene, deren Motivationen im Einklang mit den Bedürfnissen der Zeit waren, auf der Strecke geblieben.

Wir wollen zunächst unsere Erinnerungen an vorwissenschaftliche Motivationstechniken auffrischen, die so genannt werden, weil sie vor den Schriften von Frederick Taylor, dem Vater des wissenschaftlichen Managements, liegen. Sie waren simpel, aber oft sehr erfolgreich; sie sind in einer modernen Industriegesellschaft jedoch nicht mehr gesellschaftlich akzeptabel. Diese vorwissenschaftlichen Methoden beruhten auf Zwang, Hinterhältigkeit, Kompensation, Hätscheln und Verhätscheln und vor allem auf Angst. Es kann nicht geleugnet werden, daß diese Methoden in vielen kleineren Unternehmen noch zu finden sind.

Motivation durch Angst

Eine der offensichtlichsten Formen der Motivation ist die Angst. Angst kann auf manche subtile Weise hervorgerufen werden, von Gerüchten bis zu nackter Aggression. Wir lernen aus den Anfängen der Geschichte, daß Peitschenhiebe und Hungern den Bau der Pyramiden ermöglichten; Angst ist ein mächtiges Werkzeug, mit dem man, wenn es schon nicht dazu reicht, Berge zu versetzen, wenigstens einen eigenen errichten kann.

> In dem James-Bond-Film *Leben und sterben lassen* wird ein komisches und unvergeßliches Beispiel für Motivation aus Angst gegeben. In einer Szene wird Agent 007 von einer Gruppe von Gangstern verfolgt, damit er ihren Aktivitäten kein Ende bereiten kann. Über Funk teilt der Anführer seiner Gruppe mit: »Wer ihn kriegt, bleibt am Leben.«

Die moderne Form der Angststrategie sind die Bedrohung durch Arbeitslosigkeit, die Versetzung in eine andere Gegend, die Veränderung des beruflichen Status und so fort. Ganz zweifellos ist Angst auf kurze Sicht ein guter Motivator, aber wer einer solchen Strategie unterworfen wird, möchte irgendwann Rache nehmen, oft indem er das Unternehmen verläßt oder nur das Notwendigste leistet.

Zwang

Zwang kann als Abart von Drohung und Angst gesehen werden, bei der Autorität das Mittel zur Motivation ist. Wenn z. B. der Vorstandsvorsitzende des Unternehmens Sie um etwas bittet, empfinden Sie dabei unterschwellig ein größeres Maß an Drohung, als wenn Ihr Linienmanager das gleiche von Ihnen verlangt. Praktisch gesehen kann der Vorstand – je nachdem, wo Sie sich in der »Hackordnung« befinden – weniger Einfluß haben als Ihr direkter Vorgesetzter oder ihn zumindest weniger einsetzen. Die Frage, ob Zwang ein faires Mittel zur Motivation ist, hängt oft von dem Unternehmen ab und damit von der Geschichte des Unternehmens und von seiner bisherigen Anwendung von Zwang.

In der City macht eine Geschichte die Runde: Der Vorstandsvorsitzende eines großen Unternehmens hatte das Rauchen im ganzen Gebäude verboten. Eines Morgens betrat er den Aufzug, wo ein junger Mann stand und rauchte; neben ihm standen zwei Männer, die zum höchsten Führungskreis gehörten. Der Vorsitzende fragte den jungen Mann, wieviel er in der Woche verdiene. Auf dessen Antwort £ 180 zog er aus einem dicken Bündel £ 180 heraus und gab sie dem jungen Mann mit den Worten: »Sie sind gefeuert, lassen Sie sich Ihre Papiere geben, und gehen Sie.« Der junge Mann sagte nichts und lieferte als gewissenhafter Kurier das Päckchen, weswegen er gekommen war, ab. Dann ging er mit dem zweifellos größten Trinkgeld des Tages zu seiner eigenen Firma zurück.

Manipulation

Motivation kann oft durch Manipulation erreicht werden. Manipulation besteht darin, jemanden in eine Situation zu manövrieren, in der er genauso handelt, wie Sie es ihm angezeigt haben. Manipulation ist nicht so angelegt, daß die manipulierte Person denkt, daß sie irgendwelche eigenen Ziele erreicht; gewöhnlich kann sie höchstens darauf hoffen, durch Zuwiderhandeln nicht in eine nachteilige Position zu geraten. Eine sehr verbreitete Form der Manipulation in Unternehmen ist, jemandem (ohne Ausübung von ungebührlichem Druck) eine Beförderung anzubieten, die mit einer Versetzung verbunden ist. Gleichzeitig wird angedeutet, daß in diesem Unternehmen eine solche Beförderung nur einmal angeboten werde und er im Falle einer Ablehnung nie wieder eine erhalte.
Einer der Autoren interviewte einen leitenden Angestellten bei einer der größten Geschäftsbanken; er war noch nicht vierzig Jahre alt und lebte eigentlich froh und zufrieden in einer britischen Großstadt. Es war ihm bedeutet worden,

daß er vielleicht in den Fernen Osten versetzt werden würde, und der Gedanke gefiel ihm gar nicht. Es war jedoch klargemacht worden, daß er, wenn er diesen Posten nicht annahm, überhaupt keine Aussichten hätte, jemals eine höhere Stellung zu erreichen! (In Personalakten oft zynisch so umschrieben: »Diese Person füllt ihre jetzige Stellung hervorragend aus.«)

Positive Motivationstechniken

Bisher wurden die Leute durch verschiedene Formen der Angst motiviert und handelten in einer ihnen nahegelegten Weise, weil sie glaubten, daß sie sonst negative Auswirkungen zu erwarten hätten.

Nun können wir uns eher positive Motivationstechniken anschauen, bei denen die Leute, bei richtiger Anwendung, nach Ihren Vorstellungen handeln, weil sie merken, daß dies auch ihren eigenen Zielen förderlich ist. Da ist zunächst die Kompensation, bei der Geld der Hauptmotivator ist. Eine naive Interpretation von Motivation geht davon aus, daß Menschen nur durch Geld motiviert werden können. Mit anderen Worten, wenn jemand besser bezahlt wird, gibt er auch mehr Leistung. Das ist vollkommen falsch, obwohl es stimmt, daß jemand, der weniger erhält, als er für richtig hält, sich auch nicht motiviert fühlt. Geld an sich ist also kein Motivator, sein Fehlen jedoch ein Demotivator. Aber auch wenn die Beschäftigten nun ein angemessenes Gehalt beziehen, kann die Motivation schwinden, wenn andere Faktoren nicht berücksichtigt werden. Wenn jemand das Gefühl hat, daß seine Arbeit

keinen Wert hat, daß seine Arbeit nicht anerkannt wird oder einen wirklichen Beitrag zum Team leistet, kann auch noch soviel Geld ihn nicht motivieren.
Ja, eine solche Einstellung von seiten der Unternehmensleitung kann gefährlich sein; wenn die Mitarbeiter das Gefühl haben, überbezahlt zu werden, weil man sie in irgendeiner Weise »kaufen« möchte, werden sie aufgebracht und ärgerlich. Oft halten persönliche Umstände sie davon ab, diese Stellung aufzugeben, und so verfangen sie sich in einem Demotivationskreis, was weder ihnen noch dem Unternehmen hilft.
In der »Hätschel und Verhätschel«-Tradition der Motivation strebt das Unternehmen danach, seinen Mitarbeitern faire Gehälter, Extra-Sonderleistungen und ausgezeichnete Arbeitsbedingungen zu geben, um Dankbarkeit auszulösen. Nach unseren Erfahrungen in solchen Unternehmen gebärdet sich die Unternehmensleitung normalerweise patriarchalisch, bezeichnet ihre Arbeiterschaft oft als »Jungs« oder »unsere Jungs« und weist immer wieder darauf hin, wie dankbar sie zu sein hätten. Wenn die Dankbarkeit sich nicht einstellen will, bekommt man abgedroschene Phrasen zu hören wie: »Wenn es dir hier nicht gefällt, weißt du ja, wo die Tür ist.« Dies bedeutet den Zusammenbruch des Hätschel-und-Verhätschel-Systems. Das wirtschaftliche Klima während einer Rezession haben viele Unternehmen zum Anlaß genommen, um Extra-Sonderleistungen zu streichen; die Regierung scheint bestrebt zu sein, solche Vergünstigungen wegzubesteuern und uns an das US-System mit hohen Löhnen ohne Sonderleistungen anzugleichen. Kürzlich beschrieben die Mitarbeiter eines Unternehmens, in dem nahezu fünfzig Prozent der Sonderleistungen gestrichen worden waren, wie demotiviert sie seien, aber wir machten in Teamdiskussionen darauf aufmerk-

sam, daß sie Motivation mit Moral verwechselten, und die kann von Tag zu Tag schwanken. Wir kamen zu dem Schluß, daß die Unternehmen mit Hätschel-und-Verhätschel-Strategien zwar Leute anziehen, diese allein aber nicht motivierend wirken.

In den späten siebziger und den achtziger Jahren wurde bei der Arbeit in Betrieben offensichtlich, daß vorwissenschaftliche Motivationstechniken ausgedient hatten und die Personalabteilung sie durch fortschrittlichere Motivationsmethoden ersetzten, mit klaren Bewertungssystemen, weiterreichenden Aktienbesitzprogrammen, durchsichtigen Beurteilungsprogrammen und besseren Fort- und Weiterbildungsmöglichkeiten. Unglücklicherweise – aber vielleicht nicht ganz unerwartet – zeichnet sich in den neunziger Jahren ein Rückfall in die alten Motivationstechniken ab, und in einigen Chefetagen scheint die Gelegenheit begrüßt zu werden, Druck auf die Mitarbeiter auszuüben, damit sie die Zielsetzungen des Unternehmens erfüllen. Die Angst vor Entlassung und Versetzung motiviert jetzt viele dazu, unsere Unternehmen und Systeme nicht in Frage zu stellen; dies wird auf lange Sicht zu Ineffizienz und zur Beibehaltung schlechter Arbeitsmethoden führen. Es ist sehr deprimierend, wenn eine bekannte Firma ohne Übertretung von Gesetzen ihre gesamte Arbeiterschaft entlassen kann, um ein Einfrieren der Gehälter durchzusetzen. Das Wort ›überleben‹ steht heutzutage für Angststrategien.

Daher ist es um so erfrischender, wenn es selbst im heutigen Klima einige progressive Anführer gibt, die einen kulturellen Umschwung als ein Motivationsmittel vorantreiben, während sie gleichzeitig Initiativen zu Qualitäts- und Kundenbewußtsein entwickeln. (Beide Punkte werden an anderer Stelle im vorliegenden Buch behandelt.)

Zusammenfassend läßt sich sagen, daß Geld nicht der einzige Motivator ist und zur Norm wird, wenn es als Belobigung verteilt wird; dann sind größere Geldmengen nötig, um das Niveau von Aktivität oder Engagement zu halten, bis schließlich Überlastung und Verstimmungen entstehen.
Manchmal können selbst fortschrittlichere Arten der Belobigung das Gegenteil bewirken. Aktienbesitz ist eine moderne Art der Belobigung, die manche Betriebe verteilen, aber sie kann demotivierend wirken, wenn die Aktienkurse sinken, und wir alle wissen, wie unbeständig der Aktienmarkt sein kann. Dann merken die Beschäftigten, daß sie nicht nur am Profit oder zumindest am Wachstum des Unternehmens beteiligt sind, sondern auch an seinen Verlusten oder dem wirtschaftlichen Rückgang.
Keine Arbeit über Teambildung kann die Verhaltensforschung ignorieren, und wir müssen uns fragen, ob sie im Betriebsleben der neunziger Jahre von Relevanz ist. Einige Verhaltensforscher und ihre Werke sind inzwischen aus der Mode gekommen, und andere werden angesichts von *total quality management* neu überdacht. Der Teamführer und auch die Mitglieder des Teams wissen, daß jeder Mensch einen anderen Erfahrungsschatz hat und seine Einschätzung dieser Erfahrungen seine Sicht der Umwelt, der Mitmenschen und seiner selbst prägt. So ist z. B. das kleine Kind, das sich an demselben Heizkörper in eine stehende Position hochzieht, äußerst verwirrt, wenn es sich eine Woche später an dem Heizkörper, der diesmal angestellt ist, verbrennt; daher wird es Heizungen meiden, bis es gelernt hat, wie man sich ihnen vorsichtig nähert. Ebenso basiert Motivation auf einem breiten Spektrum von Erfahrungen und Einstellungen zu den Mitarbeitern, dem Unternehmen und der Gesellschaft.

Das Unternehmen wiederum orientiert seine Arbeit und seine Politik an seiner Einstellung zu Einzelpersonen und deren Verhalten. Wenn Unternehmen überleben und wachsen sollen, müssen sie ihr Verhalten ändern, was wiederum bedeutet, daß die einzelnen Mitarbeiter im Unternehmen auch lernen müssen, ihr Verhalten umzustellen.

Einer der populärsten oder wenigstens bekanntesten Autoren über das Thema Motivation ist Douglas McGregor, der in seinem Buch *The Human Side of Enterprise* ausführte, daß das Verhalten von Managern gegenüber der Belegschaft in hohem Maße von einigen Grundvoraussetzungen beeinflußt wird, die er in Theorie X und Theorie Y unterteilte. Im heutigen Managementdenken können wir Theorie X mit den traditionellen Kontrollstrategien gleichsetzen und Theorie Y mit einem eher fortschrittlichen Ermächtigungssystem. Vielleicht werden diese Theorien immer noch offen diskutiert, weil sie die beiden Extreme unserer Ansichten des menschlichen Verhaltens am Arbeitsplatz darstellen oder weil sie verständlich und heute noch relevant sind.

Theorie X stützt sich auf die Überzeugung, daß der typische Arbeiter von Natur aus faul ist, ungern arbeitet, keinen Ehrgeiz bei der Arbeit zeigt, der Verantwortung aus dem Weg geht, passiv ist, bestraft und belohnt werden muß, strenge Überwachung braucht und unfähig zu Selbstdisziplin ist.

Theorie Y geht auf der anderen Seite davon aus, daß der Durchschnittsarbeiter Arbeit als Spiel betrachtet, daß Arbeit für ihn je nach den Umständen Befriedigung oder Strafe ist und daß die Leute fähig sind, Verantwortung zu übernehmen, ja sich unter den richtigen Voraussetzungen sogar darum bemühen. Motivation hat nichts mit dem zu tun, wie der Manager sich gegenüber den anderen verhält – die Motivationskräfte sind schon bei den Beschäftigten vorhanden. Einfallsreichtum und Kreativität gibt es nicht nur auf den höheren Etagen.

Wir haben schon dargelegt, daß es zu den Aufgaben der Teamführer gehört, das Team zu motivieren. Sie werden entweder zu Theorie X oder zu Theorie Y tendieren, je nachdem, welche Erfahrungen sie haben und in welchen Unternehmenstypen sie gearbeitet haben. Wenn jemand einem Unternehmen mit sechzehn, achtzehn oder einundzwanzig Jahren beitritt und dort bleibt, dann wird seine Einstellung zur Arbeiterschaft langsam von dieser Firma geprägt. Andersherum: Wenn ein Teamführer von einem Unternehmen zum anderen wechselt, ist er in der Lage, Meinungen und Ansichten zu vergleichen und einzuordnen, da ihm bewußt ist, daß er sich in manchen Situationen unwohl gefühlt hat. Probleme entstehen dann, wenn ein Theorie-Y-orientierter Teamführer seine Leute in einem Theorie-X-System leiten muß.

Nach unseren Erfahrungen »an der Front« von Industrie und Handel sieht es nun so aus, daß es eine Theorie-Y-orientierte Geschäftsführung gibt und auch die Belegschaft nach Theorie Y behandelt werden möchte, aber von einem der Theorie X anhängenden mittleren Management geleitet wird. Der Grund dafür: Das mittlere Management hat Theorie X übernommen, weil es das Unternehmen nach Verfahrensregeln und Arbeitssystemen führen muß, die in einer Theorie-X-gefärbten Umgebung entwickelt und verbessert wurden. Ganz ohne Zweifel scheint Theorie Y zunächst verführerisch, attraktiv zu sein, und der moderne Teamführer würde sicherlich lieber in dieser Gesellschaft leben, aber Theorie Y kann erst zur Norm werden, wenn wir mehr nach Theorie Y ausgerichtete Systeme und

Arbeitsvorgänge in unseren Unternehmen eingeführt haben.
Der Psychologe Abraham Maslow befaßte sich näher mit den Bedürfnissen des einzelnen, und die meisten Manager werden von Maslows Bedürfnishierarchie gehört haben. Maslow ging davon aus, daß für einen Menschen bei der Arbeit bestimmte Bedürfnisse befriedigt sein müssen, bevor er zu der nächsten Ebene von Bedürfnissen vorrücken kann.

Maslows hierarchische Gliederung läßt sich in diesem Diagramm darstellen:

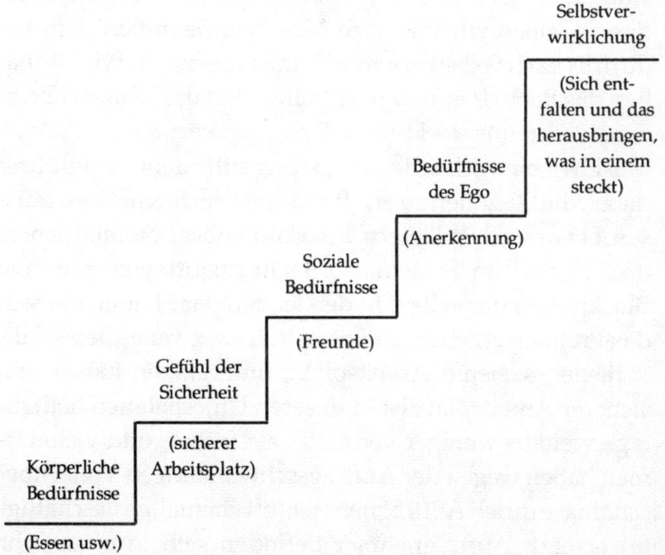

Für Maslow kamen zunächst die körperlichen Bedürfnisse, sie lagen auf der niedrigsten Ebene und umfaßten die elementarsten Bedürfnisse, z. B. Essen, Trinken, Schutz und Ausruhen. In der entwickelten Welt werden diese Bedürfnisse für die meisten Menschen durch unsere Vergütungssysteme befriedigt. Die zweite Gruppe enthält das Bedürfnis nach Sicherheit, d. h. das Bedürfnis nach Schutz vor Gefahren oder Entbehrung und nach einem sicheren Arbeitsplatz. Wenn diese Bedürfnisse erfüllt waren, wandten sich die Menschen sozialen Bedürfnissen zu, d. h. dem Arbeiten in einem Team und dem Schließen von Freundschaften mit Mitarbeitern. Wenn diese Bedürfnisse erfüllt waren, konnten höhere Ebenen angegangen werden; diese umfaßten die Anerkennung durch das Unternehmen und das Bedürfnis nach Selbstachtung, Selbstbewußtsein und die Suche nach Wissen. Wenn diese Bedürfnisse befriedigt sind, was nach unseren Erfahrungen selten vorkommt, dann können wir uns nach Maslows Definition dem Bedürfnis nach Selbstverwirklichung zuwenden. Wir alle haben das Bedürfnis, uns zu entfalten und das herauszubringen, was in uns steckt.

Maslows hierarchische Gliederung hilft dem Teamführer dabei, die Stationen zu ermitteln, die alle durchlaufen müssen, bevor sie dem Unternehmen ihr volles Potential geben, und Stellen im System ans Licht zu bringen, die eine Blockierung darstellen. In den letzten paar Jahren hat sich das Problem ergeben, daß wir Maslows zweites Bedürfnis, d. h. den sicheren Arbeitsplatz, untergraben haben. Ein sicherer Arbeitsplatz ist in unseren Unternehmen heutzutage weitaus weniger verbreitet als früher, und viele Firmen haben wegen der Auftragsschwankungen Vollzeitbeschäftigte durch Auftragnehmer (oft ehemalige Beschäftigte) ersetzt. Auftragnehmer befinden sich in einer sehr

unsicheren Arbeitslage und bauen daher am Arbeitsplatz auch weniger Freundschaften oder andere Beziehungen auf.
Die Langzeitwirkung dieser Situation, nämlich in einem wenig sicheren Arbeitsumfeld zu arbeiten, wird noch diskutiert, aber wir sehen immer mehr, daß den sozialen Bedürfnissen nicht mehr nachgekommen wird; Clubs, Vereine und Sportteams lösen sich auf, und wir beobachten eine merkliche Veränderung im Selbstvertrauen und der Unabhängigkeit der Beschäftigten, die feststellen müssen, daß Fortbildung der Fertigkeiten, Mobilität und Anpassung wichtiger sind als die Bedürfnisse nach Anerkennung und Selbstachtung. Die Vernachlässigung sozialer Kontakte am Arbeitsplatz muß sich negativ auf die Teambildung auswirken. Der Manager wird auch bemerkt haben, daß manche den Weg zur Selbstverwirklichung abkürzen, indem sie das Unternehmen verlassen – für eine Strandkneipe in Spanien, was inzwischen nicht nur in Träumen möglich ist.
Zum Schluß wollen wir Herzbergs Ansichten zu Motivation anschauen, wie sie in seiner Motivator-Hygiene-Theorie zu finden sind. Herzberg zeigt in seiner Arbeit, daß sich die Bedürfnisse des Menschen in zwei verschiedene Gruppen unterteilen lassen.

1. Niedrigere Bedürfnisse, die sich von dem Wunsch des Menschen ableiten lassen, Schmerzen zu vermeiden und seine elementaren Bedürfnisse zu befriedigen (ähnlich wie bei Maslow).
2. Höhere Bedürfnisse, die in Zusammenhang mit jener einzigartigen menschlichen Eigenschaft stehen, der Fähigkeit, psychologisches Wachstum zu erreichen und zu erfahren. (Dazu gehören die Bedürfnisse, eine schwieri-

ge Aufgabe zu meistern und Anerkennung zu verdienen – und zu erhalten.)

Teamführer müssen sich um das Wohlbefinden ihrer Teammitglieder kümmern und sie durch die Befriedigung ihres Bedürfnisses nach Selbstentwicklung motivieren.
Herzberg machte eine Zusammenstellung der, wie er sie nannte, Hygienefaktoren (ein Begriff, der im Management oft gebraucht wird) und sagte, daß ein Fehlen dieser Faktoren sich äußerst negativ auf die Beschäftigten auswirke. Sie sind extrinsisch, d. h. werden nicht vom Individuum, sondern von außen gesteuert. Sie verhindern Unzufriedenheit, wenn sie beachtet werden.
In der Reihenfolge der Unzufriedenheit gibt es folgende Hygienefaktoren:

Unternehmenspolitik und -verwaltung
Beaufsichtigung, Überwachung
Beziehung zum Aufseher, direkten Vorgesetzten
Arbeitsbedingungen
Löhne und Gehälter
Beziehung zu den gleichrangigen Mitarbeitern
Privatleben
Beziehung zu Teammitgliedern
Status
Sicherheit

Der Teamführer muß sich der Hygienefaktoren und ihrer Auswirkungen bewußt sein. Die Unternehmensleitung kann sie nicht immer völlig beachten; das müssen wir einsehen, aber wir müssen auch dafür sorgen, daß sie keine Unzufriedenheit verursachen. Die Betriebskantine ist ein altes, aber gutes Beispiel eines Hygienefaktors. Wenn die Kantine einen schlechten Ruf hat, wird sich ein großes Maß

an Unzufriedenheit im Unternehmen ausbreiten bis hin zu Petitionen an die Unternehmensleitung. Aber auch wenn die Unternehmensleitung viel Geld in die Kantine steckt, wird und kann diese nur als befriedigend betrachtet werden. Den meisten Beschäftigten wird nicht auffallen, daß sie gut funktioniert (es würde ihnen aber auffallen, wenn dies nicht der Fall wäre), und irgend jemand beschwert sich immer über die Salate oder die Bilder an der Wand.
Herzberg erstellte eine Liste von Motivationsfaktoren und wie diese sich positiv auf die Beschäftigten auswirkten. Diese Faktoren sind intrinsisch, d. h., sie kommen aus dem Innern eines Menschen. Sie führen zu Motivation, wenn sie bei der Leitung des Teams berücksichtigt werden.
In der Reihenfolge ihres Vermögens, die Menschen zu motivieren, waren dies:

Leistung
Anerkennung
die Arbeit selbst
Verantwortung
Vorwärtskommen
Wachstum

Der Teamführer sollte dafür sorgen, daß den Teammitgliedern die Möglichkeit gegeben wird, ihre Leistung unter Beweis zu stellen, Anerkennung für gute Arbeit zu erhalten, und daß Gelegenheiten zu Fortbildung, Verantwortung, Beförderung usw. zur Verfügung stehen.
Wir benutzen Herzbergs Arbeit regelmäßig bei unseren Motivations- und Teambildungsschulungen mit einer einfachen Konsensübung, die vor einer Besprechung der Motivator-Hygiene-Theorie stattfindet.

Gruppenübung – Ziele der Beschäftigten

Teammitglieder werden zunächst gebeten, ihre Erwartungen an ihre Arbeit in eine Reihenfolge von eins bis zehn zu bringen (wobei zehn die höchste Note ist). Dann in Untergruppen von fünf bis sieben Leuten einen Konsens dessen zu finden, was sie als Gruppe möchten, und dann das gleiche für die Belegschaft und schließlich die Unternehmensleitung durchzuführen. Die Ergebnisse stimmen jedesmal mit denen Herzbergs überein; wenn eine psychologische Verschiebung im Unternehmen stattgefunden hat, die durch Intervention des Managements, z. B. ein Einfrieren der Gehälter oder Entlassungen, verursacht wurde, dann erhalten die dabei verletzten Hygienefaktoren einen hohen Platz auf der Skala.

	Selbst	Gruppe	Belegschaft	Unternehmensleitung
Einfühlungsvermögen				
Verständnisvolle Hilfe bei persönlichen Problemen				
Volle Anerkennung der geleisteten Arbeit				
Taktvolles Zurechtweisen				
Persönliche Loyalität gegenüber den Arbeitern				
Interessante Arbeit				
Gute Arbeitsbedingungen				
Beförderung und Weiterkommen im Unternehmen				
Sicherer Arbeitsplatz				
Gute Löhne und Gehälter				

12. Motivierung des Teams

»Jene typisch englische Eigenschaft, für die es keine englische Bezeichnung gibt – *esprit de corps*.«
Frank Ezra Adcock

Wenn Teams eine hundertprozentige Leistung zeigen unc die gesetzten Aufgaben erfolgreich abschließen sollen muß Motivation vorhanden sein. Nachdem wir uns mit de Motivierung von Einzelpersonen befaßt haben, wollen wi nun die Situation im Team betrachten. Wir definieren Mo tivation ganz einfach als die Bereitschaft eines einzelnen sich für ein Ziel mit allen Kräften einzusetzen, wobei Be dürfnisse befriedigt werden, die über die persönlichen hin ausgehen. Teammotivation heißt dann nichts anderes als daß ein Team genau das gleiche tut. Wir wissen au: unserer Arbeit mit Teams, daß es besser ist, mit drei Leuter *zusammen*zuarbeiten, als sechs zu haben, die *für* einen ar beiten. Es ergibt sich die Frage, ob wir ein ganzes Tean motivieren können, so wie wir einzelne Menschen motivie ren. Ist Motivation ansteckend? Können fünf hochmoti vierte Leute in einem achtköpfigen Team die anderen dre mitreißen?

Den Teamführern muß der Unterschied zwischen Mora und Motivation klar sein. Wir werden in diesem Kapite auch davon sprechen, ob es für das Team als Grupp(Leistungsanreize gibt, die mehr die Gruppe und wenige: den einzelnen weiterbringen. Der Motivationsantriel

hängt oft davon ab, wie die einzelnen Teammitglieder einerseits die Teamentwicklung und andererseits die eigenen Vorteile einschätzen.
Wie wir gesehen haben, wurden die Vorzeitmenschen durch die Notwendigkeit zu überleben motiviert. Zum Überleben war folglich auch nötig, daß Gruppenverhalten an die Stelle von Einzelverhalten trat und Selbstmotivation der Teammotivation wich. Der erfolgreichste Jäger wurde zum Anführer, Lehrer und Motivator der Gruppe, die wiederum ihre Jagderfolge verbesserte und ein Gefühl der Gruppenmotivation entwickelte. Das Team hatte den Anreiz, mehr Tiere zu töten, d. h. mehr Nahrung herbeizuschaffen, und die Bedürfnisse des einzelnen wurden dadurch berücksichtigt, daß der erfolgreichste Jäger die besten Stücke Fleisch erhielt. Also auch die Bedürfnisse des einzelnen nach Anerkennung und Belohnung wurden befriedigt. Der Anführer konnte nun, da er wußte, daß das Team durch Üben und Erfolg motiviert wurde, wie ein Trainer die Moral vor einer Jagd stärken, indem er an glorreiche Taten der Vergangenheit erinnerte. Das stachelte sein Team an und erhöhte die Chance für eine gute Jagd. Moral gibt einem motivierten Team also den letzten Schliff.
Es kann in den frühen Phasen der Teambildung zu einem Konflikt zwischen den Zielen desjenigen kommen, der andere zu motivieren sucht, und den Zielen derjenigen, die motiviert werden sollen. Das Können und die Erfahrung des Teamführers zeigen sich also in der Fähigkeit, das Team zu motivieren, ohne die Ziele der einzelnen Teammitglieder, einschließlich der eigenen, aus den Augen zu verlieren.
Wenn Teamleiter bestellt werden, sind sie oft wenig geübt im Motivieren von Teams, und wie in vielen Teilen des Managementtrainings ist dies etwas, was man sich mit der

Zeit aneignet. Oft suchen wir uns als Vorbild einen Manager, den wir bewundern.
Teammotivation stellt sich dann ein, wenn drei Voraussetzungen geschaffen sind.

Kommunikation

Im 9. Kapitel behandelten wir Informationsfluß und Kommunikation und sahen, daß das Team wissen muß, was es tut und warum. Diskutieren und Debattieren fördert die Motivation und führt zu einem höheren Maß an Einsatz und Engagement als das Austeilen von Befehlen. Kommunikation motiviert, und wir haben gesehen, daß einem gemeinsamen Beschluß zu einer motivierten Aktion oft Gruppendiskussionen vorausgingen; man vergleiche z. B. das Palavern, den Kriegsrat bei den Indianern.

Fortbildung

Das 10. Kapitel befaßte sich mit Fortbildung und mit der These, daß ein gut ausgebildetes Team ein motiviertes Team ist. Mit anderen Worten, die einzelnen Mitglieder des Teams müssen gut ausgebildet und für die Aufgabe gerüstet sein. Die hohen Offiziere in den Streitkräften erinnern uns zu Recht daran, daß Motivation und eine gute Moral die Funktion und das Ergebnis jahrelanger und intensiver Ausbildung sind. Der Golfkrieg von 1991 machte den Unterschied zwischen gut ausgebildeten und motivierten Armeen und entmutigten, unausgebildeten Truppen nur zu deutlich.

Geld- und andere Mittel

Kommunikation und Ausbildung reichen jedoch nicht. Das Team muß auch über die nötigen Mittel verfügen, vor allem Geld, Menschen, Ausrüstung, Vollmachten und Zeit, wenn es die Aufgabe erledigen soll. In diesem Kapitel konzentrieren wir uns daher auf das Problem, wie man Teams mit Mitteln ausstattet, und wie sich dies auf Motivation und Moral auswirkt. Um beim Beispiel der Armee zu bleiben: Zur Unterstützung von Motivation und Moral muß auch die beste verfügbare Ausrüstung gehören, damit die Aufgabe zur Zufriedenheit erfüllt werden kann. Ohne eine gute Ausrüstung wird die Motivation allmählich schwinden.

Ein Team, sei es ein kurzfristiges Vernetzungsteam oder ein zeitlich unbefristetes Team, wird nur motiviert sein, wenn die Teammitglieder das Gefühl haben, daß das Team bei vollem Einsatz gute Aussichten hat, eine gewünschte Belohnung zu erhalten oder ein Ziel zu erreichen. Victor Vrooms weist in seinem Erwartungsmodell, das wir ausführlich im 13. Kapitel analysieren, darauf hin, daß Motivation entsteht, wenn zwei Dinge geschehen.

1. Wenn das Team den Wert eines bestimmten Ergebnisses hoch einschätzt.
2. Wenn das Team das Gefühl hat, daß es ziemlich gute Chancen hat, die Aufgabe zu erfüllen und das gewünschte Resultat zu erreichen.

Einfacher gesagt, wenn der zu gewinnende Preis vom Team hoch eingeschätzt wird und die Gewinnchancen gut stehen, dann ergibt sich Motivation ganz von selbst.

Verbrechen zahlt sich vermutlich heute noch genauso aus wie früher, d. h., die Belohnungen sind die gleichen, aber

Untersuchungen zu Verbrechen haben ergeben, daß kriminelle Aktivität wächst, gerade weil diverse soziale und strafrechtliche Faktoren dazu beitragen, daß die Wahrscheinlichkeit, diese Belohnungen einzuheimsen, größer geworden ist, man also wahrscheinlich nicht »geschnappt« wird.

Wenn jedoch vor dem Anreiz oder der Belohnung eine Barriere errichtet wird, dann löst dies Frustration aus und erstickt die Motivation. Diese Barrieren bestehen in dem Fehlen oder Streichen von Mitteln, die für diese Arbeit benötigt werden. Im Fall eines Verbrechens besteht die anscheinend nicht vorhandene Barriere in der Gefangennahme und erfolgreichen Verurteilung von Verbrechern. Verbrecher werden durch das Fehlen von Barrieren motiviert; wäre es doch nur im Geschäftsleben so einfach.

Aufgabe des Teamführers ist es also, diese Barrieren zu ermitteln und sie dann systematisch abzubauen.

Natürlich sind manche Barrieren eher eingebildet als wirklich vorhanden, und es bedarf der Erfahrung und einer offenen Auseinandersetzung, um herauszufinden, welche Barrieren nicht greifbar und welche greifbar sind.

Barrieren, die Teammotivation verhindern

Wir werden uns jetzt einige Beispiele für greifbare und nicht greifbare Barrieren vornehmen, die zur Demotivierung von Teams führen können. Sie stammen aus unseren Erfahrungen in vielen, sehr unterschiedlichen Arten von Unternehmen.

Nicht greifbare Barrieren, die wirklich oder eingebildet sein können

- Fehlende Unterstützung des Teams oder der Aufgabe durch die Geschäftsleitung.
- Strenges Festhalten an veralteten Arbeitspraktiken in dem Glauben, daß diese in Stein gemeißelt und unumstößlich sind.
- Eine Handlungsweise und ein Verhalten, das mit den Traditionen des Unternehmens einhergeht, aber die Leute sehr schnell abstößt, weil ihre Bedürfnisse ignoriert werden.
- Unsicherheit bezüglich unserer Machtposition als Einzelpersonen und Unsicherheit des Teams bezüglich seiner kollektiven Machtposition und seiner Grenzen.
- Heranziehen der Geschichte und des Vergangenen als Entschuldigung dafür, daß manches als unmöglich hingestellt wird.
- Man sieht bestehende oder nicht bestehende Machtblöcke, die die Anstrengungen des Teams zunichte machen könnten.

Greifbare Barrieren

- Soziale Zwänge und die Umwelt betreffende Zwänge.
- Veraltete, abgenutzte und heruntergekommene Fabrikanlagen und Ausrüstungen.
- Schlechte Arbeitsbedingungen.
- Schlechtes Verhältnis mit Unternehmensleitung, Belegschaft, Arbeiterschaft, Zulieferern und Kunden.
- Zu kleine Belegschaft und Fehlen von angemessenen Fort- und Weiterbildungsmaßnahmen.

- Unentschlossenheit der Unternehmensleitung.
- Zeitliche Zwänge.
- Ein zu niedriger Grad von Ermächtigung für Geld- und andere Mittel.

Wir haben gesehen, daß der Teamführer Barrieren dieser Art nicht nur einreißen, sondern mit dem Team zunächst einmal ihre Existenz feststellen muß und sich dann an die Geschäftsführung wendet, um die zutage getretenen Probleme zu besprechen.

Praktische Schritte zur Teammotivierung

Wir wenden uns nun einigen praktischen Schritten bei der Teammotivierung zu. Der Teamführer muß wissen, wie er den Teammitgliedern seine Anerkennung zeigen kann, ebenso wie er Entwicklungsmöglichkeiten bieten, Leistungen hervorheben und Herausforderungen stellen kann.

Anerkennung zeigen

Der Teamführer muß den Teammitgliedern seine Anerkennung zeigen, indem er:
- kurze, aber regelmäßige Besprechungen zu den Fortschritten der Gruppe abhält;
- Interesse für alles zeigt, was dem Team wichtig ist;
- ein Klima von Anerkennung und Kooperation schafft;
- Sorge trägt, daß jedes Teammitglied versteht, wie wichtig sein Beitrag für die Zielsetzungen des Teams ist;

- sicherstellt, daß das Team die Ziele des Unternehmens erkennt und was an diesem bestimmten Industrie- oder Handelszweig von Bedeutung ist.

Entwicklungsmöglichkeiten bieten

Der Teamführer kann Teamentwicklung dadurch fördern, daß er:

- für inner- und außerbetriebliche Weiterbildung und Entwicklung sorgt;
- alle nötigen internen und externen Kontakte organisiert und erleichtert;
- Fortbildung zusammen mit anderen Teams nutzt und horizontale Kommunikation fördert;
- vernünftige und erreichbare Ziele setzt.

Auf Leistung hinweisen

Der Teamführer muß Leistung anerkennen und, noch wichtiger, auf sie hinweisen, indem er:

- Erfolge des Teams lobt und innerhalb und, wenn möglich, auch außerhalb des Unternehmens publik macht;
- der Geschäftsführung regelmäßig über den Fortschritt des Teams berichtet und die Ansichten der Geschäftsführung und deren Worte des Lobes sowie der Kritik an das Team weitergibt;
- regelmäßige Einzelsitzungen mit den Teammitgliedern abhält, wo jeder über seinen Fortschritt bei einer Aufgabe Rechenschaft ablegen muß und Ratschläge erhält;
- die Ergebnisse und Erfolge des Betriebes und der Abtei-

lung weitergibt und darüber berichtet, inwieweit sein Team zu den Erfolgen beigetragen hat.

Herausforderungen stellen

Der Teamführer muß für sein Team Herausforderungen stellen, indem er:

- die gegenseitig vereinbarten Zielsetzungen des Teams festlegt und weitergibt;
- Vollmachten und Genehmigungen besorgt, die dem Team größtmögliche Verantwortung übertragen;
- einen »Thronfolge«-Plan aufstellt und die Erwartung auf Beförderung zum Teamführer dadurch schürt, daß er wenigstens einen Stellvertreter gründlich darauf vorbereitet;
- Ideen und Herausforderungen fördert. Wo es machbar ist, sollte der Anführer dafür sorgen, daß das Team seine Ideen umsetzen kann, selbst über betriebliche Richtlinien und Grenzen hinweg.

Wie wir im 11. Kapitel gesehen haben, besitzt jeder Mensch einen anderen Erfahrungsschatz, und dieser prägt seine Sicht der Umwelt, der Mitmenschen und seiner selbst. Die wiederum hat Auswirkungen auf die individuellen Rechte, die jemand sich selbst oder anderen zugesteht. Diese wiederum beeinflussen das Verhalten eines Menschen gegenüber anderen, d. h. das, was man sagt und was man tut. Verhaltensweisen müssen genau verstanden werden, weil das Verhalten einer Person das von anderen beeinflußt. Am wichtigsten – und vielleicht bisher noch wenig anerkannt – ist, daß *das Verhalten der einzige Teil von uns ist, der für andere tatsächlich sichtbar ist.*

In den meisten Situationen können wir wählen, wie wir uns verhalten, und dieses Bewußtsein können wir dann benutzen, um unsere Mitmenschen zu beeinflussen und zu motivieren. Damit der Teamführer sein Team motivieren kann, ist es unabdingbar, daß er genau weiß, was er will, und seine Ansichten klar und überzeugend darstellt. Professor Zander zählte 1982 mehrere Punkte auf, die unten angeführt sind.

Um andere zu beeinflussen und sie zu motivieren, müssen Sie folgendes tun:

- Sie müssen genau wissen, was Sie wollen und welche Überzeugungen Ihnen wichtig sind, welche Ziele Sie erreichen möchten und welche Richtung Sie für die richtige halten, für sich selbst und für Ihr Team.
- Sie müssen feststellen, welchen Effekt Anreize und Zwang auf Sie und Ihre Teamkameraden haben.
- Sie müssen überlegen, ob es möglich ist, auf Erfordernisse der Teammitglieder einzugehen, ohne daß Sie Ihre eigenen Ziele aus den Augen verlieren oder zu schnell kapitulieren, anstatt positiv zu reagieren.
- Sie müssen sich entscheiden, ob Sie bereit sind, persönliche Präferenzen aufzugeben oder Ihre eigenen Rechte zu beschneiden, nur um Disharmonie in Ihrer Gruppe zu vermeiden.
- Sie müssen erkennen, wenn Sie an einem Projekt oder einer Aufgabe das Interesse verloren haben, und herausfinden, was zu tun ist, um dieses Interesse wiederzubeleben. Manchmal müssen Sie eine andere Person finden, die die Führung der Gruppe bis zur Beendigung der Aufgabe übernimmt.
- Sie müssen Gleichgesinnte finden und sich mit ihnen zusammentun.

– Sie müssen sozialem Druck standhalten, indem Sie Ihre Gedanken vor anderen verbergen, wenn Ihre Ansichten die Teamarbeit beeinträchtigen würden.

Sie können die obigen Anmerkungen als Richtschnur nehmen, wenn Sie damit beginnen, das Motivationsverhalten zu beeinflussen. Man sollte daran denken, daß viele Überredungsstile wie »Zuckerbrot und Peitsche« auf kurze Sicht durchaus wirksam sind. Wenn aber Überzeugungsarbeit auf offenere und fortschrittlichere Weise vorgenommen wird, folgt oft ein tieferes und engagierteres Verhalten.

Zuckerbrot-und-Peitsche-Methoden sind nicht motivierend, denn dabei stellt man Zwang an die Stelle von Motivation. Normalerweise entsteht dadurch eine Entweder-Oder-Situation, und sie sollte nur angewendet werden, wo man ein schnelles Ergebnis braucht und eine fortschrittliche Methode nichts ausrichten würde. Wenn das Gebäude in Flammen steht, sagen Sie den Leuten, daß sie es so schnell wie möglich verlassen sollen. Sie berufen keine Sitzung ein, um mit ihnen zu diskutieren, was in dem Film *Flammendes Inferno* passiert ist, um auf diese Weise ein Programm in Gang zu setzen, das sie zum Verlassen des Gebäudes motivieren soll.

Ganz typisch für Beeinflussung durch Druckausübung sind Drohungen, Aggression, Nörgeln und Manipulation. Dadurch verliert der Empfänger sein Gesicht und wird sich rächen wollen. Druckausübung wirkt auf lange Sicht oft demotivierend und geht charakteristischerweise mit Belohnungen kurzfristiger Natur einher, wie jemanden mit Geld, einer Beförderung oder mehr Freizeit zu bestechen. Häufig ist es dann so, daß aus der Belohnung schnell ein Recht abgeleitet wird und sie immer wieder erhöht werden muß, damit das Leistungsniveau gehalten wird. Einige Menschen können es auch als Beleidigung auffassen, wenn ihnen eine Belohnung angeboten wird, vor allem wenn sie in keiner Relation zu der geleisteten Arbeit steht. Geld kann nur als Anerkennung einer Leistung eingesetzt werden, nicht jedoch als Bestechung für noch zu leistende Arbeit.

Andere zu beeinflussen, indem man sie mit sich zieht, d. h. überzeugt, wirkt motivierend. Bei diesem Stil wollen die Menschen bestimmte Aufgaben erfüllen. Er muß jedoch aus Überzeugung eingesetzt werden und nicht aus manipulatorischen oder unaufrichtigen Gründen. Wenn man den Überzeugungsstil richtig einsetzt, kann er zu einem engagierteren Einsatz führen und die Moral erhöhen. Der Überzeugungsstil schafft Visionen und führt zu einer Verbesserung der Leistung im Unternehmen. Man erzielt damit möglicherweise nicht so schnelle Ergebnisse, weil der Aufbau eines langfristigen Engagements durch intensive Diskussionen, Herausforderungen und Überlegungen mit eine Rolle spielt, aber wenn die Ergebnisse erst einmal erreicht sind, können sie kaum noch umgeworfen werden. Beim Überzeugungsstil sind gewisse Verhaltensweisen und Offenheit des Teamführers nötig, der sein Team durch Aussagen wie »Ich habe da ein Problem und brauche eure Hilfe« zur Kooperation zu animieren versucht. Das bedeutet unweigerlich, daß der Teamführer Ehrlichkeit und Aufrichtigkeit zeigt, weil sonst keine Vertrauensbasis geschaffen werden kann.

Der Überzeugungsstil läßt Verantwortlichkeit, Projektinbesitznahme und Engagement anderer zu. Bei ihm muß Anerkennung und Lob verteilt werden, aktiv und nicht passiv zugehört werden; am effektivsten funktioniert er, wenn man merkt, daß der Teamführer sich über das Engagement der anderen freut, daß er begeistert die Hoffnungen und Visionen des Teams teilt. Man muß sich davor hüten, erst Druck auszuüben und dann mit Überzeugungen weiterkommen zu wollen. Eine rückständige Einstellung, eine Entweder-Oder-Situation und das Fehlen von Engagement, die durch Druckausübung verursacht werden, kann man nicht einfach dadurch beheben, daß man sie »mit Zucker überzieht«. Soweit es zeitlich möglich ist, sollte der Teamführer mit der Kraft der Überzeugung arbeiten, und wenn dies nicht funktioniert, dann kann – zumindest bei kurzfristigem Krisenmanagement – Druck ausgeübt werden, damit bestimmte kurzfristige Ziele erreicht werden.

Wir haben eine Motivations-Checkliste erarbeitet und hoffen, daß Teamführer die eine oder andere Idee bei ihrer Teambildung anwenden werden.

1. Menschen richten ihr Verhalten nach der zu erwartenden Belohnung. Die Belohnungen sollten daher von der Leistung abhängen und so bald wie möglich nach Abschluß einer Aufgabe ausgeteilt werden. Denken Sie daran, daß nicht jeder Mensch durch das gleiche motiviert wird.
2. Vermeiden Sie unnötige Drohungen oder Bestrafungen; sie führen nur zu Ausweichverhalten, vor allem im Team.
3. Vergewissern Sie sich, daß Leistung angemessen gewürdigt wird. Jeder Mensch braucht das Gefühl, wichtig zu sein, mag seine Position im Unternehmen noch so bescheiden sein.
4. Lassen Sie den Mitarbeitern Raum für Flexibilität, geben Sie ihnen Auswahlmöglichkeiten und Vollmachten; erlauben Sie ihnen, Entscheidungen zu treffen. Jemand,

dem keine eigene Wahl ermöglicht wird, neigt dazu, passiv und lethargisch zu werden.

5. Geben Sie Unterstützung, wenn es nötig ist. Beschäftigte sollten ermutigt werden, um Unterstützung und Hilfe zu bitten. Dies sollte nicht als ein Zeichen von Schwäche ausgelegt werden.
6. Übertragen Sie den Teams Verantwortung und Verantwortlichkeit. Wenige Menschen weisen Verantwortung zurück, solange die betreffenden Aufgaben in ihrem Verantwortungsbereich und im Bereich ihrer Fertigkeiten und der des Teams liegen. Genauso werden sie gerne Verantwortung tragen, wenn sie sehen, daß die Ergebnisse sich positiv auf das Team auswirken.
7. Ermutigen Sie Beschäftigte und Teams dazu, sich Ziele zu setzen oder zumindest aktiv am Zielsetzungsprozeß teilzunehmen. Mißerfolge werden sich nicht vermeiden lassen; Sie sollten sie sich anschauen und anderen zeigen, als Beitrag zum Lernprozeß. Mißerfolge zu »bestrafen«, auch nur durch eine intolerante Körpersprache, führt dazu, daß keine Risiken mehr eingegangen werden; Risiken sind jedoch ein wesentlicher Bestandteil von Kreativität.
8. Vergewissern Sie sich, daß den Beschäftigten und Teams bewußt ist, in welcher Weise ihre Arbeit zu den Unternehmenszielen beiträgt. Sonst kann Routinearbeit zu Passivität und Langeweile führen.
9. Vergewissern Sie sich, daß Ihre Teammitglieder Ihre Erwartungen hundertprozentig verstanden haben.
10. Geben Sie Ihrem Team die persönliche Genugtuung, eine schwierige, fordernde Aufgabe gut zu erledigen.
11. Beobachten Sie sich einmal, wenn Sie reden. Sie sollten die Teammitglieder mit ihrem Namen anreden, sie dazu ermutigen, etwas zu sagen und ihre Meinung

kundzutun. Interagieren Sie mit ihnen und kontrollieren Sie, ob Sie und die anderen sich über ihren Beitrag im klaren sind. Bestätigen Sie, daß Sie die Ansichten und Ideen des Teams in sich aufgenommen haben, indem Sie das Gesagte noch einmal wiedergeben.

12. Beachten Sie Ihr nichtverbales Verhalten. Setzen Sie sich zu Ihren Teammitgliedern, nicht hinter einen Schreibtisch. Ihre Haltung sollte offen und entspannt sein, lächeln Sie. Schauen Sie andere direkt an, wenn Sie mit ihnen sprechen, und halten Sie immer Blickkontakt. Betonen Sie mit Ihrer Mimik bestimmte Punkte und haben Sie keine Angst vor Gesten, wobei Sie natürlich offensive Gesten vermeiden sollten. Wo es paßt, sollten Sie mit etwas Humor würzen.

13. Akzeptieren und planen Sie Projekte und Aufgaben für Ihr Team, die mit den Bedürfnissen des Teams nach Zusammengehörigkeit, Anerkennung und Leistung vereinbar sind.

14. Behandeln Sie auch in Teamsituationen alle Beschäftigten als Individuen.

15. Vermitteln Sie Ihrem Team sofort Ihre Reaktion auf das, was es gesagt oder getan hat; Sie sollten nie eine negative Bewertung geben, ohne diese genau zu begründen.

16. Machen Sie – mit Ihrem Team – Barrieren aus, die die Arbeit einzelner oder des Teams behindern, und schaffen Sie sie aus dem Weg.

17. Zeigen Sie Vertrauen in Ihr Team. Teams, von denen erfolgreiche Arbeit erwartet wird, erreichen dies häufiger als solche, von denen man erwartet, daß sie keinen Erfolg haben.

18. Erhöhen Sie die Wahrscheinlichkeit, daß Ihr Team Erfolgserlebnisse hat. Es ist ein altes Klischee, aber richtig: Nichts ist so erfolgreich wie der Erfolg.

19. Zeigen Sie Interesse für jedes einzelne Teammitglied.

20. Ermutigen Sie Teams dazu, sich an Entscheidungen zu beteiligen, die sie selbst betreffen. Einzelpersonen und Teams, die keine Gewalt über ihr Schicksal haben, werden passiv, weil die Gewalt über ihr Leben von außen kommt. Dies kann zu angelernter Hilflosigkeit führen.

21. Schaffen Sie eine Atmosphäre des Vertrauens und der offenen Kommunikation. Motivation ist dort am ausgeprägtesten, wo die Teams ermächtigt wurden.

22. Teams müssen erkennen, daß ihre Aufgaben etwas mit dem Output des Unternehmens oder der Abteilung zu tun haben.

23. Hören Sie den Ängsten und Beschwerden der Teammitglieder gut zu und befassen Sie sich mit ihnen. Teamprobleme können die Effektivität sehr reduzieren, wenn man sie ignoriert.

24. Weisen Sie in den frühen Phasen der Teambildung häufig auf Leistungsverbesserungen hin.

25. Der Teamführer ist Motivator und muß daher motiviert sein. Ein entsprechendes Verhalten und die richtige Einstellung ist dabei eine enorme Hilfe.

26. Kritisieren Sie das Verhalten, aber nicht die Menschen selbst. Jemand kann eine Aufgabe schlecht erledigen und trotzdem ein wertvolles Mitglied des Teams sein. Eine negative Einschätzung von Teammitgliedern bezüglich einer Leistung sollte nie den Ausführenden zum Ziel haben, z. B. »dumm«, »blöd«, »faul« usw.

27. Beachten Sie, daß die Arbeit und Anstrengung des Teams sich in Ergebnissen auszahlen. Andernfalls besteht die Neigung, sich erst gar nicht anzustrengen.

28. Besorgtheit ist ein grundlegender Bestandteil von Teammotivation. Ein völliges Ausschalten könnte zu Lethargie führen; ein sehr hoher Grad von Besorgtheit könnte jedoch zu Desorientierung und Ineffektivität führen.

29. Berücksichtigen Sie kurz- und langfristige Motivation. Wenn Teams nur kurzfristige Bestätigung und Anreize erhalten, erreichen sie oft keine optimale Motivation. Ihnen fehlt eine langfristige Perspektive der Teamarbeit.
30. Vermeiden Sie ein Zuviel an Motivation.

13. Motivation und Moral

»Der Appetit kommt beim Essen.«

François Rabelais

Immer wieder äußern Manager und Teamführer ihren Wunsch nach effektiven Strategien zur Motivierung von Beschäftigten. Motivationsmodelle, die in Betracht ziehen, wie Menschen mit Information umgehen, basieren auf zwei Voraussetzungen.

1. Der Mensch lernt, daß bei bestimmten Verhaltensweisen positive oder negative Resultate zu erwarten sind.
2. Der Mensch ist in der Lage, sich den Wert der obigen Folgen auszurechnen.

Wenn der Teamleiter das Team zu motivieren versucht, muß er daran denken, daß zwischen dem Handeln und dem Verhalten eines Menschen und dem Wert, den dieser dem zu erwartenden Ergebnis beimißt, ein direkter Zusammenhang besteht.
Drei wichtige Fragen sollten beantwortet werden, ehe sich der Teamführer daranmacht, andere zu motivieren.

1. Welche Erwartungen hat der einzelne Beschäftigte in bezug auf das Arbeitsumfeld?
2. Welche Verbindungen sieht er zwischen den verschiedenen Verhaltensweisen am Arbeitsplatz und den Ergebnissen dieser Verhaltensweisen?
3. Worauf legen die Beschäftigten Wert?

Was die Beschäftigten als Ergebnis ihrer Arbeit erwarten, kann von den Teamführern beeinflußt werden; sie können sehr deutlich die Verbindung zwischen dem Verhalten und den Folgen aufzeigen. Das Beeinflussen der Werte von Menschen ist jedoch nicht leicht, und man muß eigentlich sagen, daß dieser Bereich, das Entdecken und Berücksichtigen von individuellen Werten im Arbeitsumfeld, bisher von Managern in britischen Unternehmen noch nicht ausreichend erforscht wurde.

Bisher befaßte man sich ausschließlich mit Einzelbelohnungen wie Gehältern oder Prämien, über die die meisten Manager und Teamführer keine oder wenig Kontrolle haben. Dazu hat man uns oft genug überzeugen wollen, daß Geld für die Beschäftigten am wichtigsten sei. Manager und Teamführer, die mit dieser Ansicht übereinstimmen, aber wenig oder keine Kontrolle über die Bezahlung der Beschäftigten haben, kommen manchmal zu dem falschen Schluß, daß das Unternehmen sie davon abhält, ihre Teammitglieder effektiv zu motivieren.

Ein besseres Verständnis der Probleme, die mit einer Überbetonung von Geld als Hauptmotivator für Teammitglieder zusammenhängen, kann dadurch gewonnen werden, daß man Belohnungen und Bestrafungen in zwei Kategorien einteilt: intrinsisch (was aus uns selbst kommt) und extrinsisch (was von außerhalb kommt).

Wir können intrinsische Belohnungen definieren als die Ergebnisse des Arbeitsverhaltens, die für den einzelnen wichtig sind, aber vom Unternehmen nicht offiziell anerkannt werden. So kann z. B. die Ausführung einer bestimmten Aufgabe auf die betroffene Person eine stimulierende Wirkung haben, obwohl die Erledigung der Arbeit normalerweise keine greifbare Belohnung wie z. B. eine Gehaltszulage nach sich zieht.

Zu den extrinsischen Belohnungen gehören gewöhnlich greifbare Vorteile, die offizielle Geschäftsbahnen durchlaufen und sowohl Gehalt als auch Beförderung, Firmenwagen usw. umfassen. Unternehmen, die auf einem bestimmten Arbeitsmarkt um dieselben Fertigkeiten bzw. Fachkräfte konkurrieren, geben normalerweise Untersuchungen über diese extrinsischen Belohnungen in Auftrag, um sicherzugehen, daß sie mit allen anderen Unternehmen, die auf demselben Arbeitsmarkt ihre Mitarbeiter suchen, konkurrieren können. Folglich erhöht die relative Vergleichbarkeit extrinsischer Belohnungen bei ähnlichen Unternehmen die Bedeutung der intrinsischen Belohnungen. Das heißt, wenn zwei Betriebe dieselben Bezahlungspakete anbieten, wird jemand den Betrieb wählen, wo er eher die für ihn wichtigen, intrinsischen Belohnungen erwarten kann. Beide Autoren haben in Unternehmen gearbeitet, in denen bei der Anwerbung junger Absolventen und erfahrener Kräfte intrinsische Belohnungen eine große Rolle spielten; diese wurden benannt als Fortbildungsmöglichkeiten, berufliches Weiterkommen und die Möglichkeit zu Auslandsreisen.
Teamführer müssen also die Stärken und die Triftigkeit von intrinsischen Belohnungen, die ihr Unternehmen anbietet, kennen, damit diese bekanntgemacht werden können.
Es wäre falsch, anzunehmen, daß Beschäftigte in einem bestimmten Arbeitsumfeld immer versuchen, die Folgen ihres Verhaltens zu beobachten und einzuschätzen, und auf Belohnungen aus sind. Es gibt empirische Beobachtungen und Fallstudien, die deutlich zeigen, daß jemand, der ein gewisses Verhaltensmuster erkannt hat, das zum gewünschten Ergebnis führt, wahrscheinlich kaum noch alternative Verhaltensweisen in Betracht zieht. Anders ge-

sagt: Die neugelernten Verhaltensweisen werden zur Gewohnheit. Wenn dies geschieht, sind sie nicht mehr so leicht zu beeinflussen. Will der Teamführer diese Verhaltensweisen dennoch effektiv beeinflussen, muß er den Betreffenden dazu anregen, die Konsequenzen seiner Gewohnheiten, in die er verfallen ist, zu überdenken. Das ist keine leichte Aufgabe. Je mehr sich die Gewohnheit bei einem Menschen (und einem Unternehmen) festgesetzt hat, desto schwieriger wird es, sie zu ändern. Ein Beispiel, dem wir immer wieder in der Industrie- und Geschäftswelt begegnen, sind die eingefahrenen Arbeitsstrukturen im mittleren Management. Es findet nichts Falsches an diesen Gewohnheiten, die ihm ja praktisch zu seiner Stellung verholfen haben; es wird daher immun gegen jegliche Veränderung.

Eine Änderung der Gewohnheiten kann nur erreicht werden, wenn man die Aufmerksamkeit des einzelnen wieder auf die intrinsischen und extrinsischen Belohnungen lenkt, die mit den zur Gewohnheit gewordenen Verhaltensweisen verbunden sind. Im wesentlichen heißt das, den Grad der Selbsterkenntnis der Betroffenen zu erhöhen. Sie müssen angeregt werden, einmal in sich hineinzuschauen, um ihre derzeitigen Bedürfnisse zu untersuchen und sich zu fragen, ob und wie die Bedürfnisse durch die eigenen Verhaltensmuster befriedigt werden. Dabei kommt natürlich oft heraus, daß die jetzt gezeigten Verhaltensmuster nicht zu den Ergebnissen führen, die die Bedürfnisse der Betroffenen befriedigen. Das Beispiel weiter unten wird zur Erhellung dieses Punktes beitragen.

In vielen Unternehmen ist die Moral oft gedrückt. Dann versprechen Manager, Teamführer und Aufseher, daß eine Verbesserung der Beschäftigtenmoral eine Verbesserung der Produktivität nach sich ziehen werde. Leider behandeln Manager und Teamführer das Problem der fehlenden Moral als ein Ereignis oder einen Unternehmenszustand, der mit ihnen in keinem Zusammenhang steht. Sie sehen also nicht, daß sie irgendeinen Einfluß auf dieses Problem haben könnten. Interessanterweise tragen Manager in solchen Situationen erheblich dazu bei, daß das Problem der fehlenden Moral überhaupt entsteht. Wenn Manager ihre negativen Ansichten über den Zustand eines bestimmten Unternehmens ausstrahlen, läßt sich ziemlich genau voraussagen, daß Teammitglieder eine ähnlich negative Einstellung zeigen werden. Der Erfolg jeglicher Interventionspolitik zur Hebung der Moral hängt also von den Managern ab – sie müssen ihre Einstellung ändern und positive Vorbilder statt negativer werden. Manager und Teamführer können die Moral nur heben, indem sie sich ihre eigenen Einstellungen vornehmen und sie ändern; ihr positives Verhalten kann von den Mitarbeitern dann als Unterstützung und Engagement interpretiert werden.

Probleme der Moral stehen in engem Zusammenhang mit Motivation, Produktivität, Kundenservice und Qualität. Diese Variablen hängen auch mit den intrinsischen und extrinsischen Belohnungen zusammen, die man in einem Unternehmen erhalten kann. Ein Modell soll dazu dienen, diese Variablen verständlich zu machen und ihre Beziehungen untereinander zu verdeutlichen. Das Modell weiter unten stellt einen Leitfaden dar, der der Unternehmensleitung mögliche Vorgehensweisen aufzeigt, die die Motivation und dadurch den Wert des Unternehmens erhöhen.

Vrooms Motivationsmodell folgt einer Lehrmeinung, die davon ausgeht, daß Menschen einen Weg zu einem Ziel einschlagen, wenn sie erwarten, daß er zu einer Belohnung oder zur Befriedigung von Bedürfnissen führt.

Wir können Erwartung als den Glauben definieren, daß man eine Aufgabe erledigt und dafür belohnt wird.
Zu Belohnungen können Dinge gehören wie ein sicherer Arbeitsplatz, Beförderung, Geld und gute Arbeitsbedingungen.
Vrooms Motivationsmodell (1964):

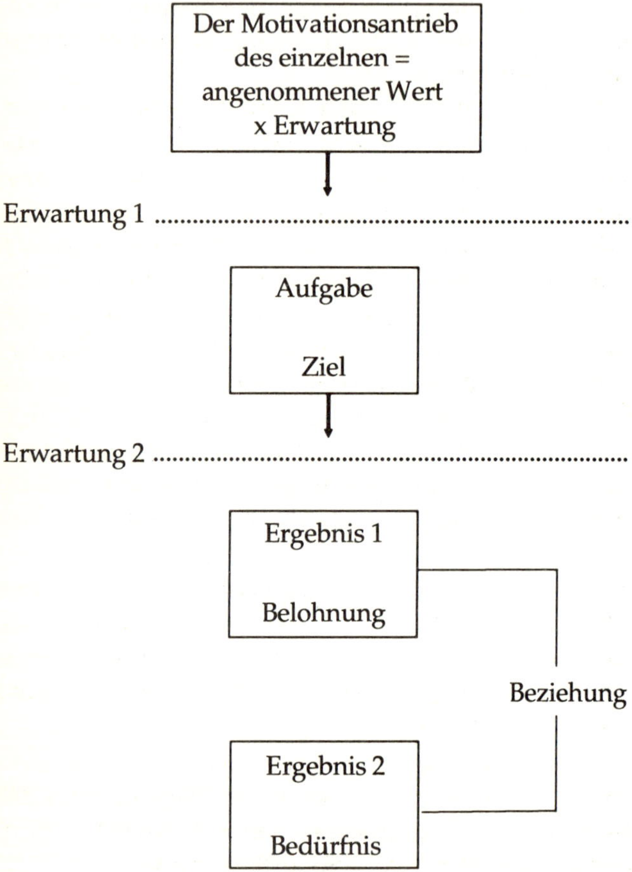

Bedürfnisse umfassen die Bereiche, die durch das Erhalten der Belohnungen befriedigt werden, wie z. B. Essen, Wohnen, Status und eine befriedigende Arbeit.
Wir können also davon ausgehen, daß Beschäftigte, die hohe Produktivität oder Qualitätsarbeit als einen Weg zur Erreichung von einem oder mehreren Zielen sehen, wohl hohe Produzenten oder Beschäftigte von hoher Qualität sind; andersherum: Wenn niedrige Produktivität für sie ein Weg zum Erreichen dieser Ziele darstellt, werden sie eher niedrige Produzenten sein.
Wenn einer Fabrik oder einem Büro nach Beendigung einer zugewiesenen Aufgabe die Schließung droht und der einzelne seinen Job behalten möchte, darf es nicht überraschen, wenn die Folge geringes Engagement und niedrige Produktivität ist; diese Person sieht darin eben einen Weg zur Sicherung ihres Arbeitsplatzes (d. h. kein voller Einsatz, damit die Arbeit gestreckt wird). Ist es da überraschend, daß Schiffsbauer keine besondere Eile haben, das letzte im Bau befindliche Schiff fertigzustellen, wenn die Werft danach zumacht?
Die Produktivität des einzelnen hat also mit seiner Motivation zu tun, dem Willen, etwas mit einem bestimmten Maß von Einsatz auszuführen. Motivation wiederum hängt ab von:

- den besonderen Bedürfnissen des einzelnen, die von den Zielen, auf die er zuarbeitet, befriedigt werden dürften;
- der Bedeutung, die der einzelne dem Arbeitsverhalten in der Beziehung zwischen den Bedürfnissen und der Belohnung zumißt.

Das Modell weist deutlich auf eine Beziehung zwischen Belohnungen und Bedürfnissen. Wenn jemand z. B. nicht glaubt, daß er eine ihm zugewiesene Aufgabe erledigen kann, folgt daraus logischerweise, daß Belohnungen (und die Befriedigung der Bedürfnisse) in weite Ferne gerückt sind, und die Motivation sinkt. Einmal angenommen, jemand fühlt sich zu dieser Aufgabe imstande, glaubt aber nicht, daß er die damit verbundene Belohnung erhalten wird, dann wird er auch nicht sehr dazu motiviert sein, die Arbeit auszuführen. Sobald Belohnungen nicht als Mittel zur Befriedigung der Bedürfnisse gesehen werden, wird kaum jemand hochmotiviert an die Arbeit gehen.

Wenn der Teamführer sich die Motivation der einzelnen Teammitglieder vornimmt, kann er sich einige sachdienliche Fragen stellen:

- Erhalten Teammitglieder Aufgaben, denen sie gewachsen sind? Wenn nicht, warum nicht?
- Welche Arten von Belohnung, sowohl extrinsische als auch intrinsische, erhalten die Teammitglieder für erfolgreiches Abschließen einer Aufgabe?
- Welche Arten von intrinsischen Belohnungen, die an Teammitglieder für das erfolgreiche Abschließen einer Aufgabe verteilt werden könnten, bleiben unbeachtet?
- Wie sehen die Beziehungen zwischen den Belohnungen, die an Teammitglieder verteilt werden, und ihren eigenen Bedürfnissen aus?

Der Teamführer wird schnell erkennen, daß sich ein motiviertes Team innerhalb des Unternehmens nicht entwickeln läßt, wenn diese Fragen nicht angegangen und Korrekturmaßnahmen ergriffen werden, wo es nötig ist.

Ein gutes Beispiel für effektive Motivation und hohe Moral kann man der Geschichte über Apple Mackintosh entnehmen. Der Gründer und Vorstandsvorsitzende von Apple Mackintosh beschloß zusammen mit seinen Kollegen, daß er, um mit IBM konkurrieren zu können, die Leitung des

Entwicklungsteams für ein neues, benutzerfreundliches Produkt übernehmen würde. Er warb junge Leute an und formte aus ihnen ein Team, das von den Regeln und Richtlinien des Unternehmens befreit war. Sie saßen in einem getrennten Gebäude (aus dem sie die Totenkopfflagge flattern ließen!), sie konnten anziehen, was sie wollten, kommen und gehen, wie es ihnen gefiel, und wurden auf jeder Stufe der Entwicklung konsultiert. Die Belohnungen und die Anerkennung, die zusammen mit dem Risiko geboten wurden, waren ausgesprochen hoch, ebenso Motivation und Moral. Innerhalb kurzer Zeit entwickelten sie den Apple Mac, den wahrscheinlich modernsten Personalcomputer seiner Zeit.

Weniger aufregende Beispiele finden sich in dem »Konkurrenzkampf« zwischen verschiedenen Schichtteams, z. B. im Bergbau oder auf Bohrinseln (wer kann am meisten Kohle abbauen, Rohre legen usw.).

14. *Ngahau Toa*

Teambildungsprinzipien haben sich, wie dieses Buch beweist, im Laufe der Jahre enorm gewandelt. Die heutige Einstellung zum Team und den Teammitgliedern, deren Bedürfnissen und Wünschen nachgekommen werden muß, ist relativ neu. Bei den frühen Teamprinzipien ging es nur darum, daß das Team zum Wohle des Unternehmens als eine Einheit funktionierte.

Die Teambildungsmethoden haben sich gewandelt. Unsere Pionierarbeit bestand z. B. darin, die Energien der darstellenden Künste auf die Geschäftswelt zu übertragen – mit großem Erfolg.

Ganz ohne Zweifel wird es auch in Zukunft Veränderungen geben, aber große Unternehmen würden eine noch radikalere Teambildung im Moment wahrscheinlich nicht akzeptieren. Auch wenn alle Mitglieder eines großen, multinationalen Konzerns sich auf einen neuen Weg einigen, dauert es Jahre, bis der Multi diesen Weg auch gegangen ist; immense Kräfte sind nötig, um Berge zu versetzen, selbst mit dem richtigen Hebelansatz. In kleinen Unternehmen wird die Teambildung jedoch mit ebensoviel Schwung betrieben, nur wird dies oft in Büchern, die sich mit diesem Thema befassen, übersehen. Gerade die geringe Größe ermöglicht die relativ schnelle Durchführung von höchst radikalen Veränderungen. Die Ergebnisse sind beeindruckend und lassen erahnen, was die Zukunft noch bringen wird.

Wir standen in enger Verbindung mit zwei kleinen Unternehmen, in denen eine sehr radikale Teambildung stattfand und wo eigentlich der ganze Betrieb eine innovative Linie eingeschlagen hat. Wir sind diesen Unternehmen sehr dankbar, daß sie uns über ihre Erfahrungen berichtet haben. Ein Großteil der Arbeit in diesen Unternehmen lag bei einer Beraterin, mit der wir schon zusammengearbeitet haben: der Neuseeländerin Tracey Bronlund, deren Maori-Motto, das auf ihrer Visitenkarte steht, als Titel dieses Kapitels gewählt wurde. *Ngahau Toa* heißt wörtlich »den tapferen Krieger bestärken und unterstützen«. In unserem Fall ist dieser tapfere Krieger jeder in einem Unternehmen, der bereit ist, ein Risiko auf sich zu nehmen; das Unternehmen muß diese Idee soweit wie möglich unterstützen.
Dieses idealisierte Prinzip ist nur durchführbar mit Ermächtigungen und persönlichen Entwicklungen, die weiter gehen als gewöhnlich. Das Grundprinzip besteht darin, daß jedes Mitglied des Teams einen gleichwertigen Beitrag leistet und innovatives Denken nicht auf bestimmte Personen beschränkt bleibt. Der kleine Bürogehilfe ist genauso wie der Geschäftsführer in der Lage, Chancen und neue Wege wahrzunehmen, und sie sollten ermutigt werden, an einem Strang zu ziehen. Ja, wenn der Bürogehilfe eine zündende, innovative Idee hat, sollte er zum Teamleiter ernannt werden; der Geschäftsführer würde zu seinem Team gehören, ihn vielleicht mit den für ihn neuen Komplexitäten des Geschäftslebens vertraut machen. Das Ergebnis ist durchaus effektiv, denn dem Geschäftsführer kommen, im Gegensatz zum Bürogehilfen, interne Beschwerden über die Firma kaum zu Ohren. Auf jeden Fall hört man am Empfang viele Kommentare von Außenstehenden über das Unternehmen, die sehr wertvoll sein können.

Das ideale Team behandelt jedes Mitglied des Unternehmens als seine Augen und Ohren, Hände und Füße. Wenn der Bürogehilfe nicht die Macht hat, Beiträge zu leisten, dann ist der Betrieb blind und gelähmt.

Eine weitere Innovation besteht darin, jedem Mitglied des Unternehmens die Gelegenheit zu geben, das zu sein, was es sein möchte. In einem der Unternehmen entdeckte eine der Schreibkräfte, daß sie gerne im Kundenverkehr tätig wäre. Es wurde so eingerichtet, daß sie in ihrem Arbeitsumfeld mehr mit Kunden zu tun hatte. Aber eigentlich wünschte sie sich noch mehr persönlichen Kontakt, den dieses Unternehmen nicht zu bieten hatte; daher verließ sie es und ging in den Einzelhandel. Sie hätte ihre eigenen Bedürfnisse ohne dieses Unternehmen jedoch nicht entdeckt, und das Unternehmen verlor eine Mitarbeiterin, die in ihrer Arbeit keine Erfüllung gefunden hätte; genauso wie seine Prinzipien viele anziehen, die gerade hier ihre Erfüllung finden und einen wertvollen Beitrag leisten, aber durch traditionelle Arbeitsvermittlung falsch eingesetzt worden wären.

Das wahrscheinlich innovativste Prinzip war, daß die Kunden hochgeschätzte Mitglieder des Unternehmensteams waren. Ganz wörtlich. Großunternehmen haben den Wert von Kundenbewußtsein erkannt, es aber so umgesetzt, daß sie nur enger mit den Kunden zusammenarbeiten. In diesen kleinen Unternehmen wurde die Entwicklung eines Produktes jedoch mit den Beratern der Kunden, die zum Team gehörten, durchgeführt. Sie nahmen wörtlich an den Entscheidungsfindungsprozessen teil. Natürlich kann das nur funktionieren, wenn eine Basis des Vertrauens vorhanden ist; und eigentlich funktioniert es nur, wenn die anderen Unternehmen nach den gleichen Prinzipien verfahren. Das tun nicht viele, und sie sind meistens ziemlich klein,

aber die Zukunft wird vielleicht eine Verbreitung dieser Prinzipien bringen.
Wenn das Obige gelingen soll, braucht ein Betrieb eine »Projektkontrolle«, die als das Herz des betrieblichen Körpers bezeichnet werden könnte. Sie soll sicherstellen, daß alle Teams das richtige Umfeld für ihre Arbeit erhalten. Das bezieht sich entweder auf die physische Umgebung oder die Einstellung der Teammitglieder; die Projektkontrolle ist die »Mutter« aller Beschäftigten – sie befaßt sich mit ihren Bedürfnissen, damit die Beschäftigten sich ihrer Arbeit widmen können. Wenn ein Team nicht weiterkann, weil ihm – vielleicht – bestimmte Fertigkeiten und Kenntnisse fehlen, sucht und findet die Projektkontrolle diese Fertigkeiten, oftmals an den unwahrscheinlichsten Orten.
Eines der eben erwähnten Unternehmen ist »gescheitert«; es ging in Liquidation. Ironischerweise war das Scheitern zumindest teilweise der Tatsache zuzuschreiben, daß die innovativen Prinzipien durch traditionelle Geschäftsmethoden ersetzt worden waren.
Das Unternehmen war völlig »offen« gewesen. Jeder war für alle ansprechbar, bis hin zum Geschäftsführer. Die Politik »der offenen Tür« wurde sogar noch übertroffen – es gab überhaupt keine Türen. Der Mann, der den Betrieb aufgebaut hatte, handelte nach seiner Vision dessen, was er für machbar hielt. Er vermittelte diese Vision dem ganzen Team, und sie besprachen sie regelmäßig ohne irgendwelche hierarchischen Barrieren. Die Ermächtigung hatte erstaunliche Folgen; jeder einzelne Beschäftigte des Unternehmens machte bereitwillig Überstunden, wenn es für die Einhaltung eines Termins nötig war, und alle hätten Eingriffe in ihren Lebensstil erlaubt, wenn es der Vision förderlich war. Sie hatten diese Vision wirklich zu ihrer eigenen Sache gemacht.

Unglücklicherweise entzog eine ausländische Firma ihre finanzielle Unterstützung – schuld daran waren ihre eigenen Probleme –, was in unserem Unternehmen zu einer Krise führte. Selbst dann sagte uns der Geschäftsführer noch: »Dies ist eine Chance für uns.« Man dachte nicht an ein Scheitern. Aber die finanziellen Probleme mußten angegangen werden, und ein »traditioneller« Manager wurde hinzugezogen, um aus der Krise zu helfen. Er war nicht durch die Vision ermächtigt; ja, seine größte Sorge galt der Frage, was für einen Firmenwagen er erhalten würde. Schlimmer noch, er teilte zwar die Vision des Besitzers, betrachtete sie aber als etwas, was dem Betrieb »mitgeteilt« und nicht mit »der Unterschicht« geteilt werden müßte. Der Zugang zum Besitzer war nun versperrt, er war nicht mehr ansprechbar, außer über den neuen Manager. Unzufriedenheit machte sich breit, persönliche Entfaltung war unmöglich geworden; es hieß nur noch: »Tu, was dir gesagt wird.« Die innovativsten Mitarbeiter verließen den Betrieb; wer blieb, waren die, die gerne taten, was man ihnen befahl, nicht diejenigen, die schöpferisch tätig sein wollten. Der Betrieb ging an Apathie ein.

Vielleicht gibt es aber auch hier ein Happy-End am Ende des Regenbogens. Selbst der völlige Zusammenbruch wurde vom Besitzer als eine Chance gesehen. Er baute seine alte Firma wieder auf und fand neue Geldgeber, wenn auch in kleinerem Rahmen. Der Manager wurde nicht wieder eingestellt, jedoch viele der früheren, kreativen Mitarbeiter. Manches scheint dafür zu sprechen, daß das neue Unternehmen Erfolg haben wird, für sich und seine Mitarbeiter. Auf jeden Fall stellt dies vielleicht das Modell der Zukunft dar.

15. Teamsitzungen

Ab und zu sind offizielle Teamsitzungen nötig. Das heißt nicht, daß informelle Treffen vermieden werden sollten, denn sie spielen eine wichtige Rolle für Teamzusammenhalt und Motivation, aber dieses Kapitel beschäftigt sich mit einem bestimmten Typ von Treffen, der offiziellen Sitzung. Die Häufigkeit solcher Sitzungen hängt vom Auftrag des Teams ab; sie können regelmäßig stattfinden oder *ad hoc* oder als eine Kombination von beidem, und die Zeitabstände richten sich nach der jeweiligen Aufgabe.

Mit den Teamsitzungen steht und fällt Teambildung und Moral; hier werden effektive Entscheidungen getroffen, Zustimmung und Ablehnung artikuliert; sie sind ein Diskussionsforum. Teammitglieder müssen ihren Kommentar abliefern können und sich als aktive Teilnehmer empfinden, weil sie wissen, daß es Kommunikationswege gibt, auf denen sie ihre Gefühle und Meinungen im ganzen Unternehmen bekanntgeben können. Die Teamsitzung kann – unter einer guten Leitung – dieses Forum sein. Unter einer schlechten Leitung kann durch sie ein großer Teil der Teambildungsarbeit am Arbeitsplatz zunichte gemacht werden.

Wir müssen uns zunächst vor Augen führen, was eine Sitzung ist und wann sie die einzig richtige Form der Zusammenkunft ist. Am effektivsten können wir das tun, indem wir die Anlässe betrachten, bei denen Sitzungen *nicht* nötig sind.

Einige Sitzungen werden abgehalten, um Informationen zu verbreiten, und verlangen kein Feedback von den Informationsempfängern. Vielleicht glaubt man, persönliche Präsentation in irgendeiner Form sei erforderlich; unter besonderen Umständen könnte eine Sitzung auch der beste Weg sein, die Information zugänglich zu machen. Dennoch darf nicht vergessen werden, daß schon das Arrangieren von Sitzungen Zeit kostet, und in den meisten Unternehmen sind die Sitzungszimmer ziemlich ausgebucht; sie dürfen nur für Wesentliches benutzt werden.

Memos

Am wirksamsten und sparsamsten läßt sich Information wohl einfach durch Memos verbreiten. Selbst wenn ein Memo mehrere Seiten lang ist, kann es von den einzelnen doch gelesen werden, wann es ihnen genehm ist und ohne Unterbrechung der Arbeitszeit. Dann könnte man gegebenenfalls eine kurze Sitzung einberufen, um die Meinung des Teams zu den im Memo behandelten Punkten einzuholen. Und selbst diese Punkte sollten dem Sitzungsleiter vor der Sitzung mitgeteilt werden, damit die Sitzungsteilnehmer eine gewisse Vorstellung haben, über welche Themen diskutiert werden soll. Wenn die Lektüre des Memos eine Stunde in Anspruch nimmt und die Sitzung vielleicht eine Viertelstunde, dann würde eine Menge an Arbeitsstunden gespart, weil vermieden wird, daß das ganze Team schweigend am Konferenztisch sitzt und das Memo erst liest.
Memos haben auch ihre Nachteile, vor allem den, daß sie nicht wichtig genug genommen und vielleicht gar nicht gelesen werden. Diese Nachteile kann man auf zweierlei

Art überwinden. Erstens: Ein Memo sollte effektiv und daher »benutzerfreundlich« sein; mit anderen Worten: Es sollte so geschrieben sein, daß es sich leicht liest. Effektives Berichteverfassen ist eine wesentliche Fertigkeit, deren Aneignung sich lohnt. Zweitens: Alle wichtigen Punkte im Memo sollten angesprochen werden, so daß diejenigen, die Memos nicht lesen, immer wieder »ertappt« werden und sie beim nächsten Mal dann gelesen haben!
In modernen Unternehmen gibt es ein drittes Hilfsmittel: die elektronische Post. Sie ermöglicht die Versendung von Memos über miteinander verbundene Computer und hat außerdem den Vorteil, daß eine Notiz an den Absender geht, die besagt, daß der Empfänger das Memo gelesen hat. Man kann auf diese Weise schnell feststellen, wer seine Memos einfach auf dem Bildschirm löscht, ohne sie gelesen zu haben. Bei elektronischer Post kann niemand mehr behaupten, das Memo habe ihn nicht erreicht, sei irgendwie hinter den Aktenschrank gerutscht, ging in der Ablage für Eingänge verloren usw.

Telephonsitzungen

In vielen Fällen werden ganze Teams von vielleicht zwölf Leuten zu Sitzungen einberufen, und das Ergebnis ist, daß zehn Leute still dasitzen, während zwei sprechen. Wenn eine Angelegenheit von zwei Personen geregelt werden kann, ohne daß die anderen etwas Nützliches dazu beitragen können, sollte eine Sitzung vermieden werden. Diese zwei sollten per Telephon verhandeln oder einfach den Flur hinuntergehen und beim Büro des anderen an die Tür klopfen. Wieder gibt es offensichtliche Nachteile. Für Sitzungen kann man sich vorbereiten, was bei Überraschungsbesuchen nicht der Fall ist. Aber auch da reicht ein kurzer Anruf mit dem Vorschlag: »Könnten Sie sich darauf bis da und dahin vorbereiten, ich rufe dann zurück ...«; das ist besser, als die Zeit anderer Leute nutzlos in Anspruch zu nehmen. Sitzungen und Anrufe können auch den Nachteil haben, daß eine Herr-und-Diener-Mentalität entsteht; d. h., es gibt normalerweise jemanden, der eine Information verlangt oder Instruktionen verteilt, und jemanden, der den Wunsch oder die Instruktion erhält. Es fehlt eine richtige Interaktion, es fehlen der Diskussionsleiter, der zwischen Parteien vermittelt, und eine dritte Partei, die andere Vorgehensweisen oder Möglichkeiten vorschlägt. Nichtsdestoweniger ist diese Form der Kommunikation in vielen Situationen, wo Sitzungen unnötigerweise einberufen werden, angemessen und weitaus kostenwirksamer.

Konferenzschaltungen

Die meisten modernen Unternehmen verfügen inzwischen über Telephonsysteme, die vom einfachen Anruf noch einen Schritt weitergegangen sind: Konferenzschaltungen. Diese gleichen fast einer Sitzung und ermöglichen den Input von mehr als zwei Personen. Sie verhindern ein wenig die Herr-und-Diener-Mentalität, haben jedoch immer noch ziemliche Nachteile. Bei unserer späteren Behandlung von »ordentlichen Sitzungen« werden wir sehen, daß der Vorsitzende aktiv darum bemüht sein muß, die Sitzung in Schwung zu halten. Auch wenn es bei einer Konferenzschaltung einen Vorsitzenden gibt, ist es für ihn sehr schwierig, die hundertprozentige Beteiligung aller Betroffenen zu erreichen, wenn er sie nicht sehen kann.

Darüber hinaus bilden die mündliche Kommunikation nur zwanzig Prozent der gesamten Kommunikation; bei Anrufen gehen die restlichen achtzig Prozent verloren. Ein Manager, der dauernd an telephonischen »Frühstückssitzungen« teilnimmt, sagte uns, daß ihm an solchen Sitzungen gar nichts läge und er jedesmal den Hörer ablege, frühstücke, ab und zu den Hörer aufnehme und eine kurze Bemerkung mache, um zu zeigen, daß er noch da sei. Weiß der Himmel, wie effektiv die Sitzungen wären, wenn alle Delegierten dies täten, aber unser Manager wurde auf jeden Fall, wie er andeutete, noch nie »erwischt«!

Videokonferenzschaltungen

Eine dritte Stufe von Telephonanrufen sind Videokonferenzschaltungen, wobei die Teilnehmer sich sehen können. Ein Wirtschaftsprüfer einer großen Telekommunikationsfirma sagt, daß die Nachfrage nach Fernsehtelephonapparaten gewaltig anstieg, als die Direktoren, die über mehrere Kontinente verteilt sein konnten, wegen des Golfkrieges wenig Lust verspürten, zu Sitzungen zu fliegen.

Von ein oder zwei Direktoren hat man schon die Bemerkung gehört, daß ja, wenn diese Art der Kommunikation Erfolg habe, »all diese teuren Flüge nach Rio, Hongkong usw. aus dem kommenden Jahresbudget gestrichen werden können, weil sie dann ja auch überflüssig sind«. Es wird wohl einige Rückzugsmanöver geben, bei denen die Leute darauf bestehen werden, wie ineffektiv indirekte Kommunikation doch in Zukunft sein wird! Sarkasmus beiseite, in gewissen Situationen kann nichts eine direkte, persönliche Sitzung ersetzen, und das sollte man nicht vergessen, obwohl zweifellos eine hohe Anzahl von Transatlantikflügen mit der Concorde gemacht wurden, die mit British Telecom weitaus kostengünstiger gewesen wären. Die Frage von direktem Kontakt ist von ausschlaggebender Bedeutung. Ein großes Unternehmen hatte ganze Bürofluchten voll mit Beschäftigten, die in unabhängigen Arbeitsbereichen arbeiteten, jeder abgetrennt in seiner eigenen kleinen Welt. Dann beschloß der Betrieb, daß einiges an Kosten für Miete, Pacht usw. eingespart werden könnte, indem man den Beschäftigten zu Hause einen Arbeitsbereich einrichtete. Sie würden für jegliche Unannehmlichkeiten entschädigt. Damit konnte der Betrieb seine Büroräume besser nutzen oder abstoßen. Das führte zu einem Zusammenbruch dieser Abteilung des Unternehmens. Anscheinend war, wie die nachträgliche Analyse ergab, die Zeit, die man plaudernd bei der Kaffeemaschine, auf den Fluren oder in den Toiletten verbrachte, ein lebenswichtiger Aspekt für den Zusammenhalt des Unternehmens. Dieses Beispiel unterstreicht nur etwas, auf das wir im ganzen Buch und immer wieder bei unserer sehr ausgedehnten Arbeit in der Teambildung hinweisen: Teambildung hat nichts mit Logik zu tun, sondern mit Psychologie.

Zweckgerichtete Sitzungen

Nach den bisherigen Ausführungen schält sich langsam heraus, was genau eine offizielle Sitzung tatsächlich ist: Das ganze Team oder ausgewählte Mitglieder des Teams – gegebenenfalls werden auch externe Fachleute dazugeladen – kommen zu einem bestimmten Zweck zusammen. Der Zweck der Sitzung sollte, lange bevor die Sitzung einberufen wird, festgelegt werden, und die Teilnehmer sollten diesen Zweck kennen. Sitzungen können dazu bestimmt sein, Probleme zu lösen, das Team bezüglich der Fortschritte von einzelnen Mitgliedern oder Untergruppen auf den neuesten Stand zu bringen, Empfehlungen zu formulieren, die anderen vorgelegt werden können, und zu unendlich vielen anderen Zwecken. Es ist wichtig, daß alle Mitglieder des Teams exakt wissen, was von ihnen erwartet wird, damit sie sich dementsprechend auf die Sitzung vorbereiten können. Geplante Zeit ist weitaus mehr wert als ungeplante Zeit, und die Sitzung wird kostenwirksamer, zweckmäßiger und lohnender für die Teilnehmer sein, wenn jeder Beteiligte weiß, in welche Richtung die Sitzung sich bewegen soll.

Sitzungen erfüllen zwei allgemeine Funktionen. Erstens: Sie spielen eine wesentliche Rolle bei der Kommunikation. Zunächst einmal sind sie eine Form der Kommunikation zwischen Teammitgliedern, sie dienen aber auch dazu, den Informationsfluß zum Team und vom Team zur Außenwelt in Gang zu halten. Ordentlich geplante und organisierte Sitzungen sind eine kosteneffiziente Form der Kommunikation. Umgekehrt sind schlecht geplante und schlecht organisierte Sitzungen eine enorme Energie- und Zeitverschwendung für jeden Beteiligten und verhindern oft sogar effektive Kommunikation.

Zweitens: Sitzungen spielen eine wesentliche Rolle im gesamtbetrieblichen Lernprozeß. Eine direkte Lernfunktion besteht eindeutig darin, daß Teammitglieder etwas über die Arbeit oder den Fortschritt anderer Teammitglieder erfahren, aber es findet auch ein Lernprozeß auf einer subtileren Ebene statt. Untergeordnete Mitarbeiter lernen etwas über ihre Chefs, und Chefs lernen etwas über ihre Beschäftigten, ihre Stärken und Schwächen, wo man sich auf sie verlassen kann und wo nicht, wer gut organisiert ist und wer nicht. Man kann daher nicht genug betonen, daß gute Mitarbeit in Sitzungen der Karriere einen kräftigen Schub geben kann. Ein offensichtliches Beispiel: Wenn Ihr Chef Sie bittet, an seiner Stelle an einer Sitzung teilzunehmen, und Sie sich gut vorbereiten, gute Arbeit in der Sitzung selbst leisten und ihn kompetent vertreten, erwerben Sie sich den Ruf der Vertrauenswürdigkeit und Verläßlichkeit, ein sicherer Weg zur Beförderung. Eine schlechte Vorbereitung, eine schwache Leistung bei der Sitzung, wo Sie Ihren Chef blamieren, führt natürlich dazu, daß Ihnen in Zukunft keine wichtigen Aufgaben mehr übertragen werden, und könnte, wenn dies Ihre generelle Arbeitseinstellung widerspiegelt, letztendlich dazu führen, daß Ihr Chef Sie euphemistisch fragt: »Sagen Sie mal, wie lange arbeiten Sie schon in dieser Firma? Den heutigen Tag brauchen Sie natürlich nicht mehr mitzuzählen.«

Wie man Sitzungen plant

Für eine effektive Ausnutzung der Zeit muß die Sitzung gut geplant und durchdacht sein.

Der Raum

Wir wollen uns zunächst den Schauplatz vornehmen. Die Größe des Raumes muß zweckmäßig sein. Es ist grotesk, daß im Betriebsleben den Teams oft nichts bleibt, als sich an den zur Verfügung stehenden Raum anzupassen, während das Gegenteil wünschenswert wäre. Ein Team, das

eigentlich zehn Mitglieder brauchte, hat nur sechs, weil es nirgendwo mit zehn Leuten unterkommen kann. Man kann die Unsinnigkeit einer solchen Situation nicht genug herausstreichen, und »ein Schwanz sollte nie mit dem Hund wedeln«. Wenn ein zehnköpfiges Team gebraucht wird, muß ein Raum zur Verfügung gestellt werden, der die Erfordernisse einer Sitzung von zehn Leuten erfüllt.
Was die Größe an sich betrifft: Das Zimmer sollte nie klaustrophobisch klein sein, und es sollte mehr Platz vorhanden sein als nur für ausreichend viele Sitzgelegenheiten. Natürlich müssen genügend Tische und Stühle hineinpassen, aber vielleicht wird auch Platz benötigt, um etwas anschaulich darzustellen, wofür Wandtafeln, Flip-Charts, eine Leinwand für Overheadprojektionen usw. benötigt werden. Es wäre auch sinnvoll, wenn der Raum eine »Erholungsecke« hätte, einen Ort, wo das Team sich außerhalb der Sitzungszeit aufhalten, Kaffee trinken, sich unterhalten könnte und so fort. Dadurch entwickelt das Zimmer sich zu einem Mittelpunkt für das Team und ist nicht nur für Sitzungen da. Man darf nicht vergessen, daß Luft, Weite und Offenheit zu freierem Denken, höherer Energie und besserer Konzentration anregen. Wenn man eng und bedrängt zusammengepfercht sitzt, können die Gedanken sich auch nicht entfalten.
Die Auswahl der Möbel hängt zum Teil von dem Zweck der Sitzung ab. Als Faustregel gilt, rechteckige Tische eignen sich besonders für hierarchisch gegliederte Gruppen, in denen der Vorsitzende traditionellerweise am Kopfende des Tisches sitzt, und die »Hackordnung« der Teammitglieder sich an der Nähe zu dieser Position ablesen läßt. Runde Tische wären eine Alternative; sie lassen ganz bewußt Rang und Status unberücksichtigt und erleichtern die Kommunikation, besonders bei Problemlösungssitzun-

gen, wo für eine freie Meinungsäußerung das Einreißen der Statusbarrieren nötig ist.

Die Tagesordnung

Ziel und Zweck einer Sitzung werden von der Tagesordnung vorgegeben; sie ist wahrscheinlich eins der am meisten unterschätzten Dokumente. Wir haben die Erfahrung gemacht, daß kaum eine Tagesordnung richtig entworfen ist und die meisten dem Zweck nicht genügen. Die typische Tagesordnung enthält unter Umständen nur Datum, Zeit und Ort, eine Liste der Anwesenden und eine Reihe von drei oder vier Wortüberschriften, die die Diskussionsthemen andeuten sollen. Eine solche Tagesordnung ist in Wirklichkeit nicht mehr wert als eine Kaffee-Tee-Kanne, aber in den meisten Unternehmen hat man nie etwas anderes zum Teemachen gehabt und hat sich damit abgefunden. Wir haben die Tagesordnungsteekanne in mehreren Betrieben eingeführt, wo alle staunten und sich freuten, wie man bei richtiger Planung Hunderte von Arbeitsstunden einsparen konnte.

Der normale Zweck einer Tagesordnung ist ein dreifacher. Als erstes müssen Ort, Datum und Zeiten der bevorstehenden Sitzung bestätigt werden. Auch wenn das Protokoll einer vorhergehenden Sitzung diese Information schon enthält, könnte sich etwas geändert haben, und Sie sollten keine Gelegenheit versäumen, den Erfolg sicherzustellen.

Der zweite Zweck einer Tagesordnung besteht darin, die Mitglieder zu informieren, was in der Sitzung besprochen werden soll. Das ist von höchster Wichtigkeit, da die Mitglieder dann ihren eigenen Beitrag vorbereiten können,

wodurch die Sitzung beschleunigt wird, die Beiträge an Relevanz gewinnen, das Einhalten des Zeitplans möglich gemacht wird, die Sitzung allgemein zielgerichteter wird und man sich auf die Diskussionspunkte konzentriert.
Die Tagesordnung hat weiterhin den Zweck, den Mitgliedern einen Leitfaden durch die Sitzung zu geben; sie erfahren nicht nur, was besprochen werden soll, sondern auch die Reihenfolge der Diskussionspunke. Dies ist besonders hilfreich beim Aufstellen des Zeitplans für die Tagesordnung, aber darauf kommen wir später.
Die Tagesordnung hat jedoch noch einen vierten Zweck, der zwar oft erwähnt, aber selten zufriedenstellend erfüllt wird. Er ließe sich am besten so umschreiben: »Eine überschaubare Liste von Dingen vorlegen, die in der zur Verfügung stehenden Zeit behandelt werden können.« Dies scheint das Rezept für einen Zeitplan zu sein, und es ist auch ein Zeitplan. Aber es ist noch mehr. Formulieren wir den Satz doch einmal um: »Eine überschaubare Anzahl von Dingen produzieren, die in der zur Verfügung stehenden Zeit produziert werden können.« D. h., was wir hier sehen, ist mehr als nur ein Zeitplan, es ist in Wirklichkeit ein Produktionssoll, und es gibt keinen Grund, warum ein Zeitplan nicht als Produktionssoll fungieren sollte.
Ein effektives Plansoll muß bestimmten Bedingungen genügen: Es soll schwer zu erfüllen sein. Wenn es leicht erfüllt werden kann, strengt sich niemand mehr an, oder man erfüllt es, lehnt sich zurück und ruht sich auf seinen Lorbeeren aus. Übertragen auf Sitzungen heißt das, wenn eine Tagesordnung zuläßt, daß fünf Stunden über ein Thema geredet wird, das in einer halben Stunde abzuhandeln wäre, dann werden die aufmerksamsten Teammitglieder diese fünf Stunden als verlorene Zeit betrachten. Ein Produktionssoll sollte jedoch nur unter Mühen zu erreichen

sein. Wenn es unerreichbar ist, wird sich niemand auch nur die Mühe machen, überhaupt an die Arbeit zu gehen.
Wenn eine Tagesordnung z. B. sechzig Punkte enthält und eigentlich gerade mal zwanzig besprochen werden können, dann werden die, die Punkt einundzwanzig bis sechzig vorzubereiten haben, sich erst gar nicht daranmachen. Außerdem wissen sie, daß ihre Anwesenheit bei der Sitzung ziemlich umsonst sein wird, und dieses Bewußtsein wird auf sie und auf die Sitzung allgemein eine demoralisierende Wirkung haben. Ein effektives Plansoll ist also erreichbar, aber nicht leicht erreichbar. Wenn zwanzig Punkte eine vernünftige Anzahl sind und es zu viele Diskussionspunkte gibt, dann setzen Sie fünfundzwanzig auf die Liste. Wenn alles gutgeht, wird sich der Rückstau von Punkten, die immer wieder vertagt wurden, auflösen, bis die Tagesordnung nur noch aus einer überschaubaren Anzahl von richtigen Diskussionspunkten besteht. Auf der anderen Seite sollten Sie, wenn das erreicht ist oder es keine überzähligen Punkte mehr gibt, die für eine Tagesordnung geplante Zeit von vielleicht drei Stunden auf zweieinhalb Stunden heruntersetzen und im Interesse aller Teilnehmer die Sitzungszeit reduzieren.
Auf jeden Fall werden Sitzungen, wenn die Tagesordnung als Produktionssoll verstanden wird, klar umrissen und zielgerichteter; man wird die Zweckdienlichkeit von Sitzungen einsehen und dadurch erreichen, daß mehr Zeit für andere Aufgaben eingeplant werden kann.
Die Tagesordnungsteekanne, die wir weiter oben ansprachen, sollte natürlich einen Kopf haben mit Informationen zum Titel der Sitzung, dem Ort bzw. Raum und dem entsprechenden Datum.
Der Kopf sollte auch die Anfangszeit und das voraussichtliche Ende der Sitzung enthalten. Letzteres wird selten

genannt, ist aber für eine gute Zeiteinteilung unerläßlich. Wenn unsere Sitzung um zehn Uhr beginnt und es keinen Hinweis darauf gibt, wann sie zu Ende sein soll, müssen sich sämtliche Sitzungsteilnehmer, vielleicht zwölf Leute, den Rest des Tages freihalten. Sie könnten aber schon um zwölf Uhr mit der Sitzung fertig sein und dann einen Großteil des Tages noch arbeiten. Jedoch wird keines der Teammitglieder, keiner der Beschäftigten oder Chefs wissen, daß sie zur Verfügung stehen, keine Termine wurden vereinbart, d. h. die für Arbeit verfügbare Zeit wird ungeplant und nicht geplant sein, was immer wenig effektiv ist. Wenn man ein voraussichtliches Ende angibt, können sie unter Berücksichtigung einer gewissen zu erwartenden Zeitüberziehung den Rest des Tages planen. Zwölf Beschäftigte bei fünf Stunden repräsentieren sechzig Stunden geplanter Zeit – ein gewaltiges Mehr an effektiver Zeit. Dazu kommt eine »Kettenreaktion«: Jeder, der mit den einzelnen Teammitgliedern Sitzungen arrangieren kann, wird seinerseits seinen Tag besser planen können. Ein weiterer wichtiger Vorteil von festgelegten Anfangs- und Endzeiten wird weiter unten behandelt, wenn wir den Ablauf der Sitzung selbst betrachten.

Zu der Liste der Teilnehmer und zu ihrer Anwesenheit gibt es auch einen wichtigen Punkt. Viele Unternehmen listen nur alle Leute auf, die an einer Sitzung teilnehmen sollen, und generell kommen alle am Anfang und bleiben bis zum Ende. Wir können gar nicht mehr sagen, wie oft wir bei innerbetrieblichen Operationen oder auf Fortbildungslehrgängen nach Erfahrungen mit Sitzungen fragten und die frustrierte Antwort erhielten: »Ich verbringe fast die Hälfte der Zeit damit, an die Decke zu starren und mich zu fragen, warum ich eigentlich dort bin ...« Und meistens haben sie vollkommen recht. Bei allen Sitzungen gibt es bestimmte

Personen, die durchgehend anwesend sein müssen, so natürlich die Vorsitzenden und die Schriftführer, aber manche müssen einfach nicht während der ganzen Sitzung dort sein. Entweder beschränkt sich ihr Beitrag auf ein oder zwei Tagesordnungspunkte, oder sie sind nur dort, um Informationen aus ein oder zwei bestimmten Bereichen der Tagesordnung entgegenzunehmen. In beiden Fällen kann man sie für einen begrenzten Zeitraum zur Sitzung laden und sie damit für geplante Arbeit außerhalb der Sitzungszeit freimachen.

Mit anderen Worten: Wenn während einer fünfstündigen Sitzung drei Personen nur eine statt fünf Stunden anwesend sein müssen, stehen durch eine bessere Planung, d. h. eine verkürzte Anwesenheitspflicht, sofort zwölf Arbeitsstunden zur Verfügung. Sitzungen laufen nicht wie ein Uhrwerk ab, und daher muß Raum sein für Flexibilität, aber, wie wir sehen werden, man kann in Sitzungen die häufig vorzufindende Kopflosigkeit durch eine gewisse Ordnung ersetzen.

Nachdem Anfangs- und Endzeiten festliegen, ebenso die Zeit, in der bestimmte Personen anwesend sein müssen, können wir jedem Tagesordnungspunkt eine feste Zeit zuweisen. Dann ist unsere Tagesordnung mit einem Zeitplan versehen und ermöglicht dadurch allen Teilnehmern in mehrerer Hinsicht eine effektive Planung. Einmal konzentriert sich jeder mehr; wenn einem Punkt ein fester Zeitabschnitt zugewiesen wurde, sinkt die Wahrscheinlichkeit, daß man schwafelt und ins Blaue redet, denn es wird versucht, das Plansoll zu erfüllen. Außerdem hat es besonders für unerfahrene oder nervöse Teammitglieder einen großen Vorteil. Während die Tagesordnung durchlaufen wird, sind sie vorgewarnt, wann ihr Hauptgebiet drankommt, vor allem wenn sie dort selbst einen Beitrag leisten müssen. Sie können sich »hochputschen« und darauf einstellen.

Das Grundgerüst einer Tagesordnung

Nun kommen wir zu dem eigentlichen Grundgerüst der Tagesordnung.
Der erste Punkt auf der Tagesordnung ist gewöhnlich: »Entschuldigt fehlen ...« Hier wird der Vorsitzende oder der Schriftführer die Namen derjenigen verlesen, die eigentlich anwesend sein sollten, aber nicht da sind. Es kommt immer mal vor, daß jemand in letzter Minute anruft, weil er krank geworden ist, im Verkehr aufgehalten wurde und so fort. Wenn dies dem Schriftführer ausreichend früh mitgeteilt wird, hat er die Pflicht festzustellen, ob die Abwesenheit dieser Personen nicht bedeutet, daß die Sitzung oder, was wahrscheinlicher ist, Teile der Sitzung verschoben werden sollten. In diesem Fall sagt man vielleicht ein oder zwei Personen, die zu der Sitzung bestellt sind, daß sie zu der verkürzten Sitzung nicht zu kommen brauchen, und sie haben die Zeit für andere sinnvolle Arbeit verfügbar.
Natürlich kommen die Entschuldigungen für Abwesenheit manchmal erst am gleichen Morgen herein, wodurch ein gewisser Teil der geplanten Zeit verlorengeht; dieser kann jedoch auf ein Minimum reduziert werden, wenn sich der Schriftführer vor der Sitzung oder gleich zu Beginn, je nachdem, wann er informiert wurde, vergewissert, ob alle Anwesenden benötigt werden, und andernfalls einige entläßt. Obwohl sie dann ungeplante statt geplanter Zeit zur Verfügung haben, wird diese immer noch produktiver ausgefüllt sein, als wenn die Betreffenden nach drei Stun-

den feststellen müssen, daß sie in der Sitzung nicht gebraucht werden. Alle Teammitglieder sollten wissen, daß sie sich im Normalfall beim Schriftführer für Abwesenheit zu entschuldigen haben, da er die Sitzung organisiert und koordiniert.

Der zweite Punkt betrifft »Protokoll der letzten Sitzung«. Natürlich gilt dies nur für regelmäßige Sitzungen, aber Ziel dieser Überschrift ist es, das Protokoll der vorhergehenden Sitzung durchzugehen und es als eine richtige Wiedergabe dieser Sitzung abzusegnen. Hier sollten nicht zwölf Leute den Kopf beugen und eine Stunde lang das Protokoll lesen; das wäre eine völlige Zeitverschwendung, besonders wenn manche das Protokoll korrekterweise schon vor der Sitzung durchgegangen sind und nun däumchendrehend herumsitzen.

Bei Erhalten des Sitzungsprotokolls, das so bald wie möglich nach der Sitzung und damit ausreichend früh vor der nächsten verteilt werden sollte, lesen alle Teammitglieder es sofort durch und schauen, ob alles stimmt. Daher brauchen für diesen Punkt der Tagesordnung nur ungefähr fünf Minuten eingerechnet zu werden, in denen die Anmerkungen der Teammitglieder festgehalten werden können und man nötigenfalls den Eintrag im Bericht korrigiert. Dies ist besonders wichtig, da Sitzungen manchmal einen Monat oder mehr auseinanderliegen können und die Teilnehmer die einzelnen Vorgänge vergessen haben, vor allem wenn in der Zeit zwischen den Sitzungen Besprechungen stattfanden. Im Idealfall sollte das Protokoll binnen 48 Stunden nach einer Sitzung verteilt werden und weitere 24 Stunden danach gelesen sein. Das bedeutet auch, daß die letzte Sitzung an diesem Punkt der Tagesordnung nicht noch einmal ganz durchgesprochen wird.

Der dritte Tagesordnungspunkt betrifft gewöhnlich »anstehende Fragen«. Hier werden Bereiche aus der letzten Sitzung vorgebracht und behandelt. Es kann sein, daß etwas aus der vorhergehenden Sitzung aufgegriffen oder ein ergänzender Bericht geliefert wird; dieser wird im voraus bekannt sein, so daß eine genaue Zeit eingeplant werden kann. Außerdem können noch Sonderaufgaben der letzten Sitzung vorgebracht werden. Wir werden auf Sonderaufgaben später bei der Ausarbeitung eines Protokolls ausführlicher eingehen, aber im wesentlichen betreffen sie die Aufgaben, die bestimmten Teammitgliedern aufgetragen wurden und über die sie bei späteren Sitzungen berichten. Der Betreffende oder Verantwortliche präsentiert also alle Ergebnisse seiner Arbeit, und auch dies sollte ziemlich leicht einzuplanen sein.

Es gibt hier eine wichtige Anmerkung zu effektivem Planen; angenommen, einem Teammitglied wurde die Aufgabe übertragen, bei der nächsten Sitzung einen bestimmten Bericht vorzulegen, und er kommt zur Sitzung, ohne seine Arbeit erledigt zu haben. Wen trifft die Schuld? Die Antwort liegt nahe: das Teammitglied, das die ihm zugeteilte Aufgabe nicht erfüllt hat, aber das stimmt nicht ganz. Mit Sicherheit ist diese Person dafür verantwortlich, daß sie die Arbeit nicht getan hat, aber dafür können gute Gründe vorliegen. Den Schriftführer der Sitzung trifft die größte Schuld, da er nicht vorher herausgefunden hat, daß die Angelegenheit noch nicht in Angriff genommen war. Es kann sehr gut sein, daß einige Leute zu dieser Sitzung bestellt wurden, die nicht mehr benötigt werden, weil der Bericht, mit dem sie sich befassen sollten, nicht vorhanden ist; sie hätten also frei sein können für besser geplante Zeit. Natürlich könnten Teammitglieder so höflich sein, den Schriftführer zu informieren, wenn sie ihre Arbeit nicht zu Ende gebracht haben, aber die Verantwortung liegt woan-

ders; der Schriftführer muß bei den Teammitgliedern anfragen, ob alles erledigt ist, und sicherstellen, daß die Planung der nächsten Tagesordnung richtig ist.
Als nächstes sollten auf der Tagesordnung mehrere *Routinesachen* stehen. Je nach Art der Sitzung können das »Berichte des Schatzmeisters«, »Berichte des Untersuchungskomitees« usw. sein. Vermutlich erscheinen sie bei jeder Sitzung, und sie dienen der reinen Aktualisierung des Informationsstandes. Sie können wahrscheinlich relativ schnell abgehakt werden, und dementsprechend wenig Zeit sollte für sie im Zeitplan vorgesehen sein, denn sie sind ja allen Mitgliedern wohlbekannt und brauchen wenig zusätzliche Erklärungen. Wo es jedoch eine besondere Ergänzung zu diesen geschäftlichen Routineangelegenheiten gibt, sollte sie klar und deutlich dargelegt werden, damit die Teammitglieder wissen, daß in diesem Abschnitt etwas Besonderes los ist.
In aller Regel sind die nächsten Abschnitte, die *Außerroutinemäßigen Angelegenheiten*, die wichtigsten auf einer Tagesordnung, und hier wird am meisten falsch gemacht. Es hat wenig Sinn, einen Satz als Überschrift auf die Tagesordnung zu setzen und zu erwarten, daß alle wissen, was von ihnen erwartet wird. Weitaus besser ist es, einen oder mehrere Absätze darunterzuschreiben, die allen Teammitgliedern exakt erklären, was mit der Überschrift gemeint ist, was von den einzelnen oder dem Team allgemein erwartet wird und welche Ergebnisse man sich von diesem Teil der Sitzung verspricht, d. h., ob es zu einer Entscheidung kommen soll, ob es nur die Darstellung einer Position ist, ob eine Empfehlung beschlossen werden soll, die man dann anderen vorlegen kann usw. Die Ausführungen müssen auch deutlich machen, welche Themenbereiche besprochen werden sollen, wobei Klarheit das oberste Prin-

zip zu sein hat. Mehr als in jedem anderen Abschnitt der Tagesordnung stellen die Anmerkungen eine zusammenfassende Einweisung für die Teammitglieder dar, und wenn sie nicht klar gefaßt sind, haben sie ihren Zweck verfehlt. Einer der Hauptfehler bei Tagesordnungen ist, daß sie auf einer Seite zusammengequetscht und einzelne Punkte normalerweise auf nur einer Zeile ohne nähere Erklärungen abgedruckt werden. Nicht wenig Unternehmenszeit wird verschwendet, wenn die Leute sich für Sitzungen auf eine Präsentation vorbereitet haben, die man von ihnen zu wünschen scheint, obwohl tatsächlich etwas ganz anderes erwartet wird.

Der nächste Punkt auf der Tagesordnung ist *»sonstiges«*. Darüber herrscht große Uneinigkeit; eine Lehrmeinung sagt, daß »sonstiges« nie auf einer Tagesordnung auftauchen sollte, da es unweigerlich zu ungeplantem Diskutieren führt, was nie so effektiv ist wie geplantes Diskutieren. Auf der anderen Seite haben wir genügend Tagesordnungen zu Gesicht bekommen, die aus nichts weiter bestehen als einem einführenden Absatz und vielen Stunden mit sonstigem. Keines von beiden ist zu empfehlen. Allgemein kann man sagen, daß fünf bis zehn Minuten für sonstiges eingerechnet werden können, zum Besprechen von Sachverhalten, die sich nach dem Verteilen der Tagesordnung ergeben haben. Wenn sie innerhalb des Zeitrahmens abgehandelt werden können, dann ist es gut, es entlastet zukünftige Tagesordnungen. Wenn sie sich andererseits innerhalb dieser kurzen Zeit nicht regeln lassen, dann verdienen sie anscheinend mehr Diskussion, und die kann nur effektiv sein, wenn die Teilnehmer sich darauf vorbereiten konnten. Daher sollte der Punkt auf die nächste Tagesordnung übertragen werden.

Wenn die Sitzung eine regelmäßige Sitzung ist, besteht der

letzte Punkt der Tagesordnung einfach in der Bestätigung von Datum, Ort und Zeiten (Anfang und Ende) der nächsten Sitzung.
Das Protokoll sollte kurz nach der Sitzung verteilt werden und gibt einen schriftlichen Hinweis auf die nächste Sitzung. Da die Tagesordnung unter Umständen erst einige Zeit danach verteilt wird, wobei viele der oben beschriebenen Kriterien hineinspielen, ist das Aufzählen von Datum, Platz und Zeiten der Sitzung auf der Tagesordnung eine Bestätigung und ermöglicht es, die Mitglieder auf eventuelle Veränderungen hinzuweisen. Wenn Datum, Ort oder Zeiten der angesetzten Sitzung sich geändert haben, kann es ratsam sein, dies auf der Tagesordnung hervorzuheben, damit die Teilnehmer die Veränderung auch bestimmt in ihren Terminkalender eintragen.
Die ganzen Vorplanungen für eine Sitzung haben zwei Auswirkungen, die nicht unterschätzt werden sollten. Erstens: Die Teilnehmer werden Sitzungen als etwas Gutes sehen, nicht als eine unnötige Zeitverschwendung. Sie gehen energiegeladen in eine Sitzung, füllen die Zeit dort nützlich aus, anstatt sie als einen lästigen Zwang zu betrachten. Zweitens: Die oben aufgezählten Vorteile haben den großen Effekt, daß mehr Beschäftigte mehr Zeit für andere Arbeit zur Verfügung haben. Einige Sitzungen werden durch andere Formen der Kommunikation ersetzt, einige Leute werden nur zu einzelnen Teilen einer Sitzung bestellt werden, alle Sitzungen werden zweckmäßiger ablaufen, und die Arbeitsstunden, die in großen Unternehmen allein bei Routinesitzungen innerhalb eines Jahres eingespart werden, können in die Hunderte, ja in die Tausende gehen. Wertvolle Zeit. Zeit, die nicht verschwendet werden sollte.

Checken Sie die Zweckmäßigkeit Ihrer Sitzung

Die Beschwerden zu Sitzungen (»Ich verbringe zuviel Zeit in Sitzungen«, »Ich komme nie dazu, meine Meinung zu äußern«, »Wir haben Sitzungen, die völlig überflüssig sind« usw.) stehen bei vielen Beschäftigten ganz oben auf der Beschwerdeliste zur Arbeit im Betrieb. Die Checkliste unten ist eine vortreffliche Möglichkeit, die Zweckmäßigkeit der von Ihnen besuchten Sitzungen unter die Lupe zu nehmen. Sie kann von jedem Teammitglied ausgefüllt werden, aber am nützlichsten ist es, wenn alle Teammitglieder sie regelmäßig durchgehen (vielleicht einmal pro Jahr). Die Ergebnisse werden anschließend besprochen, aber wir raten Teamführern, Zusammenfassungen der Antworten des Teams anzufertigen und besonders die Bereiche zu untersuchen, in denen ziemliche Übereinstimmungen positiver oder negativer Art bestehen. Welche Maßnahmen dann zu ergreifen sind, müßte nach den Ausführungen in diesem Kapitel klar sein. Darüber hinaus kann der Teamführer, wenn ein bestimmter Bereich (z. B. Tagesordnungen) als Problembereich heraussticht, einen kleinen Extrafragebogen konzipieren, der sich auf die Ausführungen dieses Kapitels stützt, und so das Problem detaillierter untersuchen. Als Alternative böte sich ein Brainstorming mit den Teammitgliedern zum Thema an.

Den Fragen kann man auf einer Skala von eins bis sechs zustimmen, wobei eins schwache Zustimmung und sechs starke Zustimmung bedeutet. Je höher die Punktzahl, desto mehr stimmen Sie mit der Frage überein. Kreuzen Sie die Zahl an, die am meisten auf Ihre Einstellung bei dieser Frage zutrifft.

1. Das Team weiß immer von Anfang an, warum eine Sitzung einberufen wurde und was von ihm erwartet wird. 1 2 3 4 5 6

2. Die Teammitglieder erhalten die Möglichkeit, sich effektiv auf die Sitzungen vorzubereiten. 1 2 3 4 5 6

3. Es werden immer Tagesordnungen ausgegeben. 1 2 3 4 5 6

4. Die Tagesordnungen sind verständlich und hilfreich. 1 2 3 4 5 6

5. Die Teilnehmer kommen pünktlich zu den Sitzungen. 1 2 3 4 5 6

6. Die Sitzungen sind gut strukturiert und zeitlich gut eingeteilt. 1 2 3 4 5 6

7. Bei unseren Sitzungen machen die Teilnehmer wertvolle Beiträge. 1 2 3 4 5 6

8. Ich habe eigentlich nie das Gefühl, daß ich unnötig meine Zeit bei Sitzungen verschwende. 1 2 3 4 5 6

9. Der Vorsitzende bemüht sich aktiv um Beiträge und nimmt nicht einfach nur das hin, was ihm geboten wird. 1 2 3 4 5 6

10. Diskussionen sind gut organisiert und kontrolliert. 1 2 3 4 5 6

11. Wir kommen zu effektiven Entscheidungen. 1 2 3 4 5 6

12. Wir müssen selten Altes noch einmal durchsprechen. 1 2 3 4 5 6

13. Unser Vorsitzender macht einen Unterschied zwischen Dringendem und Wichtigem. 1 2 3 4 5 6

14. Wir sind mit Begeisterung bei unseren Sitzungen dabei. 1 2 3 4 5 6

15. Ich habe das Gefühl, daß ich meinen Teil zu den Diskussionen beitragen kann. 1 2 3 4 5 6

16. Wir machen keine Sitzungen, wenn es eine andere Form der Kommunikation (z. B. Telephon, Memos) auch tut. 1 2 3 4 5 6

17. Unser Sitzungsraum/-ort fördert eine gute Diskussion und eine offene Atmosphäre. 1 2 3 4 5 6

18. Die Protokolle unserer Sitzungen werden lange vor den nächsten Sitzungen verteilt. 1 2 3 4 5 6

19. Die Protokolle sind verständlich und genau. 1 2 3 4 5 6

20. Sonderaufgaben werden effektiv erledigt und in den Sitzungen immer besprochen. 1 2 3 4 5 6

Die Mindestpunktzahl bei dieser Checkliste beträgt 20, die Höchstpunktzahl 120.

Eine Punktzahl von 50 oder weniger sollte Anlaß zur Sorge sein, denn wahrscheinlich ist die gesamte Sitzungskultur in Ihrem Unternehmen schlecht durchdacht.
Zwischen 50 und 90 deutet an, daß es, obwohl die Sitzungen einigermaßen gut verlaufen, wahrscheinlich Bereiche gibt, die eine gewisse Feinarbeit nötig hätten; untersuchen Sie, woher die niedrigen Resultate rühren, und nehmen Sie sich vor allem diese Bereiche vor.
Eine Punktzahl von über 90 zeigt wahrscheinlich eine sehr fortschrittliche Einstellung zu Sitzungen; wichtig ist, daß Sie beobachten, ob diese Punktzahl steigt und fällt, wenn Sie den Fragebogen bei einer Reihe von Gelegenheiten benutzen.

16. Teams: Tod und Wiedergeburt

»Nichts ist so beständig wie der Wechsel.«

Heraklit

Dieses Kapitel befaßt sich mit der Frage, wie man das Team konstruktiv auflöst, wenn seine Aufgabe vorüber ist; in vielen Unternehmen werden bestehende Teams statt dessen künstlich aufrechterhalten.

Teams können sich auflösen:

- indem sie sich zu neuen Teams und zu neuen Zielen zusammenfinden, die sich vielleicht aus den Erfolgen der bisherigen Arbeit des Teams entwickelt haben;
- durch Verjüngung, indem neues Blut und neue Mittel gewonnen werden, damit die Arbeit eines »ausgelaugten« Teams nicht verlorengeht oder umsonst war;
- durch Wiedergeburt; wenn der Zweck eines Teams erfüllt ist und es nicht mehr gebraucht wird, dürfen die von den Teammitgliedern erworbenen Erfahrungen nicht einfach weggeworfen werden. Oft sind die Teamangehörigen von großem Wert für andere Teams, bringen dort ihr Wissen nicht nur auf ihrem Fachgebiet ein, sondern auch auf dem Gebiet der Teamdynamik.

Alle Teams werden ursprünglich für einen bestimmten Zweck gegründet, und während das Team wächst und sich entwickelt, wird es – wie ein Magnet, der Eisenspäne anzieht – neue Ziele und Zielsetzungen übernehmen; es

könnte zu einem festen Bestandteil des Unternehmens werden. Diesem Bedürfnis nach Selbstperpetuierung liegt das Bedürfnis des einzelnen nach Sicherheit zugrunde.
Wenn ein Team dem Unternehmen schlüssig zeigen kann, daß es eine klare Rolle hat und einen wertvollen Beitrag zum Betrieb leistet, kann es weiterhin an seinem Platz bleiben und seine Existenz auf allen Ebenen des Unternehmens rechtfertigen.
Manche Teams können jedoch ihren weiteren Nutzen nicht beweisen und verlangen dann all die Unterstützungsfunktionen, die für sein Weiterbestehen nötig sind; sie kämpfen um ihr Überleben, indem sie alle Bedrohungen aus dem Weg räumen und oft z. B. Aufgaben übernehmen, die eigentlich einem neuen Team hätten übergeben werden sollen.
Wie kann ein Unternehmen da eingreifen? In einigen Betrieben wird der neue Verwaltungschef nach seiner Ankunft einfach die Teams (heute oft Komitees genannt) auflösen. Dieses unterschiedslose Auflösen erfolgt gewöhnlich ohne gründliche Planung und analysiert nicht immer, was diese Teams tun. Die Folge ist oft eine empfindliche Störung und Verwirrung im Unternehmen. Ein weiterer Nachteil dieses »Rundumschlags« ist, daß die erforderlichen Aufgaben und Projekte nun von Einzelpersonen übernommen werden müssen, denen die Hilfe und der Rat ihrer Teammitglieder fehlt. Dies führt in kürzester Zeit zu einem autokratischen Managementstil. Wenn Teams entfernt werden, ohne daß dies durch strukturelle Veränderungen gestützt wird, werden sie sich – nachdem sie ihre Wunden geleckt haben – inoffiziell oder offiziell zu neuen Teams wieder zusammenfinden, und im Endeffekt muß der ganze Vorgang wiederholt werden.
Was können Manager tun, um dieses immerwährende

Problem zu umgehen? Ein einfaches Mittel besteht darin, in der Firmenkultur die Grundregel zu verankern, daß den Teams kein göttliches Recht auf Weiterbestehen zukommt, wenn sie ausgedient haben. Wie sagte Oliver Cromwell vor dem Rumpfparlament im Juni 1654: »Es steht euch nicht an, noch hier zu sitzen! ... Ihr werdet euern Platz trefflicheren Männern räumen.«

Wir sind der Überzeugung, daß es Pflicht des Teamführers und der einzelnen Teammitglieder ist, gemeinsam eine Aufgabe zu erledigen und das Team dann freiwillig aufzulösen. Ein weiterer Vorteil dabei ist, daß das Team das Gefühl hat, sein Schicksal in der Hand zu haben und über sich selbst zu bestimmen.

Ein anderer, offensichtlicher Weg liegt darin, zum Zeitpunkt der Teambildung ein Datum festzulegen (oder zumindest ein Datum oder scharf umrissene Kriterien ins Auge zu fassen), an dem das Team meint, seine Arbeit als Team erledigt zu haben. Wenn nötig, erklären Sie öffentlich, daß dieses Team nur eine begrenzte Zeit bestehen wird. Auf diese Weise setzt sich das Unternehmen unter den nötigen Druck, das Team mit allen erforderlichen Mitteln, Informationen usw. zu versorgen, die es zum Erreichen seiner Zielsetzungen braucht, von denen eine jetzt die festgesetzte Abwicklungsfrist ist.

Ein neuartiger Ansatz ist ein System von ständig wachsenden und schrumpfenden Teams, die – ähnlich wie bei der Reise nach Jerusalem – untereinander tauschen. In diesem Fall merken einzelne Teammitglieder, daß sie durch Teamarbeit beträchtlich zum Unternehmen beitragen, und werden jede Gelegenheit begrüßen, bei der sie mit Hilfe eines Verjüngungsprozesses unter neuen Anforderungen in einem neuen Team und an neuen Projekten arbeiten können.

Es gibt eine ähnliche Version, bei der Schrumpfen und

Wachstum nicht auf organische Weise vonstatten geht, sondern durch ein geplantes Rotationssystem, wobei z. B. ein Drittel bis die Hälfte des Teams zu einem vorher vereinbarten Termin ausscheidet und dann neues Blut dazustößt. Viele Teams, z. B. der Vorstand, verfahren nach einem ähnlichen Muster – oft niedergelegt in den Grund»regeln« des Betriebes, den Statuten oder im Gründungsprotokoll –, aber ein Wechsel von zehn Prozent oder weniger im Jahr ist keine zufriedenstellende Lösung. Tatsächlich steht dahinter auch nur das Bestreben, einen zukünftigen Geschäftsführer auszubilden oder aufzubauen. Interessanterweise wird das Ausscheiden aus dem Vorstand oder die Amtsniederlegung von immer mehr Vorstandsangehörigen angestrebt, was auf betriebliche Mängel und daraus entstehende Verluste zurückzuführen ist (z. B. Allied-Lyons).

Wir haben in den vorherigen Kapiteln Teamrollen besprochen und wissen, daß jeder, der einem Team beitritt, eine Rolle wählen wird, die das Ganze weiterbringt. Das Problem kann darin bestehen, daß es oft nicht die Idealrolle ist, sondern mehr nach dem Motto: »Wer zuletzt kommt, kriegt, was übrigbleibt.« Jeder Teamspieler sollte in einer seiner Entwicklungsphasen die Möglichkeit haben, seinem zukünftigen Team mehr als eine Rolle zu zeigen. In vielen Unternehmen identifizieren und arrangieren die Personalabteilungen diese Karrierewechsel zwar für Manager, aber der Vorgang sollte auch weiter unten in den Arbeitsgruppen propagiert werden, damit der Erfahrungshorizont von Teambildung und Teamauflösung erweitert wird.

Eine radikalere Lösung dieses Problems sieht vor, daß Unternehmensangehörige sich weigern, Aufgaben oder Zielsetzungen weiterhin nach oben an das Team zu delegieren. Diese »Das Team schneiden«-Methode ist äußerst hilfreich, wenn es um Teams geht, die aus hohen Führungskräften des Unternehmens bestehen. Irgendwann werden die Mitglieder des Teams dann kapieren, daß die Kollegen im Betrieb etwas gegen die Existenz des Teams haben, und wenn sie nicht ein überdickes Fell haben oder eine ausgeprägte Phantasie beim Erfinden von Aufgaben, werden sie sich auflösen.

Wir haben bei mehreren Gelegenheiten miterlebt, daß das mittlere Management den Nutzen von Teams der Chefetage nicht einsah oder anerkannte, den Stier bei den Hörnern packte, langsam, aber sicher aufhörte, Probleme und Entscheidungen nach oben weiterzureichen und statt dessen die Probleme selbst löste. Der Hintergrund war, daß das Team schon so lange bestand und seine Entscheidungen und die Entscheidungsfindung so durchsichtig waren, daß sie – ungewollt – das mittlere Management nach ihrem eigenen Bild geformt hatten. Fairerweise sollte erwähnt werden, daß diese Teams sahen, was da geschah, die Rechtmäßigkeit erkannten und danach handelten. Tatsächlich fühlten die einzelnen Teammitglieder sich durch das Geschehene so angeregt, daß sie den Vorgang im ganzen Unternehmen einführten und er schließlich ein fester Bestandteil der Managementstruktur wurde.

Woran kann nun ein Manager erkennen, daß ein Team ausgedient hat? Dabei hilft oft ein Blick in die Protokolle der Teamsitzungen. Nehmen wir z. B. ein Team, das schon sehr lange besteht. Ausgangspunkt zur Feststellung des folgenden sind natürlich die ersten Protokolle.

- Wer war da und wie viele waren da?
- Welche Abteilungen waren vertreten?
- Was war der Zweck der Sitzung?
- Wie viele Tagesordnungspunkte wurden abgehakt?

- Wie lange dauerte die Sitzung?
- Wie viele Sonderaufgaben delegierten sie an sich selbst?
- Wie viele Sonderaufgaben wurden an Dritte weitergeleitet?
- Für wann planten sie die nächste Sitzung?

Schauen Sie sich dann das letzte Protokoll an, vermerken Sie die gleichen Informationen und halten Sie Veränderungen fest.

- Wer nimmt jetzt an der Sitzung teil, hat die Zahl der Teilnehmer zu- oder abgenommen?
- Welche Abteilungen sind ausgeschieden und welche neu dazugekommen?
- Was ist jetzt der Zweck der Sitzung?
- Mit wie vielen Tagesordnungspunkten befassen sie sich jetzt?
- Wie lange dauert die Sitzung?
- Mit wie vielen Sonderaufgaben befassen sie sich jetzt selbst?
- Wie viele Sonderaufgaben delegieren sie jetzt an Dritte?
- Für wann planen sie die nächste Sitzung?

Und jetzt können wir Punkte vergeben.

- Wenn die Teilnehmer der Sitzung noch im großen und ganzen dieselben sind, aber andere (durch Zuwahl) dazugekommen sind, gibt es **keinen Punkt**; wenn es beträchtliche Veränderungen gegeben hat (d. h. neue Teilnehmer und möglicherweise eine Abnahme der Teilnehmer), gibt es **einen Punkt**.
- Wenn die vertretenen Abteilungen zugenommen haben, gibt es **keinen Punkt**; wenn sie abgenommen haben, gibt es **zwei Punkte**.
- Wenn der Zweck der Sitzung der gleiche geblieben ist,

gibt es **keinen Punkt**; wenn es ein neuer ist, gibt es **einen Punkt**.

- Wenn die Zahl der konstruktiven Tagesordnungspunkte, mit denen man sich befaßt, unverändert ist oder abgenommen hat, gibt es **keinen Punkt**; wenn die Zahl gestiegen ist (z. B. um 25 Prozent), gibt es **einen Punkt.**
- Wenn die Sitzungsdauer unverändert ist oder zugenommen hat, gibt es **keinen Punkt**; wenn die Sitzungslänge abgenommen hat (z. B. um 25 Prozent), gibt es **zwei Punkte**.
- Wenn die Zahl der Sonderaufgaben, die sie selbst übernehmen, unverändert ist oder abgenommen hat, gibt es **keinen Punkt**; es gibt **zwei Punkte**, wenn die Zahl z. B. um 25 Prozent zugenommen hat.
- Wenn die Anzahl von Sonderaufgaben, die an Dritte weitergeleitet wird, dieselbe ist oder zugenommen hat, gibt es **keinen Punkt**; wenn die Zahl abgenommen hat, gibt es **zwei Punkte**.
- Wenn die Häufigkeit der Sitzungen gleich geblieben ist oder zugenommen hat, gibt es **keinen Punkt**; wenn sie sich seltener treffen, gibt es **drei Punkte**.

Die Höchstpunktzahl beträgt also **vierzehn**. Wenn die Punktzahl nur **sieben** oder weniger beträgt, täten Sie vielleicht gut daran, das Team aufzulösen. Wenn die Punktzahl **acht bis vierzehn** beträgt, haben das Team und die Teammitglieder eine Entwicklung gemacht, sind zu einem neuen Organismus zusammengewachsen und könnten durchaus einen wichtigen und zusätzlichen Wertbeitrag zum Unternehmen leisten.

Ein kluger Farmer läßt Samenkörner nicht verderben, er pflügt sie nicht unter, und er verzehrt sie nicht – mit einem Wort: Er verschwendet sie nicht. Korn wird gesät, um zu einer neuen Ernte heranzuwachsen. In Teams muß erkannt werden, daß das Teamumfeld der beste Ort ist für die Entwicklung guter Teammitglieder für andere Teams.

Wenn Wiedergeburt, wie wir oben gesehen haben, ein mögliches Ende für Teams ist, dann muß eine vorausblickende Planung diese erleichtern. Betriebe dürfen nicht einfach warten, bis die richtigen Personen verfügbar sind; diese müssen im Unternehmen selbst mit Hinblick auf die zukünftigen Bedürfnisse des Betriebes herangezogen werden.

Menschen sind die Saatkörner des Unternehmens; demographische Profile und das Wissen um den Mangel an bestimmten Fertigkeiten führen zu der Einsicht, daß wir wieder beginnen müssen, unsere Beschäftigten und unsere Unternehmensleitung organisch heranzuziehen. Zu viele von unseren Unternehmen sind Rekrutieranstalten für Hochschulabsolventen; wir werben sie an, bilden sie aus und formen sie, und irgendwann übertragen wir ihnen die Leitung unserer Betriebe. Was ist denn mit dem Rest der Belegschaft? Wir halten beförderungswürdige Leute auf bestimmten Stufen in unseren Unternehmen fest, ohne zu verstehen, welche Führungsqualitäten oder potentiellen Teambeiträge dadurch brachliegen könnten. Womit wir uns auseinandersetzen müssen, ist das Feudalsystem in den Betrieben. In den überwiegenden Fällen ist der Vorstand eine Oligarchie, die sich selbst wählt; sie reden gerne von Demokratie, aber sie handeln nach autokratischen Prinzipien unter einer gewissen Mitbestimmung, wobei sie einen komplizierten Befehlsweg, einschließlich des Matrixmanagements, benutzen. Wenn die Menschen, wie wir schon erwähnt haben, unser wichtigstes Kapital sind, warum kümmern wir uns dann nicht besser um sie? Warum fördern wir – wie in einem Feudalsystem – nur die Angehörigen einer bestimmten Klasse, eines bestimmten Hintergrundes? Wenn wir wollen, daß die Beschäftigten in Teams mit all ihren Vorteilen arbeiten, warum belohnen wir dann weiterhin Einzelpersonen, im verborgenen, hinter verschlossenen Türen? Wenn wir die Teambildung von unserer Arbeiterschaft verlangen, warum feiern und anerkennen wir dann lieber Einzelkämpfer, die oft die Anerkennung im Team ihrer persönlichen Beförderung zuliebe opfern? Es gibt unendlich viele Beispiele dafür, daß Teambildung propagiert, aber der Erfolg von Einzelpersonen anerkannt wird, doch wir möchten den Leser mit weiteren Beispielen verschonen.

Wir vermuten, daß die Wurzel des Problems in unserem Schulsystem zu finden ist. Die meisten unserer sogenannten »guten Schulen« stehen immer noch unter dem Zwang, akademische Leistungstypen hervorzubringen. In den Grundschulen und in den höheren Schulen wird wenig Anleitung zur Teambildung gegeben, außer im Sport, und wenn doch, dann wird es schlecht getan, so daß die Eltern sich beschweren, weil ihre Kinder nur noch spielen, während Rechnen, Schreiben und Lesen vernachlässigt werden. Projektarbeit in Gruppen für Acht- oder Neunjährige gilt zwar als interessant, aber nicht als unbedingt erforderlich, um die Kinder für die Aufnahme in eine »ordentliche Schule« vorzubereiten. Einrichtungen in der Wirtschaft, Industrie und anderswo müssen das nehmen, was unsere Schulen ihnen anbieten, und die Unternehmen klagen ständig über das Ergebnis. Aber sind sie nicht selbst schuld?

Wo ist der Input aus dem Geschäftsleben in unsere Schulsysteme, abgesehen von gelegentlichen Buch- oder Computergeschenken?
Die Geschäftswelt muß sich entscheiden: Wollen unsere Unternehmen gegen die Konkurrenz bestehen, müssen sie Teams schaffen, bilden und fördern, die genau wissen, was sie tun und warum sie es tun. Man kann Teambildung nicht nur auf den Sportplatz verweisen, vor allem nicht in einer Gesellschaft, in der Einzelkämpfersportarten wie z. B. Tennis, Snooker, Golf und Darts den höchsten finanziellen Gewinn bringen.
Was können wir als Teamführer und Manager tun? Wir haben in dem vorliegenden Buch Teams, Teambildung und die Gründe für die Aufstellung von Teams besprochen, aber Teambildung ist eine Philosophie, kein Werkzeug. Wir als Manager müssen entweder akzeptieren, daß Probleme, Möglichkeiten und kreative Arbeit am besten von Teams mit ihren Synergie- und Energiekräften erledigt werden, oder wir fahren fort mit einem Management à la Lone Ranger. In Teams wird, wie wir wissen, die Anerkennung für den einzelnen abgeschwächt und möglicherweise auch die Chance auf Beförderung. Warum sind wir also überrascht, daß in diesem System nichts weiter passiert, als daß leichte und bedeutende Entscheidungen von Einzelpersonen getroffen und schwierige, problematische und eventuell unangenehme Situationen an das Team delegiert werden, so daß die Schuld allen zu gleichen Teilen angelastet wird, wenn etwas schiefgeht?
Das Management muß seine Leute so heranziehen, daß jeder die gleiche Chance erhält, sein volles Potential zu entwickeln. Das heißt, im Vordergrund steht die Fortbildung und weniger der Auswahlprozeß. Es muß auch erkannt werden, daß wir nur einen Bruchteil der geistigen

Kräfte unserer Beschäftigten nutzen, während wir einige wenige über ihre intellektuellen Grenzen hinaus fordern. Das bedeutet auch, daß wir unsere Beschäftigten so weit fördern müssen, daß sie sich mehr Anerkennung unsererseits verdienen können, als sie im Moment erhalten.

Menschen sind gerne in Teams; sie können dort ihre Meinung, ihre Ideen kundtun, und sie wissen, daß die Teammitglieder das herausfiltern werden, was für das Team gut ist. Teamarbeit kann genauso lohnend sein wie ein Einzelerfolg, und sie wird von anderen im Unternehmen oft bereitwilliger akzeptiert. Die Zusammenarbeit vermittelt ein ganz besonderes Erfolgserlebnis; den Einzelkämpfer umgibt oft eine gewisse Aura des Aufregenden, Risikofreudigen, aber was für Risiken werden in der Geschäftswelt schon eingegangen, die nicht irgendwann an Teams delegiert werden, wenn es brenzlig wird?

Teamspieler, einschließlich der Teamführer, lassen etwas zurück, was länger nachwirkt als ihr Ruf. Sie können stolz sein darauf, daß sie im Team nun überflüssig sind, denn sie verlassen das Team wie ein Lehrer, der in den Ruhestand tritt, nachdem er den anderen alles beigebracht hat, was sie für ihre Aufgabe brauchen, oder zumindest die Fähigkeit, zum Wohle der Aufgabe die richtigen Fragen zu stellen und die hergebrachten Positionen in Frage zu stellen.

John Spencer und Adrian Pruss sind die Leiter
von APW Training.
APW Training ist unter folgender Adresse
zu erreichen:
The Leys
2c Leyton Road
Harpenden
Herts AL5 2TL

Telefon: (05 82) 46 85 92
Fax: (05 82) 46 19 79